长江公安法律实务丛书

Shuishang Xingzheng Anjian Zhengyi Wenti Shuping

水上行政案件争议问题述评

朱　俊　主编
窦明咏　副主编

人民交通出版社

内容提要

水上警察有近百年的历史，但专门研究水上行政违法的专业书籍竟告阙如，几为空白。本书首次将长江航运公安局所属十六个分局所办的行政案例中具有代表性的案件进行汇编，深入剖析，从中发现问题、提出见解、阐述法律、辨析法理。特别是通过系统而深入的专业分析研究与述评，归纳出长江上发生的各种行政案件的认定与行政法规适用规律，既重理论，复裨实用。

本书可供水上执法从业人员以及法学专业师生参考使用。

图书在版编目(CIP)数据

水上行政案件争议问题述评/朱俊主编.—北京：人民交通出版社，2010.9

(长江公安法律实务丛书)

ISBN 978-7-114-08610-6

I.①水… II.①朱… III.①水路运输—行政法—研究—中国 IV.①D922.144…

中国版本图书馆CIP数据核字(2010)第161741号

长江公安法律实务丛书

书　　名：水上行政案件争议问题述评
著 作 者：朱　俊
责任编辑：沈鸿雁　周　宇
出版发行：人民交通出版社
地　　址：(100011)北京市朝阳区安定门外外馆斜街3号
网　　址：http://www.ccpress.com.cn
销售电话：(010)59757969、59757973
总 经 销：人民交通出版社发行部
经　　销：各地新华书店
印　　刷：天津紫阳印刷有限公司
开　　本：787×960　1/16
印　　张：19.5
字　　数：324千
版　　次：2010年10月 第1版
印　　次：2010年10月 第1次印刷
书　　号：ISBN 978-7-114-08610-6
印　　数：0001～4000册
定　　价：30.00元

《长江公安法律实务丛书》编辑委员会

总　序

人类文明总是与河流息息相关,而河流又与水运紧密相连。古时人们依水而居,船出现以后大河流域常常是商贾云集,水运在造就城市繁华中一直起着不可或缺的作用。宋朝柳永所赋词《观海潮》中“东南形胜,江吴都会,钱塘自古繁华。烟柳画桥,风帘翠幕,参差十万人家。”描绘的就是这种盛况。相对铁路、航空而言,作为人类活动重要方式的水运,其历史是最为久远的。

随着现代化交通工具的出现与发展,人们的出行正变得越来越便捷,像过去那样乘海船出国留洋早已成为历史,航运似乎离我们越来越远。虽然大量关乎国计民生的战略物资的运输仍然主要靠水运来完成,但由于客运的减少,普通百姓对于航运不再像对其他运输方式那样关注,尤其是一年一度愈演愈烈的春运使得人们更直观地感受到铁路等运输工具的重要,而水运更多的是承载货运,货运给普通人的感觉与影响总是间接的。实际上,水运依然是国家的大动脉,其重要性并未因客运的减少而有丝毫动摇。特别是长江航运横贯东西,连绵数千公里,发挥着其他运输方式无法替代的战略作用。与此密切相关的长江航运公安机关的重要性也日渐凸显出来,维护长江母亲河的安宁,促进水运经济的发展就是长江航运公安机关的主要使命。

要完成这一神圣使命,必须与时俱进,不断提高执法办案水平。及时总结办案经验,编撰案例述评进行推广学习,应当说就是很有效的方式之一。近年来,法院、检察院系统编撰的各类法律专业书籍较为多见,公安部门特别是基层公安机关编撰专业性、理论性较强的书籍似乎并不多。长江航运公安局以近几年自身侦办的案件为依据,编写了《水上行政案件争议问题述评》作为他们正在编撰的《长江公安法律实务丛书》中的一本,这无疑是一件令人高兴的事情。

法学是一门实践性与理论性都很强的科学,通过对案件的深入剖析来研习法理无疑是提升执法水平的有效途径。公安机关是国家行政执法的重要部门,其办案水平直接关系到政法机关执法职能的实现,关系到政策的把握,同时也关系到公民权利的保护,意义重大。因此,从公安机关的视角,通过案例尤其是自身侦办的案件来进行法理及适用研究无疑是很有价值的。

《水上行政案件争议问题述评》是由长江航运公安局组织编撰,武汉大学法学院部分博士生、硕士生参与完成的。长江航运公安局是武汉大学法学院的研究生教学实践基地,这种教学研究机构与执法行政部门的密切合作历来是我们所倡导的,这种合作能使科研教学人员发现新的研究领域与课题,并为执法行政部门提供有效的理论支持。经过一年多的合用与探索,我们共同推出了这套丛书。希望这种合作能持之以恒地坚持下去,并且不断推出具有理论水平与实用价值的合作成果。

本书在编撰体例上进行了创新,每个案例述评均按以下几部分撰写:一、案情概要;二、问题聚焦,主要是通过案件提出需要研究解决的问题;三、本案述评,结合案件,提出意见,阐明观点,申述法理,条分缕析,旁征博引,深入浅出,既重法律理论,又紧密结合实践;四、关联理论及关联法条,关联理论部分结合案件阐述所涉刑法及其他法律理论,引证广泛;关联法条部分既包括与案件有关的刑事法条,也包括其他法条及相关的司法解释,便于读者比照研究,融会贯通。

相信本书的出版能够有效促进长江航运公安机关执法办案水平的进一步提升,促进武汉大学法学院与长江航运公安局在研究生教学实践与科研方面的合作。诚如此则善莫大焉。在本书即将出版之际,特应编者之约为文,是为序。

马克昌

2010 年 7 月 12 日

于珞珈山寓所

前　言

长江航运公安局与共和国一起走过了半个多世纪的风风雨雨,担负着国家赋予的维护长江母亲河安宁的神圣职责。根据国务院国函[2002]1号《国务院关于长江港航公安管理体制改革有关问题的批复》文件,长江航运公安局行使跨区域的中央管理水域的公安事权,公安民警纳入国家行政编制,所需经费由中央财政负担,并于2004年完成体制改革。长江航运公安机关体制改革以后,根据交通运输部"三个服务"理念及公安部队伍正规化建设的总体要求,迫在眉睫的任务是必须顺应时代的要求,进一步提高长江航运公安队伍的整体素质,特别是法律业务素质。

如何在短时间内提高长江公安这支队伍的法律业务素质确实是当务之急。现在各种教育培训教材、法律书籍汗牛充栋,其中虽不乏优秀之作,但长江公安所辖水域发生的各类案件自有其他领域所不具备的独有特征。同时水上警察虽有近百年的历史,却一直没有专门研究水上行政违法方面的书籍出版,这无疑也是令人遗憾的事情。水上行政违法具有流动性、跨区域性,特别是《中华人民共和国治安管理处罚法》颁布实施以来出现的新情况、新问题越来越受到公安司法行政部门的关注,这就很值得我们高度关注并进行深入研究。有鉴于此,我们将近几年所办的案件进行深入剖析,从中发现问题、提出见解、阐述法律、辨析法理,并以此作为载体,推动广大民警养成良好的学习钻研法律、研究思考问题的习惯,长期坚持并形成良好的学风。由于这些案件是长江公安民警自己查办的,学起来会感到熟悉与亲切,必将引起广大干警们浓厚的学习研究兴趣,从而迅速、有效地提高民警的法律业务素质及执法办案水平。

在长江航运公安局党委的大力倡导与支持下,我们组织力量编写了《水上行政案件争议问题述评》。本书并不是一般意义上的案例汇编,也不仅仅是对疑难案例进行简单地点评。我们期望通过一个个鲜活的行政案件来阐述其背后与案件相关联的行政法理论及实务问题,通过较为系统而深入的专业分析研究与述评,归纳出长江上发生的各种行政案件的认定与行政法适用规律,完成从个别到一般、从实践到理论的提升,从而更好地指导公安执法实践。

本书是《长江公安法律实务丛书》中的第2分册。书中的行政案件是从近几年来长江航运公安局所属16个分局所办的行政案件中精选出来的。在此感谢各分局领导及法制科的同志们为此付出的艰辛劳动；感谢长江航运公安局机关各业务处室与总队的大力协助。

我们还要特别感谢武汉大学法学院党委书记、武汉大学刑事科学研究中心主任、博士生导师莫洪宪教授的大力支持。由于莫教授的倡导与推动，2007年年初长江航运公安局成为武汉大学法学院的研究生教学实践基地，由此搭建了理论联系实际的平台，丛书的编撰工作有武汉大学法学院优秀的博士、硕士生的参与，从而有效保证了本书的质量与水平。我国著名法学家、刑法学泰斗、八十多岁高龄的武大法学院终身教授马克昌先生受邀担任本丛书总顾问并拨冗作序，使我们深为感动，这也将激励我们进一步研究水上行政案件的特征与规律，为这一领域的研究增加新的素材与观点，不断丰富我国法学理论与实务研究。

我们也要诚挚的感谢人民交通出版社的支持，感谢他们不计得失、大力扶持长江公安理论与实务研究。

编撰这样的大型系列书籍对于我们而言也是具有拓荒性的新尝试，尽管我们已是庶竭驽钝，但疏漏之处也是在所难免。书中的观点凡学术界有分歧的我们尽可能采用通说，对案件争议问题作者提出自己的看法时也尽可能做到论之有据，言之成理，并列举出具体的法律依据。当然个别观点也还存在可议之处，可以继续研究探讨。诚挚欢迎读者特别是广大民警提出改进意见，共同为提高长江航运公安执法水平尽一份力量，同时也使我们的丛书日臻完善。我们期待着并将为此满怀感激。

我国正处在建设社会主义法治国家的重要历史时期，作为法律工作者能够经历这样激情燃烧的岁月无疑是幸运的。但法律研究是一项甚为艰辛的工作，我们期待着经过艰苦努力能够向这座仰之弥高的山峰再迈出坚实的一步。“高山仰止，景行行止，虽不能至，然心向往之”，我们会继续努力。

本书编委会

2010年7月18日

目　录

行政处罚总则篇

违法行为与处罚篇

行政处罚总则篇

XINGZHENG CHUFA ZONGZEPIAN

◇ 1 一行为触犯两法规，如何适用

——詹某某买卖证件案

案情概要

“中16号”滚装船船员詹某某为非法获利，将《翻坝转运卸车、装车单》收取后不交给所属公司。2009年6月10日，詹某某在D市滚装船码头私自将D市××滚装船运输有限公司的9张《翻坝转运卸车、装车单》卖给汤某某，获赃款1 450元。汤某某一行9辆货车持单乘坐滚装船时，码头工作人员发现其所持单证为非正规途径取得，阻止其登船，造成当地滚装船码头交通堵塞近十小时。

长江航运公安局D市分局于2009年6月26日根据《中华人民共和国治安管理处罚法》第五十二条第（一）项的规定，决定给予詹某某行政拘留五日的处罚。

问题聚焦

本案案情陈述非常清晰，即滚装船船员詹某某将收取的《翻坝转运卸车、装车单》私自卖给他人牟利的行为。但对本案定性时却有争议。根据有关法律法规的规定，詹某某这一买卖证件的行为侵害的法律关系有两个：一是依据《中华人民共和国治安管理处罚法》（以下简称《治安管理处罚法》）的规定违反了治安管理；另一个是依据《中华人民共和国内河交通安全管理条例》（以下简称《内河交通安全管理条例》）的规定违反了内河交通安全管理。因此，本案的聚焦点：对于詹某某而言，其一行为触犯两法规，对其应该适用哪一法规予以定性并处罚。

本案述评

（一）对詹某某行为的定性

对詹某某在D市滚装船码头将D市××滚装船运输有限公司9张《翻坝转运卸车、装车单》私自卖给汤某某的行为的定性，即认定它是否属于行政违法，违反了什么行政法律规范的规定。

行政违法即违反行政法律法规的行为。从行政法律关系主体的角度来看,行政违法既可以是行政主体违反行政法律法规的行为,又可以是行政相对人违反行政法律法规的行为。但行为是否违法还取决于行政法律规范的规定。

除此而外,我们在认定一行为是否属于行政违法时,还可以从行政违法的构成要件来认识。首先,行为主体须是行政法主体。行政法主体包括行政主体和行政相对人。行政主体包括国家机关和法律、法规授权的组织。行政相对人有内外之别,内部行政相对人是指行政主体内具有组织隶属关系的工作人员;外部相对人和内部相对人相对,是指行政主体之外与其不具有组织隶属关系而是一般行政管理或服务关系的公民、法人和其他组织。其次,行政法主体负有相关的法定义务。行政主体和行政相对人违反行政法必须具有行政法律规范设定的相应义务,没有此项义务,也就不存在对行政法规范的违反。再次,行政法主体具有不履行法定义务的行为。行政法律规范设定的义务以要求行政法主体必须做什么或者不得做什么的方式表现出来。对于前者的不履行表现为消极的不为特定的行为,而对于后者的不履行恰表现为积极的为特定的行为。最后,行政违法的主观要件一般要求行政法主体不履行行政法规范设定的法定义务,要具有一定的过错,这种过错可以是故意,也可以是过失,对其确定的依据是法律规范的具体规定。如果行为在客观上违反了行政法律规范,但不是出于故意和过失,而是不可抗拒或不能预见的原因引起的,不能认为是行政违法而追究行政责任。

本案中,詹某某作为行政相对人符合主体要件的要求,其在客观上实施的行为是事先将D市××滚装船运输有限公司的9张《翻坝转运卸车、装车单》收取后不交给所属公司,并在D市滚装船码头私自卖给汤某某。很显然,詹某某作为滚装船运输经营企业的员工,具有依法履行职责的法定义务,却故意在收取有关单证后不交给所属公司且卖给他人非法牟利。詹某某实施上述行为也不具有不可抗拒、不能预见的排除违法性的事由。因此,我们可以断定詹某某的行为属于行政违法。

《治安管理处罚法》第五十二条规定,“伪造、变造或者买卖国家机关、人民团体、企业、事业单位或者其他组织的公文、证件、证明文件、印章的”,将被处以十日以上十五日以下拘留,可以并处一千元以下罚款但若情节较轻的,处五日以上十日以下拘留,可以并处五百元以下罚款。本案中,詹某某实施的在D市滚装船码头将D市××滚装船运输有限公司的9张《翻坝转运卸车、装车单》私自卖给汤某某的行为属于买卖证件。因此,詹某某的行为属于违反治安管理的行为。

同时,《内河交通安全管理条例》第十三条规定“禁止伪造、变造、买卖、租借、冒用船舶检验证书、船舶登记证书、船员适任证书或者其他适任证件”，第七十九条规定“违反本条例的规定，伪造、变造、买卖、转借、冒用船舶检验证书、船舶登记证书、船员适任证书或者其他适任证件的，由海事管理机构没收有关的证书或者证件；有违法所得的，没收违法所得，并处违法所得2倍以上5倍以下的罚款；没有违法所得或者违法所得不足2万元的，处1万元以上5万元以下的罚款；触犯刑律的，依照刑法关于伪造、变造、买卖国家机关公文、证件罪或者其他罪的规定，依法追究刑事责任”。本案中，詹某某在D市滚装船码头将D市××滚装船运输有限公司的9张《翻坝转运卸车、装车单》私自卖给汤某某的行为属于买卖证件。因此，詹某某的行为属于违反内河交通安全管理的行为。

因此，詹某某实施的在D市滚装船码头将D市××滚装船运输有限公司的9张《翻坝转运卸车、装车单》私自卖给汤某某的这一行为同时违反了两个不同的行政法律法规。这样就出现一个值得探讨的问题，即到底是适用《治安管理处罚法》由公安部门对其行为进行处理，还是适用《内河交通安全管理条例》由海事部门对其进行处理。

（二）对詹某某行为的适用

根据前述对詹某某行为的定性，其属于典型的一行为触犯多法律法规，并且不同的行政主管机关都有权处理的情形。就其处理的依据而言，在行政法理论上属于法规竞合。就其处理的主管机关而言，在行政法理论上属于管辖冲突。行政法具有的现代价值取向在于有效地处理各种行政违法行为并最终保障有关当事人的人权，这种法律上的竞合以及管辖上的冲突都不利于这一目的的实现。为了达成这一美好愿景，本案中出现的问题必须得到合理解决。

法规竞合又称法条竞合，即行为人实施的一行为分别触犯了不同的法律规范，或违反了同一法律规范的不同条款，从而在逻辑上构成两个或两个以上可以处罚的违法行为，但在具体适用时只选择其中之一。法规竞合的实质在于同一违法行为同时触犯多个法律条文。可见其两个要件分别为“同一行为”与“多个法律条文”。法规竞合产生的原因，主要在于法律条文的交叉性或者重合性，即主要是由于不同的法律条文，可以同时适用于同一违法行为，因而导致如何定性和选择适用法律条文。法规竞合情形下，一方面由于行为触犯多个法律条文，因而有可能导致多个违法行为的认定；另一方面又由于只有一个行为事实，因而又不应当认定为多个违法行为，不得对一个违法行为给予多次处罚。那么究竟应当如何处理法规竞合情形下的定性和法律适用呢？关于这个问题，我国行政法迄今尚无明文规定。法规竞合主要源于刑法学，但我国刑法典对此也无明文规定，在刑事司法实践中，主要是依靠刑法学中“择一重处断”的原理为指导的。一般而言，行政法学理论确立了所谓的“一事不再罚”规则，这是对行政法的“过罚相当”原则的体现，同时也是对“公正”这一正义原则的体现。因此，对于法规竞合处理的指导思想就是不对当事人滥罚，即对违反行为人也是“择一处罚”，但是否“择一重处罚”取决于产生竞合的法律规范之间的效力优越性。当不同的法律规范都对同一行为给予规范时，在选择适用时遵循的基本规则为：若规范等级不同，则上位法优先于下位法适用；若规范等级相同，则特别法优先于普通法适用。

在本案中，詹某某的一个行为同时违反了《治安管理处罚法》和《内河交通安全管理条例》这两个法律规范，根据《中华人民共和国立法法》（以下简称《立法法》）的规定，前者是全国人民代表大会常务委员会制定的法律，后者是国务院制定的行政法规，而《立法法》同时规定，法律的效力要高于行政法规，因此，在本案的法律规范的适用上，应该按照上位法优先于下位法适用的规则适用《治安管理处罚法》而排除适用《内河交通安全管理条例》，即最终认定詹某某的行为属买卖证件违反治安管理行为。

管辖冲突是指对于同一违法行为，不同的机关都有权管辖的情形。管辖冲突可以发生在不同性质的机关之间，比如司法机关和行政机关，也可以发生在同一性质的机关之间，比如同属行政机关但履行不同职责的机构之间。对于行政机关和司法机关之间的管辖冲突，一般遵循先行政后司法的处理原则，即对于行为人的违法行为一般都要先经过有关行政机关的处理而后才经由司法机关处理，司法机关的处理往往成为最终处理。而对于同样具有行政管理职能、履行行政职责的不同行政机关发生的管辖冲突，一般有以下处理方法：第一，处罚权分享。即当多个行政主体对同一违法行为都有管辖权时，只要它们的处罚权是法律、法规授予的，各有关行政主体均享有对竞合违法行为的处罚权。第二，最先查处机关管辖。即不论有权查处竞合违法行为的行政主体有几个，也不论各行政主体的级别高与低，谁先发现竞合违法行为，就由谁管辖，其他有权行政主体放弃管辖权。第三，共同协商统一施罚。即行政违法行为竞合发生后，由最先查处的机关管辖，管辖机关有义务建议其他有权行政主体派员参加查处，其他有权行政主体发现或者接到建议后有责任派员会同管辖机关进行查处，查处中，由管辖机关牵头，将一个行为触犯的各个法律文件中的罚种进行排列，经协商，从强度重至强度轻的罚种，各选择一种（申戒罚除外），重复的罚种和同强度的处罚不再适用，之后，由各有权行政主体署名，共同对行为人实施处罚。以上各种处理方法都有一定的道理，但又都有其片面性。第一种方法的依据在于各行政主体的处罚权都来自法律法规的授权，这是其分享处罚权的依据，但它忽略了法律法规之间产生冲突所带来的桎梏，即便在法律法规之间没有冲突的情形下出现的对行为人多头处罚的情况也违背人权保障的正义规则。第二种方法的价值在于其有效性，但问题在于，如果先查处的行政机关并没有处罚权的时候，就造成了对法律规范的恣意违反和对法律权威的损害，这是对依法行政原则的违背，是对建设法治国家目标的破坏。第三种方法虽有其便利性，但其最大的危害就在于不同机关之间形成利益联盟并由此带来的对行政机关公信力的缺失以及对行政相对人合法利益的侵害。事实上，管辖冲突产生的原因在于法律规范之间的冲突，因此，解决管辖冲突的关键在于法律规范冲突的选择适用。

本案中，詹某某的行为同时违反了《治安管理处罚法》和《内河交通安全管理条例》这两个行政法律规范，并由此造成了公安机关和海事机构都有权对其进行处罚的管辖冲突情形。对此，我们不能简单参照以上三种解决方法，而要依据对这两种法律规范冲突的选择适用来解决其管辖冲突。根据前述分析，我们最终选择了《治安管理处罚法》的适用而排除了《内河交通安全管理条例》的适用，而根据《治安管理处罚法》的规定，对于詹某某买卖证件违反治安管理行为应该由公安机关来处理，即长江航运公安局D市分局来处理。

关联理论

（一）行政违法的概念及其特征

行政违法有广义与狭义之分，狭义的行政违法仅指行政主体的违法，广义的行政违法还包括行政相对人违法。

狭义的行政违法是指行政主体违反行政法律规范但尚未构成犯罪而依法须承担行政责任的行为。这一概念反映的行政违法的特征有：

(1)行政违法是行政主体的违法。与民事违法和刑事违法不同，行政违法是行政主体在行政法上的违法行为。任何组织和个人只有当他们以行政法主体身份或以行政法主体名义出现时，他们的违法才能构成行政违法。

(2)行政违法是违反行政法律规范尚未构成犯罪的行为。首先，行政违法具有违法性，它违反了行政法律法规，侵害了受行政法保护的行政关系，因而具有一定的社会危害性；其次，行政违法在性质上属于一般违法，其社会危害性较小，尚未达到犯罪的程度。

(3)行政违法是依法必须承担行政责任的行为。行政违法是违反行政法律规范并依照法律规定应当承担行政责任的行为。

广义的行政违法是指行政法律关系主体违反行政法律规范，侵害受法律保护的行政关系，对社会造成一定程度的危害但尚未构成犯罪，依法应当承担行政责任的行为。这一概念反映的行政违法的特征有：

(1)行政违法的主体必须是行政法律关系主体，不是行政法律关系主体，不可能构成行政违法。

(2)行政违法违反的是行政法律规范，侵害的是受法律保护的行政关系。

(3)行政违法对社会造成了一定程度的损害，但尚未构成犯罪。

(4)行政违法依法应当承担行政责任。

(二)行政违法的构成要件

行政违法的构成要件是指行政法律规范所规定的，构成行政违法所必须具备的条件。一般而言，这些条件包括：

(1)行为主体须是行政法主体。行为人具备行政法主体资格，是行政违法的前提，是构成行政违法的首要条件。

(2)行政法主体负有相关的法定义务。

(3)行政法主体具有不履行法定义务的行为。

(4)行政违法的主观要件依法律的具体规定。一般只要行为人实施了违法行为即视为主观有过错。

(三)法律规则冲突的适用

法律规则冲突是指不同的法律规范对同一个事项作出不同处理的情形。法律规则冲突的适用是指在发生不同的法律规范对同一事项作出不同处理情形下，如何选择适用的法律规范。

法律规则冲突的适用要遵循以下规则：

一般情况下应当按照《立法法》规定的上位法优于下位法、后法优于前法以及特别法优于一般法等法律适用规则，判断和选择所应适用的法律规范。具体存在以下情形。

1. 同一位阶的法律规范发生冲突的选择适用

特别规定与一般规定不一致的，适用特别规定；新的规定与旧的规定不一致的，适用新的规定；新的一般规定与旧的特别规定不一致的，由制定机关裁决。

2. 地方性法规与部门规章冲突的选择适用

地方性法规与部门规章之间对同一事项的规定不一致的适用：首先由国务院处理，提出意见；国务院认为应当适用地方性法规的，应当决定在该地方适用地方性法规的规定；国务院认为应当适用部门规章的，应当提请全国人大常委会裁决。

3. 规章冲突的选择适用

部门规章之间、部门规章与地方政府规章之间规定不一致的，由国务院进行裁决，提出处理意见。

（四）行政案件的管辖

行政案件的管辖是指当发生行政违法案件时确定由哪个机关对其进行处理的权限划分。一般而言，行政案件的管辖有地域管辖、级别管辖、指定管辖以及一定情形下发生的移送管辖和管辖权移转。

地域管辖是指具有相同管理职能、相同行政级别的行政机关之间在处理行政案件时的地域分工。以行政处罚为例，《中华人民共和国行政处罚法》第二十条规定，"行政处罚由违法行为发生地的县级以上地方人民政府具有行政处罚权的行政机关管辖"，它确定的是行政处罚地域管辖的一般原则。地域管辖只发生在同级行政主体之间，不同级行政主体之间则适用级别管辖的规定。

级别管辖是指具有相同管理职能但不同行政级别的行政机关之间在处理行政案件时的分工。级别管辖主要解决哪些行政违法行为可以由低一个层级的行政机关处理，哪些行政违法行为只能由高一个层级的行政机关处理的问题。

指定管辖是指两个或者两个以上的行政机关对同一违法行为的处罚管辖权问题发生争议时，由有权机关指定某个行政机关对该违法行为进行管辖。指定管辖实质上是行政机关依行政领导权所作出的一种决定。在两个涉及管辖争议的行政机关的上一级领导机关是同一个行政机关时，可以由该行政机关依职权作出指定。但当两个行政机关的上一级领导机关不是同一个行政机关时，两个上一级行政机关显然均无权对此作出决定。这就必须由对两个行政机关都有行政领导权的行政机关作出决定，这也就是共同的上一级行政机关。

移送管辖是指行政机关发现所查处的案件已构成犯罪或不属于自己管辖时应当移送有管辖权的机关。移送管辖分为两种情况：一是行政机关发现案件不属于自己管辖时，将案件材料移送有管辖权的行政机关。二是有管辖权的行政机关在办案过程中，如认为行政相对人的行为涉嫌犯罪，根据刑事案件优先处理的原则，必须将案件移送有管辖权的司法机关，这也被称为案件移送。

管辖权移转是指有管辖权的行政机关将案件移交给本不具有管辖权的

行政机关处理。在行政执法实践中,一些案件由于案情复杂、跨行政区域、查处阻力较大等原因,具有管辖权的行政机关查处时会有较大困难。而上级行政机关在人员、经费、装备等方面一般要优于下级行政机关,管辖范围能够涵盖涉案地区,拥有的职权、地位也能够有效地消除阻力。因而在这种情况下,由原不具有管辖权的上一级行政机关管辖该案是必要和可行的。

关联法条

《中华人民共和国治安管理处罚法》(节录)(中华人民共和国第十届全国人民代表大会常务委员会第十七次会议于2005年8月28日通过　自2006年3月1日起施行)

第七条　国务院公安部门负责全国的治安管理工作。县级以上地方各级人民政府公安机关负责本行政区域内的治安管理工作。

治安案件的管辖由国务院公安部门规定。

第五十二条　有下列行为之一的,处十日以上十五日以下拘留,可以并处一千元以下罚款;情节较轻的,处五日以上十日以下拘留,可以并处五百元以下罚款:

(一)伪造、变造或者买卖国家机关、人民团体、企业、事业单位或者其他组织的公文、证件、证明文件、印章的……

《中华人民共和国内河交通安全管理条例》(节录)(中华人民共和国国务院第60次常务会议于2002年6月19日通过　自2002年8月1日起施行)

第四条　国务院交通主管部门主管全国内河交通安全管理工作。国家海事管理机构在国务院交通主管部门的领导下,负责全国内河交通安全监督管理工作。

国务院交通主管部门在中央管理水域设立的海事管理机构和省、自治区、直辖市人民政府在中央管理水域以外的其他水域设立的海事管理机构(以下统称海事管理机构)依据各自的职责权限,对所辖内河通航水域实施水上交通安全监督管理。

第十三条　禁止伪造、变造、买卖、租借、冒用船舶检验证书、船舶登记证书、船员适任证书或者其他适任证件。

第七十九条　违反本条例的规定,伪造、变造、买卖、转借、冒用船舶检验证书、船舶登记证书、船员适任证书或者其他适任证件的,由海事管理机构没收有关的证书或者证件;有违法所得的,没收违法所得,并处违法所得2倍以上5倍以下的罚款;没有违法所得或者违法所得不足2万元的,处1万元以上5万元以下的罚款;触犯刑律的,依照刑法关于伪造、变造、买卖国家机关公文、证件罪或者其他罪的规定,依法追究刑事责任。

《中华人民共和国行政处罚法》(节录)(中华人民共和国第八届全国人民代表大会第四次会议于1996年3月17日通过 1996年3月17日中华人民共和国主席令第六十三号公布 自1996年10月1日起施行)

第二十条 行政处罚由违法行为发生地的县级以上地方人民政府具有行政处罚权的行政机关管辖。法律、行政法规另有规定的除外。

第二十一条 对管辖发生争议的,报请共同的上一级行政机关指定管辖。

《中华人民共和国立法法》(节录)(第九届全国人民代表大会第三次会议于2000年3月15日通过 自2000年7月1日起施行)

第七条 全国人民代表大会和全国人民代表大会常务委员会行使国家立法权。

全国人民代表大会制定和修改刑事、民事、国家机构的和其他的基本法律。

全国人民代表大会常务委员会制定和修改除应当由全国人民代表大会制定的法律以外的其他法律;在全国人民代表大会闭会期间,对全国人民代表大会制定的法律进行部分补充和修改,但是不得同该法律的基本原则相抵触。

第五十六条 国务院根据宪法和法律,制定行政法规。

行政法规可以就下列事项作出规定:

(一)为执行法律的规定需要制定行政法规的事项;

(二)宪法第八十九条规定的国务院行政管理职权的事项。

应当由全国人民代表大会及其常务委员会制定法律的事项,国务院根据全国人民代表大会及其常务委员会的授权决定先制定的行政法规,经过实践检验,制定法律的条件成熟时,国务院应当及时提请全国人民代表大会及其常务委员会制定法律。

第七十八条 宪法具有最高的法律效力,一切法律、行政法规、地方性法规、自治条例和单行条例、规章都不得同宪法相抵触。

第七十九条 法律的效力高于行政法规、地方性法规、规章。

行政法规的效力高于地方性法规、规章。

第八十条 地方性法规的效力高于本级和下级地方政府规章。

省、自治区的人民政府制定的规章的效力高于本行政区域内的较大的市的人民政府制定的规章。

第八十三条 同一机关制定的法律、行政法规、地方性法规、自治条例和单行条例、规章,特别规定与一般规定不一致的,适用特别规定;新的规定与旧的规定不一致的,适用新的规定。

第八十四条 法律、行政法规、地方性法规、自治条例和单行条例、规章不溯及既往,但为了更好地保护公民、法人和其他组织的权利和利益而作的特别规定除外。

第八十五条 法律之间对同一事项的新的一般规定与旧的特别规定不一致,不能确定如何适用时,由全国人民代表大会常务委员会裁决。

行政法规之间对同一事项的新的一般规定与旧的特别规定不一致,不能确定如何适用时,由国务院裁决。

第八十六条 地方性法规、规章之间不一致时,由有关机关依照下列规定的权限作出裁决:

(一)同一机关制定的新的一般规定与旧的特别规定不一致时,由制定机关裁决。

(二)地方性法规与部门规章之间对同一事项的规定不一致,不能确定如何适用时,由国务院提出意见,国务院认为应当适用地方性法规的,应当决定在该地方适用地方性法规的规定;认为应当适用部门规章的,应当提请全国人民代表大会常务委员会裁决。

(三)部门规章之间、部门规章与地方政府规章之间对同一事项的规定不一致时,由国务院裁决。

根据授权制定的法规与法律规定不一致,不能确定如何适用时,由全国人民代表大会常务委员会裁决。

◇ 2 如何理解一事不再罚原则

——卢某使用伪造国家机关证明文件案

案情概要

2009年2月18日，某海事局在为××轮办理危险品货物申报手续时，发现其所持的《中华人民共和国内河船舶检验证书簿》、《内河船舶吨位证书》、《安全管理证书》、《符合证明》四本证书系伪造。后海事局根据《中华人民共和国内河交通安全管理条例》第七十九条，对其使用伪造《中华人民共和国内河船舶检验证书簿》和《内河船舶吨位证书》的行为进行了处罚，罚款人民币10 000元。3月24日，该海事局由于对使用伪造的《安全管理证书》、《符合证明》行为无处罚依据，故移交给长航公安机关。经查，该四本证书均系在同一时间、同一地点向同一人以每本200元购买，目前出售者无法查实。关键问题是长航公安机关如何处理。

问题聚焦

本案的事实非常清楚，即海事部门针对违法船舶伪造相关证件的行为实施行政处罚后，长航公安部门能否针对其伪造的行为再行处罚。对此，有两种不同的观点：一种观点认为，××轮使用伪造的四本证书均属国家机关证件，侵犯的都是同一客体，即国家对船舶的正常管理，根据行政处罚一事不再罚原则，对使用四本伪造证书行为一并处罚不存在异议；对海事部门已经对其中两本处罚，对剩余两本由公安机关处罚不妥。另一种观点则认为，××轮买卖或者使用伪造的四本证书，至少触犯了两个法律规范，即海事部门的《中华人民共和国内河交通安全管理条例》（以下简称《内河交通安全管理条件》）和《中华人民共和国治安管理处罚法》（以下简称《治安管理处罚法》）。不同的法律规范具有不同的立法意图，其所设定的不同罚种体现了不同的惩罚功能，因此由海事部门和公安部门分别予以处罚并没有违背一事不再罚的原则。对比这两种观点，解决问题的关键在于如何理解行政处罚中的一事不再罚原则。

本案述评

(一)什么是行政处罚中的一事不再罚原则

《中华人民共和国行政处罚法》第二十四条规定:“对当事人的同一违法行为,不得给予两次以上罚款的行政处罚。”此规定是一事不再罚原则在法条中的直接体现,因此要准确适用一事不再罚原则,必须从文义解释的角度出发,对其基本含义予以准确定位。

1.“一事”的理解和界定

“一事”指行为人的一个违法行为或同一违法行为。准确地界定“一事”是正确适用一事不再罚原则的基础和前提,要把握以下几个方面:

(1)在违法构成上界定。“一事”在构成要件上,只符合一个违法行为的特征,如果符合两个及以上违法行为的构成,则不属“一事”。

(2)对连续违法行为的界定。连续违法行为指出于同一违法故意,连续实施数个独立的、符合数个违法构成的同一性质的违法行为,如出租车司机连续违章载客。对连续行为以行政机关发现并处罚为界限来界定是否属“一事”。行政机关发现违法行为连同以前数次连续行为,界定在“一事”范围内。如行为人受处罚后再实施连续违法行为,则按上述原则界定为新的“一事”。

(3)对继续行为的界定。继续行为指某种违法行为从开始到终止前,在时间上一直处于继续状态。如某饭店一年内一直无照经营。对继续行为,不分时间长短,都界定为“一事”。

(4)对牵连行为的界定。牵连行为指出于一个违法目的,而违法方式或结果又牵连地构成其他违法,对牵连行为也宜界定为“一事”,作出处罚。

2.“不再罚”的界定

不再罚指对行为人的同一违法行为进行处罚后,不得给予第二次及以上的处罚。界定不再罚,应把握以下几点:①对行为人同一违法行为进行处罚后,没有法律规定,不得再对行为人作出第二次及以上的处罚;②对行为人同一违法行为处罚时,如没有法律规定和特殊情况,应在法律相应规定的罚种种类中选择一种处罚形式进行处罚,不得给予两种以上的处罚;③不再罚指不得给予行为人两次以上的罚款,不包括在一次处罚中给予行为人两种类型以上的处罚 。

(二)如何适用一事不再罚原则

1.同一行政机关的不再罚

即同一行政机关对行为人同一违法行为处罚时的要求:①不得依据同一理由和法律依据给予当事人两次及以上同种类的处罚,如给行为人两次罚款。②不得依据同一理由和法律依据给予行为人两次以上不同种类的处罚,如给予罚款后,又决定吊销执照。如需并处的,应在一次处罚中作出决定,不得两次决定。③不得依据同一理由、不同依据或不同理由、同一依据给予行为人两次以上的同种类的处罚。④对行为人同一性质的连续行为,应定"一事"处罚,不得作出数个处罚。同一机关的不再罚应为绝对不再罚。

2. 不同行政机关的不再罚

其包括同一违法行为违反的是同一个法律或者法规的规定,法律或者法规规定由两个或者两个以上的行政机关处罚,以及一个违法行为违反了数个行政法律规范,应当由不同的行政机关分别处罚还是由一个行政机关处罚两种情况。对于第一种情况,同一违法行为,同一依据,只能处罚一次,尽管两个行政机关依法都有处罚权,也不能分别作出罚款决定,可以由先查处的机关作出处罚。对于第二种情况,同一违法行为侵犯的是不同的客体,违反的是两个或者两个以上法律、法规,依照法律或者法规的规定,两个或者两个以上的行政机关都有处罚权。这种情况是法律规范之间的竞合问题。如果简单根据处罚法定的原则,对这种违法行为分别依照不同的法律规范作出处罚是无可非议的。但是,如果按照所有触犯的法律规范分别实施处罚,就会造成重复处罚和处罚过重。如何解决更为合理,需要对法律规范之间的竞合做一个分析。所谓法规竞合是指由于各种行政管理的法律、法规的复杂、交错规定,致使行为人的一个行为同时触犯了数个法律、法规条文,从而构成数个违法行为。这种情况在我国的行政法律、法规以及实际工作中并不少见。造成法律规范之间的竞合的原因大致有两类:一类法规竞合不是适用法律本身的问题,而是立法的问题;另一类竞合是违法行为牵连的问题。不同法律规范对同一领域的社会关系进行交叉调整,造成同一行为违反不同的法律规范的情形。

无论是哪种情况,笔者认为,一事不再罚原则应当包括:①违法行为已经受到一次处罚后,其他机关不得依据同一事实、理由和法律依据再给予行为人行为罚(包括责令停产停业、暂扣或吊销许可证)以外的行政处罚。②违法行为受到处罚后,其他机关根据不同法律依据对行为人处罚时,不得给予除行为罚以外的同种类处罚。③除不得重复罚款外,对其他处罚种类除行为罚外也不得重复适用。如行为人已受到没收违法所得或非法财物处罚,其他机关就不得再课以该处罚。因为行为人的违法所得和非法财物是固定的、有限额的,一机关已处以没收,另一机关再处以没收,行为人再次上缴的钱物已不再是违法所得或非法财物，等于给行为人以新的义务，违反了过罚相当原则。

3. 违法行为构成犯罪，行为人已经受到刑罚后，没有法律的特别规定，行政机关不得再给予行政处罚

结合到本案的具体情况，“顺化”轮因使用假证，同时触犯了《内河交通安全管理条例》和《治安管理处罚法》的规定，海事部门和公安部门均有权对其进行处罚，属于同一违法行为同时触犯多个法律规范，不同的行政机关均有权处理的情形。按照一事不再罚原则的基本内容，属于法律规范之间的竞合问题，海事部门在对行为人处以罚款的行政处罚后，公安部门可以按照《治安管理处罚法》第五十二条之规定，可对行为人作出除罚款之外的其他行政处罚，如拘留。并且本案中，对于海事部门没有作出处理的两本伪造证书，公安机关可按照治安管理处罚法相关规定，自由选择处罚方式。

关联理论

（一）一事不再罚原则的含义

一事不再罚原则是法理学上的概念，是指对违法行为人的同一个违法行为，不得以同一事实和同一依据，给予两次以上的处罚。

一事不再罚可界定为：行政主体对当事人的同一个违法行为，不得给予两次以上同类（罚款）的行政处罚。也就是说，行为人的一个行为无论是违反一个规范，还是数个规范，受一个行政主体管辖，还是数个行政主体管辖，可以给予两次以上的行政处罚，但如果是罚款，则罚款只能一次，另一次处罚可以是吊销营业执照或其他许可证，也可以是责令停产停业，还可以是没收等，但不能再罚款。由此可以看出，行政处罚法规定一事不再罚的范围是有限的，仅仅限制的是二次以上罚款的行政处罚，而不限制其他行政处罚种类的第二次或多次适用。

（二）不属于一事不再罚的常见情况

（1）行为人数个违法行为应分别处罚。行为人实施了不同性质的两个以上的违法行为，可按前述原则分别处罚，这是原则。

（2）行为人同一违法行为触犯两个以上的法律规范，各有权处罚机关可同时给予行为罚或其他不同种类的处罚。如一机关给予行为人罚款后，另一机关依据不同法律规定给予罚款以外的其他处罚。

（3）行为人同一违法行为同时触犯一个法律规范的两个法条，行政机关可一次作出两个处罚。

（4）对共同违法人，可以同时处罚。

(5)行为人受处罚后,又实施同性质违法行为,可再次处罚。主要指连续违法行为,处罚原则是追溯以前数次行为从一处罚,如处罚后行为人又实施连续行为,按上述原则再给予处罚。

(6)并处。指法律规定对行为人同一违法行为同时适用两种及以上的行政处罚形式。

(7)两罚。指法人或组织实施违法行为时,既处罚直接行为人或主管人员,也要处罚法人或组织。

(8)执行罚。指行为人不履行行政处罚规定的义务时,对其课以财产上新的给付义务,以促使其履行。

(9)易科,也称换罚。指行为人不履行行政处罚规定的义务时,对其转处其他形式的处罚。如《中华人民共和国外国人入境出境管理法实施细则》第四十八条第二款规定:"外国人无力缴纳罚款的,可以改处拘留。"

(10)受申诫罚后,行为人拒不改正违法行为,可再处较重的处罚。警告、通报批评等申诫罚是对行为人精神上、名誉上的惩戒,不涉及财产上的利益,如行为人拒不改正违法行为,可再给予其他较重的处罚。

(11)责令改正违法行为,行为人拒不改正的,可再适用其他较重的处罚。如《中华人民共和国公司登记管理条例》第七十条规定:"未将营业执照置于住所或者营业场所醒目位置的,由公司登记机关责令改正,拒不改正的,处以一千元以上,五千元以下的罚款。"

(12)并处两种处罚,以全部消除违法状态。有的法律规范并未明确规定并处,但在给予行为人一次处罚不足以全部消除违法状态时,可以同时给予两种处罚。如《中华人民共和国食品卫生法》有关吊销卫生许可证、没收违法所得的规定,如果不论是单独使用吊销或没收违法所得,都不能全部消除违法状态,可以同时使用,属一次处罚。

(13)对违法行为进行行政处罚的,又裁决由行为人承担民事责任。

(14)行为人受到刑事处罚后,在刑罚功能不够,不足以全部纠正违法行为时,由行政机关再给予行政处罚。如交通肇事犯罪分子被追究刑事责任,交警部门根据交通管理法律规范吊销其驾驶执照。

关联法条

《中华人民共和国行政处罚法》(节录)(中华人民共和国第八届全国人民代表大会第四次会议于1996年3月17日通过　1996年3月17日中华人民共和国主席令第六十三号公布　自1996年10月1日起施行)

第二十四条　对当事人的同一个违法行为,不得给予两次以上罚款的行政处罚。

《中华人民共和国治安管理处罚法》(节录)(中华人民共和国第十届全国人民代表大会常务委员会第十七次会议于2005年8月28日通过 自2006年3月1日起施行)

第五十二条 有下列行为之一的,处十日以上十五日以下拘留,可以并处一千元以下罚款;情节较轻的,处五日以上十日以下拘留,可以并处五百元以下罚款:

(一)伪造、变造或者买卖国家机关、人民团体、企业、事业单位或者其他组织的公文、证件、证明文件、印章的;

(二)买卖或者使用伪造、变造的国家机关、人民团体、企业、事业单位或者其他组织的公文、证件、证明文件的;

(三)伪造、变造、倒卖车票、船票、航空客票、文艺演出票、体育比赛入场券或者其他有价票证、凭证的;

(四)伪造、变造船舶户牌,买卖或者使用伪造、变造的船舶户牌,或者涂改船舶发动机号码的。

《中华人民共和国内河交通安全管理条例》(节录)(中华人民共和国国务院第6次常务会议于2002年6月19日通过 自2002年8月1日起施行)

第七十九条 违反本条例的规定,伪造、变造、买卖、转借、冒用船舶检验证书、船舶登记证书、船员适任证书或者其他适任证件的,由海事管理机构没收有关的证书或者证件;有违法所得的,没收违法所得,并处违法所得2倍以上5倍以下的罚款;没有违法所得或者违法所得不足2万元的,处1万元以下的罚款,触犯刑律的,依照刑法关于伪造、变造、买卖国家机关公文、证件罪或者其他罪的规定,依法追究刑事责任。

◇ 3 刑事责任和行政责任的区分与界定

——某企业桥吊火灾案

案情概要

2009年3月1日某企业为某国制造的桥吊发生火灾，过火面积大约40~50平方米。火灾造成电机房线路全部烧毁，直接损失500万元。间接损失方面，由于涉及合同违约赔偿的问题，具体数额难以估量，但可以肯定的是远远超过直接损失。后经过调查，火灾原因是电焊工刘某、看火员万某在桥吊实施扫尾工作时，未经批准在电气房动火，万某看火又不到位，致使火灾发生。

问题聚焦

在案件的处理过程中，产生了几个具有争议性的问题。

1. 本案的定性问题，即应当定位于是刑事案件还是行政案件

在对事故发生原因的调查中发现，电焊工刘某、看火员万某主观上有过失，客观上实施了违章动火的行为，而且损失较大，对此，有观点认为应当按照刑事案件来立案，行为人涉嫌构成重大责任事故罪。但是也有观点认为，消防案件具有其特殊性，一般不追究当事人刑事责任，同时公安部消防局制定的火灾认定标准明确规定1 000万元以下损失的火灾为一般火灾，根据此标准不能构成重大责任事故，应当按照行政案件来办理。

2. 迫使万某、刘某主动投案的做法是否合法

在火灾发生后，公安机关拟按照行政案件办理。由于在办案期间主要责任人万某、刘某逃离了工厂，为提高办案效率，公安机关拟按照刑事程序办理此案，实施网上追逃，二人得知消息后在10天内分别从陕西、山东回到厂里接受拘留处罚。对此也产生了争议，即能否用刑事案件办理程序来完成行政追究的手段。

本案述评

(一)桥吊火灾案的定性

从理论上看，法律责任是由特定法律事实所引起的对损害予以补偿、强

制履行或接受惩罚的特殊义务,即由于违反第一性义务而引起的第二性义务。其中,刑事责任是指行为人因其犯罪行为所必须承受的,由司法机关代表国家所确定的否定性法律后果。而行政责任是指因违反行政法规定而应承担的法律责任。在对行为人承担何种性质的责任定性时,要把握法律责任承担的一般原则。

1. 责任法定原则

其含义包括:①违法行为发生后应当按照法律事先规定的性质、范围、程度、期限、方式追究违法者的责任;作为一种否定性法律后果,它应当由法律规范预先规定。②排除无法律依据的责任,即责任擅断和"非法责罚"。③在一般情况下要排除对行为人有害的既往追溯。

2. 因果联系原则

其含义包括:①在认定行为人违法责任之前,应当首先确认行为与危害或损害结果之间的因果联系,这是认定法律责任的重要事实依据。②在认定行为人违法责任之前,应当首先确认意志、思想等主观方面因素与外部行为之间的因果联系,有时这也是区分有责任与无责任的重要因素。③在认定行为人违法责任之前,应当区分这种因果联系是必然的还是偶然的,直接的还是间接的。

3. 责任相称原则

其含义包括:①法律责任的性质与违法行为性质相适应。②法律责任的轻重和种类应当与违法行为的危害或者损害相适应。③法律责任的轻重和种类还应当与行为人主观恶性相适应。

4. 责任自负原则

其含义包括:①违法行为人应当对自己的违法行为负责。②不能让没有违法行为的人承担法律责任,即反对株连或变相株连。③要保证责任人受到法律追究,也要保证无责任者不受法律追究,做到不枉不纵。

据此,行政案件与刑事案件是不同性质的案件,二者在性质上、责任承担方式以及救济途径上存在着明显的区别,笔者认为区分行政责任和刑事责任可以从以下几点来把握。一是从侵犯的客体来区分。从本质上看,刑事案件嫌疑人所侵犯的是刑事法律所保护的一种法益[1],而行政违法案侵犯的是行政秩序的稳定性。二是从责任的程度来看,尽管刑事责任和行政责任会有一定程度的竞合,但是与刑事责任相对应的违法行为必须是违反刑

---

[1] 参见张明凯著:《刑法学》。北京:法律出版社,2003 年版,第 107 页。

事法律的严重违法行为,危害性后果较重。而行政责任则是属于一般的违法行为所必须承担的法律后果。三是从主观恶性来看,行政案件的主观过错一般要比刑事案件的过错轻。四是从责任的法定来源来看,刑事责任与行政责任分别由不同的法律体系来规定,必须严格遵循责任法定的基本原则。同时在认定是刑事责任还是行政责任时,如果是一种行为,必须严格按照上述原则,选择一种责任定位,如果是数种行为同时侵犯不同客体,则应分别承担不同的责任。

涉及本案的定性,我们可以具体分析。电焊工刘某和看火员万某的主观心理状况属于过失,客观上实施了违反有关安全管理规定的行为,但是应当承担刑事责任还是行政责任关键在于从其行为的危害程度、侵害的法益性质以及与成文法律规范的契合性来定位。据此,笔者认为刘某和万某的行为已经触犯刑法,构成重大责任事故罪❶。

首先从危害程度来看,应当属于性质比较严重的违法行为。火灾造成电机房线路全部烧毁,直接损失500万元。对此有意见认为按照《生产安全事故报告和调查处理条例》界定为一般事故❷,不属于刑法关于重大责任事故罪中的"严重后果"的情形。需要明确的是,《生产安全事故报告和调查处理条例》中确立一般事故、重大事故和特别重大事故的意义在于确立事故调查的主体和程序以及对事故发生具有责任的单位和单位负责人的处罚方式,并非适用于对重大责任事故罪的后果判断。同时,《最高人民检察院、公安部关于公安机关管辖的刑事案件立案追诉标准的规定》中规定:在生产、作业中违反有关安全管理的规定,涉嫌下列情形之一的,应予立案追诉:(一)造成死亡一人以上,或者重伤三人以上;(二)造成直接经济损失五十万元以上的;(三)发生矿山生产安全事故,造成直接经济损失一百万元以上的;(四)其他造成严重后果的情形。本案的直接经济损失达到500万元,应当符合该司法解释对于重大责任事故罪追诉的认定标准。

其次,从侵害的客体来看,应当是属于刑法调整的范畴,即侵害的是刑事法律所保护的法律利益。从某种意义上讲,确定法益的过程实际上是确定刑法目的的内容。确定刑法分则具体条文保护的法益内容,就是确定规定该具体犯罪的刑法条文的目的。在确定法益时,我们既可以根据犯罪所

---

❶ 重大责任事故罪和失火罪的区别在于犯罪主体之不同,前者是特定主体,指工厂、矿山、林场、建筑企业或者其他企业、事业单位的职工,后者是指一般主体。

❷ 该条例第三条规定:"一般事故,是指造成3人以下死亡,或者10人以下重伤,或者1 000万元以下直接经济损失的事故。"

属的类罪确定法益内容,也可以依据刑法对具体犯罪的规定确定法益内容。《中华人民共和国刑法》第一百三十四条规定,“重大责任事故罪,是指工厂、矿山、林场、建筑企业或者其他企业、事业单位的职工,由于不服管理、违反规章制度,或者强令工人违章冒险作业,因而发生重大伤亡事故或者造成其他严重后果的行为”。该条明确规定了刑法所保护的法益是企业、事业单位的安全管理秩序,所追诉的是严重危害安全秩序的不法行为,本案中两位行为人的行为正是严重侵害了企业的安全管理秩序,应当受到刑法的追究。

最后,对于行为人承担何种责任还必须契合成文法的规定。根据《中华人民共和国消防法》(以下简称《消防法》)的规定,“过失引起火灾的尚不构成犯罪的,处十日以上十五日以下拘留,可以并处五百元以下罚款;情节较轻的,处警告或者五百元以下罚款。”该法明确表明对于过失引起火灾可以在适用行政处罚和刑事处罚之间作出判断,判断的标准在于“是否构成犯罪”,即优先适用刑事法律的规定[1]。

可见,对于两犯罪嫌疑人必须采用刑事处罚,而非行政处罚。当然,如果是企业或者是企业负责人对于火灾的发生存在消防法和安全生产法所规定的过错时,公安消防部门可以依照法律的规定对相关当事人和企业处以罚款等行政处罚。

(二)本案的适用程序问题

本案定性为刑事案件后,就必须按照《公安机关办理刑事案件程序规定》严格办理,同时单位负责人具有过错时,可依照《公安机关办理行政案件程序规定》和相关法律的规定对其进行行政处罚。关键问题是,如果公安机关在后续的办案过程中,依照行政案件办案程序处理行政案件时,能否依照刑事案件的办案程序来收集证据和结案。

由于案件本身的复杂性和多样性,在实践中往往会出现这样的情况,即行政机关无法判断该行政违法行为是否构成犯罪,对此采用何种程序来办案应当区分对待。

第一,如果公安机关对于发现或者受理的案件暂时无法确定为刑事案件或者行政案件的,该如何处理。对此,可按照《公安机关办理行政案件程序规定》第四十二条的规定,“公安机关对发现或者受理的案件暂时无法确

[1] 《消防法》第六十三条规定:“违反规定使用明火作业或者在具有火灾、爆炸危险的场所吸烟、使用明火的处警告或者五百元以下罚款;情节严重的,处五日以下拘留”。但是其前提也是在于此行为并未构成犯罪,如果构成犯罪仍然是适用刑事优先原则。关于刑事优先原则的具体内容,详见后文的关联理论部分。

定为刑事案件或者行政案件的，可以按照行政案件的程序办理。在办理过程中，认为涉嫌构成犯罪的，应当按照《公安机关办理刑事案件程序规定》办理”。此规定基于两种案件对于违法行为人的办案力度的不同，对存疑犯采用先轻后重的办案方式，先采用行政办案程序，发现涉嫌犯罪的再转化为刑事程序。对于在行政案件办理过程中所收集到的证据能否在刑事办案中予以适用，笔者认为应当区别对待：对于两种办案程序的重合之处，可以采用，如涉及案件的基本事实、行为人的基本情况、特定的鉴定和勘验笔录等；对于涉及刑事案件侦查的特殊程序性规定，则参照刑事案件办案程序予以办理。同时，也必须按照《公安机关办理行政案件程序规定》第一百四十七条第六款的规定，“违法行为涉嫌构成犯罪的，转为刑事案件办理或者移送有权处理的主管机关、部门办理，无需撤销行政案件。公安机关已经作出行政处理决定的，应当附卷”。

第二，如果公安机关开始将案件界定为刑事案件，后来发现为行政案件该如何处理。对此，可按照《公安机关办理行政案件程序规定》第一百五十一条的规定，“公安机关办理的刑事案件，尚不够刑事处罚，依法应当给予公安行政处罚或者其他行政处理的，依照本章规定作出处理决定。办理刑事案件中取得的证据，可以作为行政处罚或者其他行政处理的根据”。

第三，如果公安机关开始将案件界定为行政案件，能否采用刑事办案程序来予以办理。对此问题笔者认为应当严格限制。按照《公安机关办理行政案件程序规定》的相关规定，我们可以针对相关法条作出逻辑上的演绎，即刑事案件办理程序中获取的证据可以适用于行政案件，但是严格禁止在行政案件办理中适用刑事办案程序，这是因为刑事程序在调查取证、证据适用时更为严厉，对当事人的权利限制度更高，其程序目的是基于处理严重违法案件——触犯刑事法律的行为。如果在一般行政案件的办理过程中采用刑事案件的办案程序，不但违背程序法定的基本法治精神，而且也是对违法行为人正当权利的一种巨大侵害，从而导致行政执法的随意性，降低公安机关的执法公信力，据此对类似的行为必须严格禁止。

结合到本案而言，假定公安机关开始认定此案为行政案件是正确的，后面的网上追逃方式就不宜采用。网上追逃，是指公安机关各部门、各警种在日常公安业务工作中，发挥各自的职责优势，将发现的可疑人员及时与公安网“全国在逃人员信息系统”或“全国在逃人员信息光盘”进行快速查询、比对，从而抓获在逃犯罪嫌疑人员的侦查活动，属于刑事侦查的范畴。如果仅仅为了提高行政案件的办案效率而忽视对违法行为人权利的保障，违背成文法律体系对办案方式的规定，是应当严格禁止的。

关联理论

(一)重大责任事故罪

重大责任事故罪,是指工厂、矿山、林场、建筑企业或者其他企业、事业单位的职工,由于不服管理、违反规章制度,或者强令工人违章冒险作业,因而发生重大伤亡事故或者造成其他严重后果的行为。本罪侵犯的客体是工厂、矿山、林场、建筑企业或者其他企业、事业单位的生产安全。作为重大责任事故罪所侵犯的客体的生产安全,是公共安全的重要组成部分。危害生产安全,同样表现为能够使不特定的多数人的生命、健康或者公私财产遭受重大的损害,其特点是这些损害发生在生产过程中。本罪在客观方面表现为在生产和作业过程中违反规章制度,不服从管理或者强令工人违章冒险作业,因而发生重大伤亡事故,造成严重后果的行为。所谓规章制度,不仅指上述国家发布的各种有关安全生产的法规,以及企业、事业单位及其上级管理机关制定的反映安全生产客观规律并涉及工艺技术、生产操作、技术监督、劳动保护、安全管理等方面的规程、规章、章程、条例、办法和制度等,而且还包括那些虽无明文规定,但却反映了生产、科研、设计、施工中安全操作的客观规律并长期为群众所公认的行之有效的正确的操作习惯与惯例。但是,应逐步将这些操作习惯和惯例条理化、规范化并见诸文字,以便于衡量和检验。违反上述规章制度,是造成事故的直接原因,也是构成重大责任事故罪的前提条件。行为人违反规章制度的行为发生在生产过程中并与生产有直接联系。行为人违反规章制度的行为引起了重大伤亡事故,造成严重后果。虽然有违章行为,但尚未造成重大伤亡事故,造成严重后果的,不构成重大责任事故罪,必要时可予以适当的行政处罚。从造成的结果看,本条规定了“重大伤亡”和“严重后果”两个标准,具备其一便构成犯罪。

(二)刑事优先原则

刑事优先原则是指当一个案件既是行政案件也是刑事案件时,原则上应先由司法机关按司法程序解决行为人的刑事法律责任,再由行政机关依行政程序解决行为人的行政法律责任。这样做的原因很明显,刑事责任比行政责任在社会危害性上更严重,且刑法也更为严厉,应优先适用。因为刑事程序在调查取证、证据适用时更为严厉,所以作为刑事处罚的事实和证据,对行政机关适用行政处罚具有当然的效力,而行政处罚适用的证据对刑事处罚却不具有当然的效力。行政机关在审查一个行政违法案件时,如果认为其构成犯罪,应立即移送到有关司法部门,由司法机关先行处理,司法机关也可以主动介入,认为行为人的行为构成犯罪的,有权要求行政机关移送案件,这样,会避免出现行政机关以罚代刑的现象。

关联法条

《中华人民共和国消防法》(节录)(中华人民共和国第十一届全国人民代表大会常务委员会第五次会议于2008年10月28日修订通过　自2009年5月1日起施行)

第六十四条　违反本法规定,有下列行为之一,尚不构成犯罪的,处十日以上十五日以下拘留,可以并处五百元以下罚款;情节较轻的,处警告或者五百元以下罚款:

(一)指使或者强令他人违反消防安全规定,冒险作业的;

(二)过失引起火灾的;

(三)在火灾发生后阻拦报警,或者负有报告职责的人员不及时报警的;

(四)扰乱火灾现场秩序,或者拒不执行火灾现场指挥员指挥,影响灭火救援的;

(五)故意破坏或者伪造火灾现场的;

(六)擅自拆封或者使用被公安机关消防机构查封的场所、部位的。

《最高人民检察院、公安部关于公安机关管辖的刑事案件立案追诉标准的规定(一)》(颁布日期:2008年6月25日　实施日期:2008年6月25日)

第八条　[重大责任事故案(刑法第一百三十四条第一款)]在生产、作业中违反有关安全管理的规定,涉嫌下列情形之一的,应予立案追诉:

(一)造成死亡一人以上,或者重伤三人以上;

(二)造成直接经济损失五十万元以上的;

(三)发生矿山生产安全事故,造成直接经济损失一百万元以上的;

(四)其他造成严重后果的情形。

《公安机关办理行政案件程序规定》(节录)(2006年3月29日于公安部部长办公会议通过　自2006年8月24日起施行)

第四十二条　公安机关对发现或者受理的案件暂时无法确定为刑事案件或者行政案件的,可以按照行政案件的程序办理。在办理过程中,认为涉嫌构成犯罪的,应当按照《公安机关办理刑事案件程序规定》办理。

第一百四十七条　公安机关根据行政案件的不同情况分别作出如下处理决定:

(一)确有违法行为,应当给予行政处罚的,根据其情节和危害后果的轻重,作出行政处罚决定;

（二）确有违法行为，但有依法不予行政处罚情形的，作出不予行政处罚决定；有违法所得和非法财物的，应当予以追缴或者收缴；

（三）违法事实不能成立的，作出不予处罚决定；

（四）对需要给予强制戒毒、收容教育等处理的，依法作出决定；

（五）对符合劳动教养条件的，依法呈报劳动教养；

（六）违法行为涉嫌构成犯罪的，转为刑事案件办理或者移送有权处理的主管机关、部门办理，无需撤销行政案件。公安机关已经作出行政处理决定的，应当附卷；

（七）发现违法行为人有其他违法行为的，在依法作出行政处罚或者其他行政处理决定的同时，通知有关行政主管部门处理。

治安案件有被侵害人的，公安机关应当将决定书复印件送达被侵害人。无法送达的，应当注明。

第一百五十一条 公安机关办理的刑事案件，尚不够刑事处罚，依法应当给予公安行政处罚或者其他行政处理的，依照本章规定作出处理决定。办理刑事案件中取得的证据，可以作为行政处罚或者其他行政处理的根据。

◇ 4 行政管辖权辨析(一)

——盗窃、损毁公共设施案

案情概要

2008年5月11日至6月20日,长航公安局某分局根据上级部署组织开展了“打击非法采砂,保障航运安全”专项整治活动,各执法单位在长江某区段东流水道、太子矶水道、乌沙扁担洲等水域执勤巡逻时,现场查获数名涉嫌非法盗采江砂违法嫌疑人,有的竟然在距离江堤近100米处非法采砂,严重损毁江堤护岸,危害长江大堤安全。但根据《长江河道采砂管理条例》的规定,打击长江非法采砂的主管部门是水行政主管部门,各执法单位只好将案件移送当地水务部门处理。

问题聚焦

针对此案件管辖问题有两种观点。

一种观点:根据《长江河道采砂管理条例》,非法采砂违法行为属于水行政主管部门管辖。该案公安机关无管辖权,根据《公安机关办理行政案件程序规定》,应及时将查获的违法嫌疑人移送水务部门处理。

另一种观点:根据《中华人民共和国防洪法》(以下简称《防洪法》)第三十五条第二款和第六十一条规定,在防洪工程设施保护范围内,禁止进行爆破、打井、采石、取土等危害防洪工程设施安全的活动。违反本法规定,应当给予治安管理处罚的,依照《中华人民共和国治安管理处罚法》(以下简称《治安管理处罚法》)的规定处罚;构成犯罪的,依法追究刑事责任。另根据《治安管理处罚法》第三十三条第(一)项的规定,盗窃、损毁……水利防汛工程设施(包括堤防、护岸等防洪工程)等公共设施的,处十日以上十五日以下拘留。因此,对那些在水利防洪工程保护范围内采砂、取土损毁水利防汛工程设施的,尤其在距离江堤近100米处非法采砂的,长航公安机关应充分发挥职能作用,依法予以严厉打击,以确保长江大堤安全。但截至目前,还没有相关法律法规对防洪工程设施保护范围作出明确的司法解释,因此,在证据收集时应严格掌控。

本案是典型的法律法规之间的管辖范围的区分问题，并进而在具体的执法部门之间划定权限的问题。上述管辖权限的划定，取决于相关概念——“防洪工程设施保护范围”的解释，以此作为判定适用何种法律法规的依据。所以，法律法规的冲突的解决主要是一个法律解释的问题。

本案述评

综合本案案情和相关法理，第二种观点更符合立法目的，更有利于执法机关有效地维护长江航道安全。但是由于尚缺乏对于“防洪工程设施保护范围”的权威解释，长航公安机关在本案的执法过程中应当注意把握两部法律法规之间的关系，合理、适当地行使裁量权，不可违背法律的明确规定。

《长江河道采砂管理条例》是2002年起实施的专门针对长江河道范围内采砂作业进行规范管理的行政法规，是专业性的、管理性的法规，不是综合执法类法规。《长江河道采砂管理条例》第三条规定，水行政部门是具体执行本条例的机关。而第五条则明确规定，“长江采砂规划应当充分考虑长江防洪安全和通航安全的要求，符合长江流域综合规划和长江防洪、河道整治以及航道整治等专业规划”。即，涉及长江防洪安全的问题，必须考虑到专门应对防洪问题的高位阶的法律——《防洪法》。

《防洪法》是专门针对防洪规划、防洪设施的建设管理和防汛抗洪管理的法律。作为全国人大常委会通过的法律，且考虑到防汛抗洪事业在我国的极端重要性，因此在解决本案的管辖争议中对此必须予以注意。《防洪法》第三十五条第二款规定，“在防洪工程设施保护范围内，禁止进行爆破、打井、采石、取土等危害防洪工程设施安全的活动”，长江河道内的采砂作业当然属于本款的调整范围。但是，这里的“防洪工程设施保护范围”是一个严格的概念。本条第一款规定，“属于国家所有的防洪工程设施，应当按照经批准的设计，在竣工验收前由县级以上人民政府按照国家规定，划定管理和保护范围。属于集体所有的防洪工程设施，应当按照省、自治区、直辖市人民政府的规定，划定保护范围。”县政府对于国家防洪工程负有划定管理和保护范围的义务，这一“范围”对于本案确定适用《防洪法》还是适用《长江河道采砂管理条例》起决定作用。但是本案案情显示，当地政府对于被公安机关查处的涉嫌非法采砂行为的航段并未明确划定其防洪工程的保护范围。这就给法律法规的适用造成很大的不确定性。

本案属于法律与行政法规之间的冲突，但是一个是高位阶的旧法（《防洪法》1998年起实施），一个是低位阶的新法，两者都是专门性的规范，但是二者的关联性仅仅在于有关“防洪工程的保护范围”，因此最有效、最节省行政成本的方式是将本案报请当地县政府,要求其根据《防洪法》赋予的义务明确长江航段本区段的防洪工程的保护范围。如果采砂地点在保护范围外,则属于正常采砂问题,公安机关应马上交由水行政部门处理;如果采砂地点在保护范围内,则涉及非法采砂的问题,可以认定为《防洪法》所规定的"破坏、毁损防洪工程设施",应该按照《防洪法》第六十一条和《治安管理处罚法》相应规定处理。

这里相关联的一个问题是,由哪个机关负责将本案报告至县政府并请求其划定防洪设施保护范围。从权衡相关利益的角度,由于防洪在我国是极端重要的公共事务,所以此事应当由公安机关采取行动,将问题上报县政府,以尽快厘清管辖责任的范围。

然而本案的问题就在于,当地的县级以上政府没有根据《防洪法》的要求划定出防洪工程设施的"管理和保护"范围。即便按照上述办法由公安机关报送政府,请求依照行政立法权,给出具有可操作性的实施办法,在现实中可能出现办事程序的延宕,影响公安机关的执法效率和打击非法采砂的力度。所以,明确水上公安机关在面对法律法规冲突时,如何选择适用正确的规范,如何准确把握行政裁量权,才是更关键的问题。

选择适用法律,实质是一个法律解释的问题;行政机关裁量权的行使,是一个基于法律解释之上的对于行政机关职能和正当法律程序综合判断问题。

先来看法律解释。首先,本案不存在通常意义上的"旧法从新法"问题。本案中,《防洪法》与《长江河道采砂管理条例》基本上属于两个领域的立法,前者是专门针对防洪规划、防洪设施的建设管理和防汛抗洪管理的法律,后者是专门针对长江河道范围内采砂作业进行规范管理的行政法规,前者是国民生活中的重要的治理类的规范,目的在于避免和应对洪涝灾害,减少人民生命财产损失和国民经济损失,后者则是对一个产业的某种调控,目的在于规范其经济行为,保证良好的市场秩序。具体检视两部法律法规的文本,我们可以发现,二者关于管辖范围的交叉很有限。例如《防洪法》当中有关抗洪抢险组织动员的规定就与长江航道的采砂作业完全没有联系;反之亦然,《长江河道采砂管理条例》当中规范采砂运输的条款也和防汛抗洪没有关系。两部法规的交集仅仅在于,某些采砂行为发生在法定的"防洪工程设施的保护范围"内,于是引起防洪安全的关切。但是从整体上看,并没有旧法服从新法的问题,不能因此就当然地认为《防洪法》要服从《长江河道采砂管理条例》的规定。

其次,本案也不存在有关"特别法优于普通法"的问题。因为《防洪法》

和《长江河道采砂管理条例》之间不可能形成一般法与特别法的关系。《防洪法》是我国在防汛抗洪领域的最高位阶的法律，由全国人民代表大会常务委员会通过，是该领域内的一般法。那么，其他有关的防汛抗洪事业的具体方面，例如规定防洪设施的施工标准或者防洪设备的质量标准等法律法规就可以视为防汛抗洪领域的特别法。当一般法的法条用语抽象、模糊时，就应当适用特别法的具体、细致的规定。但是，如上文所述，《长江河道采砂管理条例》是管理一个完全不同于防洪事业的领域的专门性的行政法规，即便在某些情况下可以被认定为特别法，也不是《防洪法》的特别法。所以，在这两部法律法规发生冲突的时候，特别法优于普通法的原则没有适用余地。

不过，本案中毫无疑问地存在高位阶法律和低位阶法律的冲突问题。《防洪法》是全国人民代表大会常务委员会通过的法律，《长江河道采砂管理条例》是国务院出台的行政法规，根据《中华人民共和国立法法》的规定和一般的法律位阶理论，《防洪法》的效力显然优先于《长江河道采砂管理条例》。《长江河道采砂管理条例》第五条也明确规定，"长江采砂规划应当充分考虑长江防洪安全和通航安全的要求，符合长江流域综合规划和长江防洪、河道整治以及航道整治等专业规划。"可见，《防洪法》的重要性和高位阶性在此得到了充分的体现，《长江河道采砂管理条例》的起草过程显然是在不违背《防洪法》相关规定的前提下完成的。

因此，在缺乏"防洪工程设施保护范围"的明确划定的情况下，长航公安机关应该优先按照《防洪法》的相关规定，立即采取行动，责令采砂作业方停止采砂行为，并采取补救措施。情节严重的，应处以《治安管理处罚法》中的处罚措施。

关联理论

法律法规之间效力冲突的解决从根本上说是一个法律解释问题。首要的解释方法是通过准确判断相关法律法规的调控领域以及相互之间的位阶关系。具体的原则包括但不限于，高位阶法律优先于低位阶法律适用，特别法优先于普通法适用，新法优先于旧法适用。

旧法与新法的冲突是在特定语境中的法律冲突，即新旧法律法规系针对同一事项或者同一领域出台的法律，新法代表了民意和国家政策对于该领域社会经济事务的新判断和相关利益的新分配。当新法全面取代旧法时，旧法应视为自动失去法律效力，当新法属于部分地修改了旧法的规定时，那么旧法与新法相冲突的部分就应当不再具有法律效力。仅从上述意义，才有"旧法从新法"的问题。

特别法与普通法的冲突适用规则的预设逻辑和“旧法从新法”类似。首先两部法律法规之间需要形成“特别-普通”的关系，即是规范同一个领域内的事项，仅仅是其中一部法律出于制定机关、政策连续性、立法技术等原因选择了抽象、模糊、原则性、柔性的语言，而另一部法律则是为了具体地执行、落实相关的方针政策，适用了精准、明晰、个别性、刚性的语言，但是承袭了相关的基本立法原则和精神。只有在这样的情势下，才有所谓的“特别法和普通法”的关系，也才有“特别法优于普通法”的解释标准。

高位阶法律相对低位阶法律的效力优先也是一个在具体案件中具体判断的问题，不能采取过于抽象的判断。因为法律位阶理论是普遍适用的规则，所以更可能被用于解决管辖领域毫不相干的法律法规问题。但效力优劣的判断还是只能存在于具体的案件争议点上，甚至仅仅存在于条文某一种解释结果上。

除了上述常见的冲突规则之外，法律规范之间的冲突在实质上更体现了指导相应规则的原则之间的冲突，甚至原则背后作为立法目的的社会利益或重要价值之间的冲突。当仅仅依据规则不能作出取舍时，就应当引入利益衡量或价值判断的方法。我国政府历来都非常重视防洪事务，对防洪设施和防洪工程的投资也是巨大的，不得破坏与毁损。采砂作业是一般性的、营利性的活动，当然也为社会创造一定的经济利益，但是相对防洪安全来说，价值是次要的。在这个意义上，执法部门应当优先考虑《防洪法》的实施，正确地运用价值衡量、利益衡量的方法。

关联法条

《长江河道采砂管理条例》（节录）（中华人民共和国国务院第四十五次常务会议于2001年10月10日通过　自2002年1月1日起施行）

第三条　国务院水行政主管部门及其所属的长江水利委员会应当加强对长江采砂的统一管理和监督检查，并做好有关组织、协调和指导工作。

长江采砂管理，实行地方人民政府行政首长负责制。沿江县级以上地方人民政府应当加强对本行政区域内长江采砂活动的管理，做好长江采砂的组织、协调和监督检查工作。

沿江县级以上地方人民政府水行政主管部门依照本条例的规定，具体负责本行政区域内长江采砂的管理和监督检查工作。

国务院交通行政主管部门所属的长江航务管理局负责长江航道管理工作，长江海事机构负责长江交通安全的监督管理工作。公安部门负责长江水上治安管理工作，依法打击长江采砂活动中的犯罪行为。

第五条 长江采砂规划应当充分考虑长江防洪安全和通航安全的要求,符合长江流域综合规划和长江防洪、河道整治以及航道整治等专业规划。

《中华人民共和国防洪法》(节录)(中华人民共和国第八届全国人民代表大会常务委员会第二十七次会议于1997年8月29日通过 1997年8月9日中华人民共和国主席令第八十八号公布 自1998年1月1日起施行)

第三十五条 属于国家所有的防洪工程设施,应当按照经批准的设计,在竣工验收前由县级以上人民政府按照国家规定,划定管理和保护范围。属于集体所有的防洪工程设施,应当按照省、自治区、直辖市人民政府的规定,划定保护范围。

在防洪工程设施保护范围内,禁止进行爆破、打井、采石、取土等危害防洪工程设施安全的活动。

第六十一条 违反本法规定,破坏、侵占、毁损堤防、水闸、护岸、抽水站、排水渠系等防洪工程和水文、通信设施以及防汛备用的器材、物料的,责令停止违法行为,采取补救措施,可以处五万元以下的罚款;造成损坏的,依法承担民事责任;应当给予治安管理处罚的,依照治安管理处罚条例的规定处罚;构成犯罪的,依法追究刑事责任。

《中华人民共和国治安管理处罚法》(节录)(中华人民共和国第十届全国人民代表大会常务委员会第十七次会议于2005年8月28日通过 自2006年3月1日起施行)

第三十三条 有下列行为之一的,处十日以上十五日以下拘留:

(一)盗窃、损毁油气管道设施、电力电信设施、广播电视设施、水利防汛工程设施或者水文监测、测量、气象测报、环境监测、地质监测、地震监测等公共设施的……

◇ 5 行政管辖权辨析(二)

——非法运输危险物质案

案情概要

2009年7月1日,长航公安局某分局受理了一起非法运输易燃易爆危险物品案件:2009年7月1日14时许,水上消防支队消防监督员在长江干线某水域对该地区水上加油站(经营手续齐全)所属的“皖东方×号”船(船舶类型:化学品液货船)进行日常消防安全监督检查时,发现该船超出适装范围,违法装运易燃易爆危险物品“0号”柴油。

在对此案进行处理中出现了两种意见。一种意见认为:公安机关消防机构应依据《中华人民共和国消防法》(以下简称《消防法》)及《中华人民共和国治安管理处罚法》(以下简称《治安管理处罚法》)的有关规定,依法对该违法行为给予处罚。另一种意见认为:公安机关没有处罚权。根据国务院令第344号《危险化学品安全管理条例》的规定,水上加油站利用“皖东方×号”船违法装运“0号”柴油的经营行为,应当由经济贸易管理部门负责管理,负责危险化学品经营许可证的发放。对利用内河以及其他封闭水域等航运渠道运输危险化学品的,只能委托有危险化学品运输资质的水运企业承运,并按照国务院交通主管部门的规定办理手续,接受有关交通部门(港口部门、海事管理机构)的监督管理,违者由交通部门依据本条例予以处罚。

问题聚焦

本案争议点在于涉案的违法运输易燃易爆品这一行为的管辖权,是属于长航公安机关,还是属于水上交通部门;与此相关联的问题就是,相应的处理依据是《消防法》和《治安管理处罚法》的有关规定,还是国务院出台的《危险化学品安全管理条例》的有关规定。

本案述评

(一)相关法律规定

要解答上述问题,必须先清楚《消防法》、《治安管理处罚法》、《危险化学品安全管理条例》中关于运输易燃易爆物品的规定及内涵。

《消防法》第六十二条第一项规定:“有下列行为之一的,依照《中华人民共和国治安管理处罚法》的规定处罚:(一)违反有关消防技术标准和管理规定生产、储存、运输、销售、使用、销毁易燃易爆危险品的”。

《治安管理处罚法》第三十条规定:“违反国家规定,制造、买卖、储存、运输、邮寄、携带、使用、提供、处置爆炸性、毒害性、放射性、腐蚀性物质或者传染病病原体等危险物质的,处十日以上十五日以下拘留;情节较轻的,处五日以上十日以下拘留”。

《危险化学品安全管理条例》第六十五条规定:“违反本条例的规定,未取得危险化学品运输企业资质,擅自从事危险化学品公路、水路运输,有违法所得的,由交通部门没收违法所得;违法所得5万元以上的,并处违法所得1倍以上5倍以下的罚款;没有违法所得或者违法所得不足5万元的,处2万元以上20万元以下的罚款;触犯刑律的,对负有责任的主管人员和其他直接责任人员依照刑法关于危险物品肇事罪或者其他罪的规定,依法追究刑事责任”。

《危险化学品安全管理条例》第六十六条第三项规定:“违反本条例的规定,有下列行为之一的,由交通部门处2万元以上10万元以下的罚款;触犯刑律的,依照刑法关于危险物品肇事罪或者其他罪的规定,依法追究刑事责任:(三)托运人未按照规定向交通部门办理水路运输手续,擅自通过水路运输剧毒化学品和国家禁止运输的其他危险化学品以外的危险化学品的”。

《危险化学品安全管理条例》第六十七条第一项、第五项规定:“违反本条例的规定,有下列行为之一的,由公安部门责令改正,处2万元以上10万元以下的罚款;触犯刑律的,依照刑法关于危险物品肇事罪、重大环境污染事故罪或者其他罪的规定,依法追究刑事责任:(一)托运人未向公安部门申请领取剧毒化学品公路运输通行证,擅自通过公路运输剧毒化学品的;(五)托运人在托运的普通货物中夹带危险化学品或者将危险化学品匿报、谎报为普通货物托运的”。

(二)对相关法律条文的理解

通过比较三个法律法规中关于危险物品运输的规定,我们发现三个法律法规的相关规定有其自己的侧重点和关联性。

(1)《消防法》对运输危险物品的规范侧重于消防技术标准和管理规定,它是从有效预防火灾、减少火灾危害的角度立法的,它强调运输易燃易爆物品的车辆或船舶必须符合消防技术标准(例如配备足够的消防器材、使用特定的消防材料包装、保证消防防火间距等),而无需考虑该车辆有无运输易燃易爆物品的资质。即使某辆车或船舶有运输易燃易爆物品的资格,但不符合消防技术标准,可依据《消防法》第六十二条第一项对其处罚;相应的,如果车辆或船舶没有运输易燃易爆物品的资格,但其达到了运输易燃易爆物品的消防条件,也不能依据《消防法》第六十二条第一项对其进行处罚。此外,《消防法》对危险品也有特殊要求,必须是易燃易爆物品、对于剧毒、腐蚀性的物品等不在其调整的范围。

(2)《治安管理处罚法》明确了凡是违反国家管理规定运输易燃易爆物品、剧毒、腐蚀性等危险物品的,都可按照《治安管理处罚法》进行处罚。《治安管理处罚法》的侧重点在于保护公共安全,不论在陆路还是水路,只要运输易燃易爆等危险物品给公共安全带来威胁的(这里的国家管理规定,包括《危险化学品安全管理条例》、《消防法》的规定,违反规定,就是没有尽到相应的防范义务,因而给公共安全带来威胁),就可根据《治安管理处罚法》进行处罚。所以我们可以得出这样结论:违法运输易燃易爆物品不符合消防技术标准的按照《消防法》第六十二条的规定,指引到《治安管理处罚法》第三十条规定给予处罚;未违反《消防法》的规定,但违背了其他危险品管理法规、条例(包括《危险化学品安全管理条例》),也可依据《治安管理处罚法》第三十条规定给予处罚。这里有一个问题需要明确:《治安管理处罚法》第三十条只规定了对非法运输易燃易爆等危险物品的责任人处于拘留(可并处罚款),显然,这针对的只能是个人的违法行为,对单位无法适用拘留的行政处罚。如果非法运输易燃易爆等危险品是单位的行为,就不宜采用此条进行处罚。

(3)《危险化学品安全管理条例》实际上侧重于运输易燃易爆等危险物品的资质、资格问题,即单位或个人有没有得到一定的行政许可或授权。如果没有相应的资格而运输,那就要受到该条例的调整。但是该条例第六十六条第三项规定了水上违法运输易燃易爆等危险化学品的许可和监督机关是交通部门(长江水上交通部门应为海事部门),其相应的处罚权在交通部门。这给长航公安机关带来了执法难题,是否意味着水上违法运输易燃易爆等危险物品公安机关就不能管理了呢?回答是否定的。根据上文所述《治安管理处罚法》的规定,只要违反国家管理规定,违法运输易燃易爆等危险物品的就可以依据《治安管理处罚法》的规定对责任人给以处罚,即使是水上交通部门依据《危险化学品安全管理条例》已经处罚了相应的违法主体,公安机关仍可以依据《治安管理处罚法》对责任人进行处罚(这里不违反"一事不再罚原则",关于一事不再罚具体内容详见本书其他章节);另外,根据《危险化学品安全管理条例》第六十六条、第六十七条规定,公安机关对路上违法运输易燃易爆等危险物品或者将危险化学品匿报、谎报为普通货物托运的违法主体可根据《危险化学品安全管理条例》直接作出处罚，并可根据《治安管理处罚法》对责任人进行进一步处罚。同时，对违反《消防法》生产、储存、经营易燃易爆化学品行为的行政处罚，由各级公安机关消防部门负责实施。

（三）对本案的定性处罚

结合本案，“皖东方×号”船是从事化学品液货船运输，其运输“0号”柴油的行为是超出适装范围，属于无“0号”柴油运输资质而进行水上运输的行为。对此公安消防机关可先查明“皖东方×号”是否达到运输“0号”柴油的消防技术标准，如果没有达到，可依据《消防法》第六十二条、《治安管理处罚法》第三十条对责任人进行处罚。如果“皖东方×号”达到运输“0号”消防技术标准，公安机关可直接依据《治安管理处罚法》第三十条对责任人进行处罚，并且还可以将此案移交交通部门（海事部门）做进一步处理。

关联理论

1. 关于立法目的

从立法目的的角度也可以判断应予适用的法律。一般而言，专业性的法律也就是带有明确而具体的立法目的的法律，在条文中会对于相关领域做非常细致、专业化的规定，文字上有更多的术语，这些都是立法目的的表现。面对具体案例时，需要首先从中提炼出法律事实——即有法律意义的、可能引起法律权利义务的创设、变更、终止的事实，法律事实与法律法规的条文吻合度越高，越说明该法律就是用于调整此领域的。

2. 一事不再罚原则

所谓一事不再罚是指同一行政主体对违法行为人的同一个违法行为不得以同一事实和同一依据，给予两次以上的行政处罚，不同行政主体对违法行为人的同一个违法行为不得给予两次以上罚款的行政处罚，也就是说，行为人的一个行为无论是违反一规范，还是数个规范，受一个行政主体管辖，还是数个行政主体管辖，可以给予两次以上的行政处罚，但如果是罚款，则罚款只能一次，另一次处罚可以是吊销营业执照或其他许可证，也可以是责令停产停业，还可以是没收等，只是不能再次罚款。由此可以看出，行政处罚法规定一事不再罚的范围是有限的，仅仅限制的是两次以上罚款的行政处罚，而不限制其他行政处罚种类的第二次或多次适用。

关联法条

《危险化学品安全管理条例》（节录）（中华人民共和国国务院第五十二

次常务会议于2002年1月9日通过　自2002年3月15日起施行）

第五条　对危险化学品的生产、经营、储存、运输、使用和对废弃危险化学品处置实施监督管理的有关部门，依照下列规定履行职责：

（一）国务院经济贸易综合管理部门和省、自治区、直辖市人民政府经济贸易管理部门，依照本条例的规定，负责危险化学品安全监督管理综合工作，负责危险化学品生产、储存企业设立及其改建、扩建的审查，负责危险化学品包装物、容器（包括用于运输工具的槽罐，下同）专业生产企业的审查和定点，负责危险化学品经营许可证的发放，负责国内危险化学品的登记，负责危险化学品事故应急救援的组织和协调，并负责前述事项的监督检查；设区的市级人民政府和县级人民政府的负责危险化学品安全监督管理综合工作的部门，由各该级人民政府确定，依照本条例的规定履行职责。

……

（五）铁路、民航部门负责危险化学品铁路、航空运输和危险化学品铁路、民航运输单位及其运输工具的安全管理及监督检查。交通部门负责危险化学品公路、水路运输单位及其运输工具的安全管理，对危险化学品水路运输安全实施监督，负责危险化学品公路、水路运输单位、驾驶人员、船员、装卸人员和押运人员的资质认定，并负责前述事项的监督检查。

第四十条　禁止利用内河以及其他封闭水域等航运渠道运输剧毒化学品以及国务院交通部门规定禁止运输的其他危险化学品。

利用内河以及其他封闭水域等航运渠道运输前款规定以外的危险化学品的，只能委托有危险化学品运输资质的水运企业承运，并按照国务院交通部门的规定办理手续，接受有关交通部门（港口部门、海事管理机构，下同）的监督管理。

运输危险化学品的船舶及其配载的容器必须按照国家关于船舶检验的规范进行生产，并经海事管理机构认可的船舶检验机构检验合格，方可投入使用。

第六十三条　违反本条例的规定，有下列行为之一的，由工商行政管理部门责令改正，有违法所得的，没收违法所得；违法所得5万元以上的，并处违法所得1倍以上5倍以下的罚款；没有违法所得或者违法所得不足5万元的，并处2万元以上20万元以下的罚款；不改正的，由原发证机关吊销生产许可证、经营许可证和营业执照；触犯刑律的，对负有责任的主管人员和其他直接责任人员依照刑法关于非法经营罪、危险物品肇事罪或者其他罪的规定，依法追究刑事责任：

（一）危险化学品经营企业从未取得危险化学品生产许可证或者危险化

学品经营许可证的企业采购危险化学品的；

（二）危险化学品生产企业向未取得危险化学品经营许可证的经营单位销售其产品的；

（三）剧毒化学品经营企业向个人或者无购买凭证、准购证的单位销售剧毒化学品的。

第六十六条 违反本条例的规定，有下列行为之一的，由交通部门处2万元以上10万元以下的罚款；触犯刑律的，依照刑法关于危险物品肇事罪或者其他罪的规定，依法追究刑事责任：

（一）从事危险化学品公路、水路运输的驾驶员、船员、装卸管理人员、押运人员未经考核合格，取得上岗资格证的；

（二）利用内河以及其他封闭水域等航运渠道运输剧毒化学品和国家禁止运输的其他危险化学品的；

（三）托运人未按照规定向交通部门办理水路运输手续，擅自通过水路运输剧毒化学品和国家禁止运输的其他危险化学品以外的危险化学品的；

（四）托运人托运危险化学品，不向承运人说明运输的危险化学品的品名、数量、危害、应急措施等情况，或者需要添加抑制剂或者稳定剂，交付托运时未添加的；

（五）运输、装卸危险化学品不符合国家有关法律、法规、规章的规定和国家标准，并按照危险化学品的特性采取必要安全防护措施的。

第六十七条 违反本条例的规定，有下列行为之一的，由公安部门责令改正，处2万元以上10万元以下的罚款；触犯刑律的，依照刑法关于危险物品肇事罪、重大环境污染事故罪或者其他罪的规定，依法追究刑事责任：

（一）托运人未向公安部门申请领取剧毒化学品公路运输通行证，擅自通过公路运输剧毒化学品的；

（二）危险化学品运输企业运输危险化学品，不配备押运人员或者脱离押运人员监管，超装、超载，中途停车住宿或者遇有无法正常运输的情况，不向当地公安部门报告的；

（三）危险化学品运输企业运输危险化学品，未向公安部门报告，擅自进入危险化学品运输车辆禁止通行区域，或者进入禁止通行区域不遵守公安部门规定的行车时间和路线的；

（四）危险化学品运输企业运输剧毒化学品，在公路运输途中发生被盗、丢失、流散、泄露等情况，不立即向当地公安部门报告，并采取一切可能的警示措施的；

（五）托运人在托运的普通货物中夹带危险化学品或者将危险化学品匿

报、谎报为普通货物托运的。

《中华人民共和国消防法》（节录）（中华人民共和国第十一届全国人民代表大会常务委员会第五次会议于2008年10月28日修订 2008年10月28日中华人民共和国主席令第六号公布 自2009年5月1日起施行）

第六十二条 有下列行为之一的，依照《中华人民共和国治安管理处罚法》的规定处罚：

（一）违反有关消防技术标准和管理规定生产、储存、运输、销售、使用、销毁易燃易爆危险品的；

（二）非法携带易燃易爆危险品进入公共场所或者乘坐公共交通工具的；

（三）谎报火警的；

（四）阻碍消防车、消防艇执行任务的；

（五）阻碍公安机关消防机构的工作人员依法执行职务的。

《中华人民共和国治安管理处罚法》（节录）（中华人民共和国第十届全国人民代表大会常务委员会第十七次会议于2005年8月28日通过 2005年8月28日中华人民共和国主席令第三十八号公布 自2006年3月1日起施行）

第三十条 违反国家规定，制造、买卖、储存、运输、邮寄、携带、使用、提供、处置爆炸性、毒害性、放射性、腐蚀性物质或者传染病病原体等危险物质的，处十日以上十五日以下拘留；情节较轻的，处五日以上十日以下拘留。

《公安部关于认真贯彻执行国务院〈危险化学品安全管理条例〉切实加强危险化学品公共安全管理的通知》（节录）（公通字[2002]31号 2002年5月27日）

……

四、严格履行监督检查职责，依法从严查处涉及危险化学品的违法违规行为，预防和减少危险化学品事故的发生。

各级公安机关要切实履行职责，加强监督检查，依法从严查处违反危险化学品安全管理的行为，对违反消防法规生产、储存、经营易燃易爆化学物品的行政处罚，由各级公安机关消防部门负责实施；对危险化学品生产、经营单位不如实记录生产、销售流量，剧毒化学品被盗、丢失等不及时报告，不按照规定购买、销售剧毒化学品，在托运的货物或邮寄的邮件中夹带危险化学品，未按照运输通行证注明的品名、数量、运输车辆、驾驶人员、押运人员和运输路线、时间运输剧毒化学品的，未随车携带运输通行证明的，擅自进入危险化学品运输车辆禁止通行区域，在禁止通行区域不按规定的行车时间、路线行驶的行政处罚，由各级公安机关交通管理部门负责实施。对违反危险化学品安全管理有关规定触犯刑律的，按照《公安部刑事案件管辖分工规则》（公通字［1998］80号）依法办理。

《交通部、公安部、安全监管总局关于进一步加强水路公路危险化学品运输管理的通知》（节录）（交海发［2006］33号 2006年1月23日）

……

二、进一步加强对危险化学品运输船舶、车辆的监督检查

海事管理机构要加强对船舶载运危险化学品的监督检查，坚决阻止不满足技术条件的船舶从事危险化学品运输；要将关口适当前移，加强对拟装船的集装箱的开箱抽查，对查出的瞒报谎报集装箱和车辆应禁止其上船，并依法追究有关单位和人员的责任。海事管理机构要从船舶适装和货物适运两个方面严把载运危险化学品船舶申报管理关，要建立黑名单制度，对存在故意瞒报谎报行为的托运人和承运人，在按有关规定给及相应的行政处罚的同时，要列入黑名单，向社会公布，作为重点监督检查的对象。

◇ 6 行政处罚的管辖和程序问题

——非法买卖成品油案

案情概要

2008年7月23日，长江水域某方便旗船在沪浙交界水域（浙江省内）将150吨380柴油卖给某船，非法所得共计人民币38万元。某船载满油后，在前往吴淞口航行途中被长航公安局某分局截获。经过调查，买方承认其无成品油经营执照，也不清楚卖家的具体信息，只是通过电话与卖家联系。后某分局在多方寻找卖家未果的前提之下，没收了两船380柴油（闪点大于60），共计71吨，价值人民币23万元。

问题聚焦

本案的事实经过比较清晰，主要是长航公安机关针对非法买卖的成品油予以罚没。但由于涉及方便旗船和特种行业的经营资格问题，本案也产生了诸多有争议的地方。

1. 关于案件的管辖问题。一是地域管辖的问题，由于买卖发案地处于浙江水域，长航公安局某分局能不能处理，是否符合现有法律、法规关于行政处罚管辖的相关规定？二是关于专属管辖的问题，由于涉及方便旗船和成品油的经营，海关缉私部门和消防部门是否也具有对案件的管辖权？

2. 关于案件的处理程序问题。在没有查证卖方非法经营的前提之下，单独依据对买方违法事实的掌握能否直接处理？

本案述评

（一）与本案相关联的管辖问题

行政处罚的管辖是确定对某个行政违法行为应由哪一级或者哪一个行政机关实施处罚的法律制度。为了及时、有效地实施行政处罚，防止和解决行政机关的权限冲突，《中华人民共和国行政处罚法》（以下简称《行政处罚法》）第二十条至第二十二条对行政处罚的管辖制度进行了规定，包含了行政处罚管辖权的多项原则，一般包括行政处罚的地域管辖、级别管辖以及专属管辖[1]等几方面的内容。就地域管辖来看,规定了行政处罚"由违法行为发生地的"行政机关管辖。同时为了提高行政处罚的效率,有效地、及时地纠正行政违法行为,又对级别管辖问题作出了规定,即:在通常情况下,一般的行政违法行为由"县级以上地方人民政府"管辖。这样规定一方面有利于行政机关或者组织及时地发现违法行为并便于对违法行为的进一步调查和取证;另一方面也有利于对行政处罚决定的执行。为了使行政处罚更准确,体现行政机关各司其职、各负其责的精神,行政处罚法还作出了行政处罚由"有行政处罚权的行政机关管辖"的规定,以体现专属管辖。除此之外,还存在指定管辖和移送管辖。所谓指定管辖,是指对管辖发生争议的,报请共同的上一级行政机关指定管辖。而移送管辖是指有些行政案件虽然已经由行政机关处理,但是行政机关受理案件后发现违法行为已经构成犯罪的,就必须将案件移送司法机关,依法追究刑事责任。[2]

由于行政处罚管辖错综复杂,与行政管理体制、行政活动程序等诸多问题交织在一起,只有明确反映行政处罚管辖的行政目标和基本价值,即行政处罚管辖的原则,才能把握问题的实质。因此,在把握现有法律、规章对行政处罚的一般规定之上,还必须认识到行政处罚管辖的基本原则。一是效率原则,是指行政处罚管辖的确定,应当便于行政机关或者组织迅速、及时发现并制裁违法行为;二是兼顾行政机关的分工与案件性质的原则,大多数行政处罚的实施就应由级别较低(如县级)的行政机关或者组织来管辖。同时,考虑到案件简单和繁杂,以及案件性质不尽一致,应规定一些行政机关分工的均衡;三是原则性与灵活性相结合的原则,在确定管辖时,既要明确职权管辖、地域管辖、级别管辖,使大量的管辖,都有明确的实施主体,也要有一些行政机关在管辖上的机动权,使管辖能适用各种变化情况,真正做到原则性与灵活性相结合。

结合到本案而言,主要是涉及了行政处罚管辖中的地域管辖和专属管辖的问题。

(1)就地域管辖而言,按照《行政处罚法》第二十条的规定,"行政处罚由违法行为发生地的县级以上地方人民政府具有行政处罚权的行政机关管辖。法律、行政法规另有规定的除外"。同时按照《公安机关办理行政案件程序规定》(以下简称《行政案件程序规定》)第九条的规定,"行政案件由违

---

[1] 也有的观点称其为职能管辖。

[2] 参见马怀德主编:《行政法与行政诉讼法》。北京:中国政法大学出版社,2007 年 3 月第 1 版,第 133 页。

法行为发生地的公安机关管辖”。因此,暂时将行政处罚的处罚主体问题抛开的话,本案由违法行为发生地进行管辖并无争议,关键的问题在于如何确定违法行为发生地。“违法行为发生地”从性质上讲,应当属于不确定法律概念,而所谓的“不确定法律概念”,是指因其抽象性、一般性不够明确,导致解释上的疑义,或导致多种理解的法律规范用语。在行政机关的执法活动中,行政机关对不确定法律概念作出解释有两种方式,一是以规范性文件的方式进行一般解释,二是在具体的案件中体现出的法律适用解释。在本案中,针对不确定法律概念的解释可以采用第二种解释方式。由于买家在购买成品油后,沿着长江向下游行驶的途中被查获,其购买成品油的行为可以分解为开始地、经过地、实施地、查获地以及可能发生的二次交易地等一系列环节。从行为的连续性来看,此一系列环节构成一个有机的整体,单独将其割裂开,将某一地认定为唯一的违法行为发生地是不合适的,因为每一种行为都存在着所谓的“违法行为发生”的属性。参照国家工商总局制定的《工商行政管理机关行政处罚文书》(试行)(工商法字[1998]第144号)对立案审批表的案发地的解释:违法行为发生地包括着手地、经过地、实施地和危害结果发生地,在相关的学理性著作中,也有将违法行为发生地定位为包括“实施地、经过地、危害结果地”一系列地点的观点[1]。因此,单从是否违背地域管辖的视角来看,本案在长江上海水域对违法船舶实施行政处罚,并未违反法律、行政规章关于地域管辖的规定。当然,由于此种不确定概念具有广泛性,还有待权威解释机关予以一般解释。

(2)就职能管辖的问题而言,存在长航公安部门、海关缉私部门和消防部门是否存在管辖上的竞合问题,即海关部门和消防部门有无管辖权,如果存在管辖权,长航公安部门还能否介入。

首先是公安消防部门管辖的问题。按照《中华人民共和国消防法》(以下简称《消防法》)的相关规定,“违反有关消防技术标准和管理规定生产、储存、运输、销售、使用、销毁易燃易爆危险品的”,应当按照《中华人民共和国治安管理处罚法》(以下简称《治安管理处罚法》)处罚,确立了公安消防机关有参与消防监督检查的权力,本案中,如果该运输船舶的消防技术标准没有达到或者违背了消防的相关管理规定,公安消防部门可以按照《消防法》、《治安管理处罚法》相关规定对其进行处罚。

其次是海关缉私部门管辖的问题。按照《中华人民共和国海关法》第八

---

[1] 参见张春生,李飞主编:《中华人民共和国行政许可法释义》。北京:法律出版社,1996年第4版,第79页。此著作由全国人大法工委主持编写,属于具有代表性的学理解释。

十三条的规定“在内海、领海、界河、界湖，船舶及所载人员运输、收购、贩卖国家禁止或者限制进出境的货物、物品，或者运输、收购、贩卖依法应当缴纳税款的货物，没有合法证明的”，由海关没收货物。如果本案能证明，某方便旗船擅自在我国内河出售成品油是一种走私行为，海关缉私部门可以管辖。

最后是长航公安机关管辖的问题。根据《危险化学品安全管理条例》第三条规定，国家规定的《危险货物品名表》(GB 12268—2005)，《危险货物品名表》(GB 12268—2005)中明确将柴油列入危险化学品，因此，运输买卖柴油必须有专属的资格，否则就是非法买卖、运输危险物质的行为。《危险化学品安全管理条例》第六十五条规定：“违反本条例的规定，未取得危险化学品运输企业资质，擅自从事危险化学品公路、水路运输，有违法所得的，由交通部门没收违法所得；违法所得5万元以上的，并处违法所得1倍以上5倍以下的罚款；没有违法所得或者违法所得不足5万元的，处2万元以上20万元以下的罚款；触犯刑律的，对负有责任的主管人员和其他直接责任人员依照刑法关于危险物品肇事罪或者其他罪的规定，依法追究刑事责任”；《治安管理处罚法》第三十条规定“违反国家规定，制造、买卖、储存、运输、邮寄、携带、使用、提供、处置爆炸性、毒害性、放射性、腐蚀性物质或者传染病病原体等危险物质的，处十日以上十五日以下拘留；情节较轻的，处五日以上十日以下拘留”。由此可见，本案中，该船无成品油经营资格，擅自买卖、运输柴油的行为同时违反了《危险化学品安全管理条例》和《治安管理处罚法》。因此，水上交通部门和长航公安机关都有权对此案进行处理。

(二)本案的处理程序问题

公安机关按照六部委规定查获成品油的过程中，在没有掌握卖方资料的前提下，存在能否直接依据对买方违法事实的掌握来处理的问题。

首先，从证据的类型来看，对买方违法事实的掌握属于法定的证据范畴。按照行政案件程序规定的相关内容，证据包括“违法嫌疑人的陈述和申辩”，“勘验检查笔录和现场笔录等内容”。本案中，公安机关在查获成品油买卖的案件中，有控告材料、物证、当事人承认、鉴定等证据，是符合证据的法定类型的。

其次，从证据的适用来看，此类证据能单独作为具体行政行为作出依据。按照《行政处罚法》、《治安管理处罚法》和《行政案件程序规定》等法律、规章的规定，并没有明确指出对行政案件作出最后的处理决定之前必须具备哪些证据，而只是必须“收集能够证实违法嫌疑人是否违法、违法情节轻重的证据。”也就是说，对于证据的获取，关键在于其证明力的程度，而没有规定必须具备的证据类型。同时，立法更加强调的是证据取得路径的合法性和程序的规范性。据此,本案中,公安机关查获非法买卖成品油的过程中所采纳的证据具有充分的证明力,符合立法的基本精神。

关联理论

(一)不确定法律概念

所谓的“不确定法律概念”,是指因其抽象性、一般性而不够明确,导致解释上的疑义,或导致多种理解的法律规范用语。其由含义清晰的核心和含义模糊的外围组成。虽然明确性是法律规范的重要特征,但内涵模糊的不确定法律概念大量存在是无法回避的客观现实。

不确定法律概念多出现在法律事实要件中。行政机关作为执法者,在执法过程中遇到不确定法律概念时,必须对不确定法律概念进行解释适用,确立法律要件事实,才能根据案件的事实作出相应的行政行为。行政机关对不确定法律概念作出解释有两种方式,一是以规范性文件的方式进行一般解释,二是在具体的案件中体现出的法律适用解释。

(二)行政案件的管辖

地域管辖是指同种职能的行政机关之间在实施行政处罚方面的地域分工。《行政处罚法》第二十条规定:行政处罚由违法行为发生地的县级以上地方人民政府具有行政处罚权的行政机关管辖。这是地域管辖的一般原则。需要注意的是,地域管辖只发生在同级行政主体之间,不同级行政主体之间则适用级别管辖的规定。针对违法行为发生地的认定,笔者认为应该从广义上理解,包括违法行为着手地、实施地、经过地、结果地等,即包括了实施违法行为的各个阶段所经过的空间。

级别管辖是上、下级行政机关之间在实施行政处罚方面的分工。根据行政违法案件的性质、情节、社会影响及应给予的行政处罚等,行政机关依级别的高低分别行使行政处罚的管辖权,即级别管辖,主要解决哪些行政违法行为可以由低一个层级的行政机关处罚,哪些行政违法行为只能由高一个层级的行政机关处罚的问题。关于级别管辖,不同的行政执法部门规定不一,但一般都划定了三个级别,即国家部(委、局)、省级机关和市、县级机关。对违法行为的要求,一般也是本着是不是本辖区发生的重大、复杂的案件的原则。

指定管辖是指两个或者两个以上的行政机关对同一违法行为的处罚管辖权问题发生争议时,由有权机关指定某个行政机关对该违法行为进行管辖。《行政处罚法》第二十一条规定:“对管辖发生争议的,报请共同的上一级行政机关指定管辖”。这里的共同的上一级行政机关就是指有权进行指定的机关,不能简单地理解为上一级行政机关。因为指定管辖实质上是行政机关依行政领导权所作出的一种决定。在两个涉及管辖争议的行政机关的上一级领导机关是同一个行政机关时,可以由该行政机关依职权作出指定。但当两个行政机关的上一级领导机关不是同一个行政机关时,两个上一级行政机关显然均无权对此作出决定。这就必须由对两个行政机关都有行政领导权的行政机关作出决定,这也就是共同的上一级行政机关。

移送管辖是指行政机关发现所查处的案件已构成犯罪或不属于自己管辖时应当移送有管辖权的机关。移送管辖分为两种情况:一是行政机关发现案件不属于自己管辖时,将案件材料移送有管辖权的行政机关。在移送和受移送的行政机关均为工商行政管理机关时,受移送的机关认为自己无权管辖的,应当报请共同的上级机关指定管辖,不得拒绝接受,也不得再次移送;二是《行政处罚法》第二十二条规定:"违法行为构成犯罪的,行政机关必须将案件移送司法机关,依法追究刑事责任"。有管辖权的行政机关在办案过程中,如认为行政相对人的行为涉嫌犯罪,根据刑事案件优先处理的原则,必须将案件移送有管辖权的司法机关,这也被称为案件移送。

管辖权转移是指有管辖权的行政机关将案件移交给本不具有管辖权的行政机关处理。在行政执法实践中,一些案件由于案情复杂、跨行政区域、查处阻力较大等原因,具有管辖权的行政机关查处时会有较大困难。而上级行政机关在人员、经费、装备等方面一般要优于下级行政机关,管辖范围能够涵盖涉案地区,拥有的职权、地位也能够有效地消除阻力。因而在这种情况下,由原不具有管辖权的上一级行政机关管辖该案是必要和可行的。

(三)行政处罚的证据

根据我国行政处罚法、行政诉讼法以及有关司法解释,我国目前的行政证据规则主要有以下几种:

(1)可以直接认定的事实:①众所周知的事实;②自然规律及定理;③按照法律规定推定的事实;④已经依法证明的事实;⑤根据日常生活经验法则推定的事实。

(2)不能作为定案依据的证据:①严重违反法定程序收集的证据材料;②以偷拍、偷录、窃听等手段获取侵害他人合法权益的证据材料;③以利诱、欺诈、胁迫、暴力等不正当手段获取的证据材料;④不能正确表达意志的证人提供的证言;⑤不具备合法性和真实性的其他证据材料。

(3)不能单独作为定案依据的证据:①未成年人所作的与其年龄和智力状况不相适应的证言;②与一方行政相对人有亲属关系或者其他密切关系的证人所作的对该行政相对人有利的证言,或者与一方行政相对人有不利关系的证人所作的对该行政相对人不利的证言;③应当出庭作证而无正当理由不出庭作证的证人证言;④难以识别是否经过修改的视听资料;⑤无法与原件、原物核对的复制件或者复制品;⑥经一方行政相对人或者他人改动,对方行政相对人不予认可的证据材料。

(4)证明同一事实的数个证据,其证明效力为:①国家机关以及其他职能部门依职权制作的公文文书优于其他书证;②鉴定结论、现场笔录、勘验笔录、档案材料以及经过公证或者登记的书证优于其他书证、视听资料和证人证言;③原件、原物优于复制件,复制品;④法定鉴定部门的鉴定结论优于其他鉴定部门的鉴定结论;⑤法庭主持勘验所制作的勘验笔录优于其他部门主持勘验所制作的勘验笔录;⑥原始证据优于传来证据;⑦其他证人证言优于与行政相对人有亲属关系或者其他密切关系的证人提供的对该行政相对人有利的证言;⑧出庭作证的证人证言优于未出庭作证的证人证言;⑨数个种类不同、内容一致的证据优于一个孤立的证据。

(5)不能作为具体行政行为合法的依据的证据:①行政机关及其诉讼代理人在作出具体行政行为后或者在诉讼程序中自行收集的证据;②行政机关在行政程序中非法剥夺公民,法人或者其他组织依法享有的陈述、申辩或者听证权利所采用的证据;③复议机关在复议程序中收集和补充的证据,或者作出原具体行政行为的行政机关在复议程序中未向复议机关提交的证据,不能作为人民法院认定原具体行政行为合法的依据。

(6)违反法律禁止性规定或者以侵犯他人合法权益的方法取得的证据,不能作为认定案件事实的依据。

(7)书证应当符合规定的要求。①书证的原件:原本、正本和副本均属于书证的原件;收集原件确有困难的,可以收集与原件核对无误的复印件、照片、节录本。②由有关部门保管的书证原件的复制件、影印件或者抄录件的,应当注明出处,经该部门核对无异后加盖其印章。③提供报表、图纸、会计账册、专业技术资料、科技文献等书证的,应当附有说明材料。④被告提供的被诉具体行政行为所依据的询问,陈述、谈话类笔录,应当有行政执法人员,被询问人、陈述人、谈话人签名或者盖章。⑤法律、法规、司法解释和规章对书证的制作形式另有规定的,从其规定。

(8)对鉴定结论的要求。在行政程序中采用的鉴定结论,应当载明委托人和委托鉴定的事项、向鉴定部门提交的相关材料、鉴定的依据和使用的科学技术手段、鉴定部门和鉴定人鉴定资格的说明,并应有鉴定人的签名和鉴定部门的盖章。通过分析获得的鉴定结论,应当说明分析过程。

(9)法院不予采纳的鉴定结论、对行政机关在行政程序中采纳的鉴定结论，原告或者第三人提出证据证明有下列情形之一的，人民法院不予采纳：①鉴定人不具备鉴定资格；②鉴定程序严重违法；③鉴定结论错误、不明确或者内容不完整。

（10）对现场笔录的要求。现场笔录应当载明时间、地点和事件等内容，并由执法人员和行政相对人签名；行政相对人拒绝签名或者不能签名的，应当注明原因。

有其他人在现场的，可由其他人签名。法律、法规和规章对现场笔录的制作形式另有规定的，从其规定。

（11）证人应当陈述其亲历的具体事实。证人根据其经历所作的判断、推测或者评论，不能作为定案的依据。

（12）以有形载体固定或者显示的电子数据交换、电子邮件以及其他数据资料，其制作情况和真实性经对方行政相对人确认，或者以公证等其他有效方式予以证明的，与原件具有同等的证明效力。

（13）生效的人民法院裁判文书或者仲裁机构裁决文书确认的事实，可以作为定案依据。

（14）当事人在行政机关依照法定程序要求当事人提供证据，当事人依法应当提供而拒不提供，在诉讼程序中才拿出的证据，一般不能作为证据。

（15）行政诉讼中，行政机关在 10 日内不提供或者无正当理由逾期提供证据的，视为被诉具体行政行为没有相应的证据。因不可抗力或者客观上不能控制的其他正当事由，不能在规定的期限内提供证据的，行政机关应当在收到起诉状副本之日起 10 日内向人民法院提出延期提供证据的书面申请。人民法院准许延期提供的，行政机关应当在正当事由消除后 10 日内提供证据，逾期提供的，视为被诉具体行政行为没有相应的证据，特殊情况下，原告或者第三人提出其在行政程序中没有提出的反驳理由或者证据的，经人民法院准许，行政机关可以在第一审程序中补充相应的证据。

（16）行政诉讼中行政机关不出庭，所出具的证据无效。经法庭合法传唤，因行政机关无正当理由拒不到庭而需要依法缺席判决的，行政机关提供的证据不能作为定案的依据，但行政相对人在庭前交换证据中没有争议的证据除外。

关联法条

《中华人民共和国行政处罚法》（节录）（中华人民共和国第八届全国人民代表大会第四次会议于 1996 年 3 月 17 日通过　1996 年 3 月 17 日中华人民共和国主席令第六十三号公布　自 1996 年 10 月 1 日起施行）

第九条 法律可以设定各种行政处罚。

限制人身自由的行政处罚,只能由法律设定。

第十条 行政法规可以设定除限制人身自由以外的行政处罚。

法律对违法行为已经作出行政处罚规定,行政法规需要作出具体规定的,必须在法律规定的给予行政处罚的行为、种类和幅度的范围内规定。

第十一条 地方性法规可以设定除限制人身自由、吊销企业营业执照以外的行政处罚。

法律、行政法规对违法行为已经作出行政处罚规定,地方性法规需要作出具体规定的,必须在法律、行政法规规定的给予行政处罚的行为、种类和幅度的范围内规定。

第十二条 国务院部、委员会制定的规章可以在法律、行政法规规定的给予行政处罚的行为、种类和幅度的范围内作出具体规定。

尚未制定法律、行政法规的,前款规定的国务院部、委员会制定的规章对违反行政管理秩序的行为,可以设定警告或者一定数量罚款的行政处罚。罚款的限额由国务院规定。

国务院可以授权具有行政处罚权的直属机构依照本条第一款、第二款的规定,规定行政处罚。

第十三条 省、自治区、直辖市人民政府和省、自治区人民政府所在地的市人民政府以及经国务院批准的较大的市人民政府制定的规章可以在法律、法规规定的给予行政处罚的行为、种类和幅度的范围内作出具体规定。

尚未制定法律、法规的,前款规定的人民政府制定的规章对违反行政管理秩序的行为,可以设定警告或者一定数量罚款的行政处罚。罚款的限额由省、自治区、直辖市人民代表大会常务委员会规定。

第十四条 除本法第九条、第十条、第十一条、第十二条以及第十三条的规定外,其他规范性文件不得设定行政处罚。

第二十条 行政处罚由违法行为发生地的县级以上地方人民政府具有行政处罚权的行政机关管辖。法律、行政法规另有规定的除外。

第二十一条 对管辖发生争议的,报请共同的上一级行政机关指定管辖。

第三十条 违反国家规定,制造、买卖、储存、运输、邮寄、携带、使用、提供、处置爆炸性、毒害性、放射性、腐蚀性物质或者传染病病原体等危险物质的,处十日以上十五日以下拘留;情节较轻的,处五日以上十日以下拘留。

《中华人民共和国海关法》(节录)(中华人民共和国第九届全国人民代表大会常务委员会第十六次会议于2000年7月8日通过 自2001年1月1

日起施行)

第八十三条 有下列行为之一的,按走私行为论处,依照本法第八十二条的规定处罚:

(一)直接向走私人非法收购走私进口的货物、物品的;

(二)在内海、领海、界河、界湖,船舶及所载人员运输、收购、贩卖国家禁止或者限制进出境的货物、物品,或者运输、收购、贩卖依法应当缴纳税款的货物,没有合法证明的。

《中华人民共和国消防法》(节录)(中华人民共和国第十一届全国人民代表大会常务委员会第五次会议于2008年10月28日修订通过 2008年10月28日中华人民共和国主席令第六号公布 自2009年5月1日起施行)

第六十二条 有下列行为之一的,依照《中华人民共和国治安管理处罚法》的规定处罚:

(一)违反有关消防技术标准和管理规定生产、储存、运输、销售、使用、销毁易燃易爆危险品的;

(二)非法携带易燃易爆危险品进入公共场所或者乘坐公共交通工具的;

(三)谎报火警的;

(四)阻碍消防车、消防艇执行任务的;

(五)阻碍公安机关消防机构的工作人员依法执行职务的。

◇ 7 办理当场处罚案件的程序

——上海宝山炮台水域船舶违章停泊案

案情概要

在上海水域的宝山炮台地区,有一条1 500米长、12米宽的防浪堤,堤内区域属于某港埠公司管辖。但是部分过境船舶为了安全起见,喜欢停泊在防浪堤内,有时造成防浪堤内无法作业。港埠公司于是报警,要求其所在的长航派出所出警驱赶船舶,派出所以扰乱单位秩序对船舶负责人进行当场处罚。后派出所针对此类案件发案频率较高的特点,主动到防浪堤处罚船舶以维护港埠公司作业铁序。据统计,上海水域每年发生此类案件1 200起左右,全部处以罚款人民币200元以下的行政处罚。

问题聚焦

本案的案情并不复杂,主要是长航公安派出机关针对扰乱港埠公司经营秩序的过境船舶予以行政处罚的过程。但由于此类案件发生的频率较高,且公安机关为了追求对此类案件监控的效果,常常采用了当场处罚的形式。那么当场处罚的具体程序如何?在实施当场处罚过程中应注意什么问题呢?

本案述评

(一)当场处罚的概念

当场处罚是行政机关对于违法事实清楚,情节简单轻微的违法行为给予法定的行政处罚时所适用的简易处罚程序。具体地讲,是公安机关为了提高办案效率,对在本辖区内刚刚发生的违反治安行政管理的行为,在案情简单、情节轻微、证据确凿的情况下,依据法律规定给予警告、罚款处罚而依法当场宣布处罚决定,且很快就执行处罚决定的过程。

与此相关的有三部法律对当场处罚进行了规定。《中华人民共和国行政处罚法》(以下简称《行政处罚法》)第三十三条规定:"违法事实确凿并有法定依据,对公民处以五十元以下、对法人或者其他组织处以一千元以下罚款或者警告的行政处罚的,可以当场作出行政处罚决定"。《中华人民共和国治安管理处罚法》(以下简称《治安管理处罚法》)第一百条规定:"违反治安管理行为事实清楚、证据确凿,处警告或者二百元以下罚款的,可以当场作出治安管理处罚决定”。《中华人民共和国道路交通安全法》(以下简称《道路交通安全法》)第一百零七条第一款规定:“对违反法律处以警告或者二百元以下罚款的自然人而非单位的,公安民警可以当场作出行政处罚决定,并出具行政处罚决定书”。

(二)当场处罚的条件

1. 违法事实清楚,情节简单,证据确凿

是指当事人确有违法事实,就是说能够证明当事人具有违法行为的证据确实、清楚、充分。违法事实没有查清的不能给予行政处罚。

2. 有法定依据

只有法律、法规、规章明文规定为违法且应当受到行政处罚的行为,才能进行处罚。

3. 违法情节轻微,处罚种类和幅度符合法律规定

适用当场处罚的行政违法案件,必须具备情节轻微依法应当受到对公民处 50 元以下罚款,对法人或其他组织处以 1 000 元以下罚款或者警告的行政处罚。另外,当场处罚的种类适用违反治安行政管理行为情节轻微,给予警告或小额罚款的案件:一是对违反治安行政管理和交通管理行为人当场处罚的适用,只依据《治安管理处罚法》第一百条规定和《道路交通安全法》第一百零七条第一款规定,对违反法律处以警告或者二百元以下罚款的自然人而非单位的,公安民警可以当场作出行政处罚决定,并出具行政处罚决定书;二是对违反治安行政管理的法人或者其他组织处 1 000 元以下罚款或者警告的处罚。

4. 当场处罚的例外情形

2006 年 8 月公布的修订后的《公安机关办理行政案件程序规定》第三十条第二款中规定:“卖淫、嫖娼、引诱、容留、介绍卖淫、拉客招嫖和赌博”案件,不适用当场处罚。

(三)当场处罚应遵循的程序

(1)向当事人出示执法证件。执法人员(可以是一人)执行公务时不论是否身着警服,都应当向当事人出示工作证件表明执法身份。这是法定程序,不可省略。公安机关的执法证件应理解为公安人员的工作证。

(2)履行告知程序,充分听取当事人的陈述和申辩。在作出行政处罚决定之前,应当以《告知词》的形式告知当事人据以作出行政处罚决定的违法事实、理由及依据,并告知当事人依法享有陈述权、申辩权,执法人员应当充分听取当事人的陈述和申辩,并进行复核。当事人提出的事实、理由和证据

成立的,执法人员应当采纳。

(3)执法人员当场填写有预定格式、编有号码的《当场处罚决定书》,并当场交付当事人,事后将《当场处罚决定书》存根交所属行政执法单位备案。当场收缴罚款的,同时填写罚款收据,交付被处罚人;不当场收缴罚款的,应当告知被处罚人在规定期限内到指定的银行缴纳罚款。

(四)当场处罚应注意的问题

当场处罚本身具有简便易行,处罚迅速的特点。对于案情简单、情节轻微、因果关系明确,没有争议的行政(治安)案件,采取当场处罚的方式处理,既有利于减少行政管理成本,节省社会资源,也有利于教育违法行为人。但实施当场处罚时应注意以下问题:

1. 合理理解罚款幅度存在的冲突

根据《治安管理处罚法》、《道路交通安全法》的规定,对个人200元以下的罚款及警告可以当场作出处罚。但是《行政处罚法》第三十三条却规定当场处罚只适用于对个人处以50元以下罚款或者警告。

可以看出,《治安管理处罚法》、《道路交通安全法》适用当场处罚的条件要比《行政处罚法》更为宽泛。这里无需疑惑,因为《治安管理处罚法》、《道路交通安全法》相对《行政处罚法》是特别法与一般法的关系,在实际适用的时候,优先适用《治安管理处罚法》、《道路交通安全法》的规定。因此,在治安、交通管理领域作出50元以上、200元以下的当场处罚是完全可以的。

2. 合理理解当场处罚与当场收缴的问题

必须明确的问题是当场处罚与当场收缴不是一回事,前者是一种简易程序,后者是一种罚款的缴纳方式。当场处罚不等与当场收缴,只有符合一定条件后才可以当场收缴。根据《办理行政案件程序规定》的相关规定,以下几种情形可以当场收缴罚款:①对违反治安管理行为人处50元以下罚款和对违反交通管理的行人、乘车人和非机动车驾驶人处罚款,被处罚人没有异议的;②对违反治安管理、交通管理以外的违法行为人当场处罚20元以下罚款的;③在边远、水上、交通不便地区以及旅客列车上,被处罚人向指定银行缴纳罚款确有困难,经被处罚人提出的;④被处罚人在当地没有固定住所,不当场收缴事后难以执行的。

可见,对公安机关来说,对于违反治安管理、交通管理的当事人处以50元以下的罚款,只要当事人无异议就可当场收缴,对20元以下的罚款一律可当场收取,对于50元以上的当场处罚,只有在边远、水上、交通不便地区以及旅客列车上,被处罚人向指定银行缴纳罚款确有困难,经被处罚人提出的或者被处罚人在当地没有固定住所,不当场收缴事后难以执行的情况下,才可当场收缴。

3. 当场处罚的高效率与公民权利保护的冲突问题

当场处罚之所以规定了严格执行程序，是因为这种简便程序极易给公民权利带来侵害。对于公安机关来说，更应注意采用简易程序办案的合理、合法性，千万不要滥用当场处罚程序。我们知道，对当场处罚不服一样可以提起复议或行政诉讼。这就引发了一个问题，根据法律及相关解释的规定，实施当场处罚时填写行政（治安）处罚决定书即可，不用再收集固定其他证据，制作案卷。但是如果当事人事后反悔，不同意公安机关的处罚，提起复议或诉讼，那么办案单位除了向法院提交一份行政（治安）处罚决定书外没有其他任何证据来支持处罚行为的合法性。而法院在处理此类案件时，采取证据倒置原则，如果公安机关拿不出合理的证据证明其程序合法性，法院将作出对公安机关不利的判决。因此，不论是治安案件，还是其他行政案件，适用当场处罚程序，宜严格按照法律规定的法定条件、程序进行，不符合当场处罚条件的，必须按一般程序进行，不能为图简便、省事，滥用当场处罚程序。

（五）对本案的分析

按照相关上述当场处罚的分析，对于船舶，如果出现扰乱单位秩序的情形，致使企业单位的正常经营生产秩序不能进行的，水上公安机关可以对船舶的实际所有者或者是管理者个人，实施治安处罚，对于违法事实确凿，处以200元以下罚款或者警告的可以实施当场处罚。对于超过这一处罚幅度的，应采取一般程序予以处罚。对于被处以50元以下罚款，被处罚人对罚款无异议或者在水上被处罚人向指定的银行缴纳罚款有困难经被处罚人提出的，被处罚人在当地没有固定住所不当场收缴事后难以执行的，公安机关可以按照《治安管理处罚法》第一百零四条规定在实施当场处罚后对罚款进行当场收缴。

现在的问题是对于此类案件在予以行政处罚之前，是否必须以先行驱赶为前置条件，在驱赶无效的情况下才能予以罚款？治安管理处罚法在办理简易程序案件中没有此项规定，直接进行当场处罚并没有违反法律规定。但是从案例中反映的情况来看，此类案件频繁发生，从《治安管理处罚法》立法目的来看，公安机关不能为了客观追逐案件的数量而不顾一切的去罚款。从维护治安大局、避免引起不必要的冲突和诉讼的角度来看，笔者建议，对此类问题，公安机关应做好前期的宣传教育工作，然后对少数违法者再进行当场处罚较为合理。

关联理论

行政处罚的简易程序和一般程序。

1. 行政处罚的简易程序

行政处罚的简易程序是指行政处罚实施主体对事实清楚、情节简单、后果轻微的行政违法行为可以不经立案当场进行处罚的程序。简易程序便于及时处理应急事件,有利于提高行政效率;有利于节约执法成本,也为当事人乐意接受。如交警当场对闯红灯者作出处罚决定即属简易程序。根据《行政处罚法》第三十三条的规定,适用简易程序,必须具备三个条件:第一,有确凿的违法事实。违法事实确凿指不仅有违法事实,并且证明违法事实的证据充分,违法事实简单、明了,不需要进一步调查取证。第二,具有法定依据。该违法行为必须是法律、法规或者规章明确规定应当给予行政处罚的行为。第三,处罚的程度比较轻。处罚种类限于警告和罚款两种,处罚幅度上限于对公民处以 50 元以下、对法人或者其他组织处以1 000元以下罚款。除此之外,不能适用简易程序。

2. 行政处罚的一般程序

一般程序包括立案调查和审查决定两个步骤。

一是立案调查。行政机关发现公民、法人或者其他组织有依法应当给予行政处罚的行为时,首先必须立案,立案后必须全面、客观、公正地调查、收集证据。必要时执法人员还可依法律、法规的规定行使影响当事人基本权利的检查权。

二是审查决定。在作出处罚决定之前,行政机关应当依法履行告知义务,将准备作出处罚决定所依据的事实、理由和相关法律、法规告知当事人,并告知当事人依法享有的权利,听取当事人的陈述、申辩,对当事人提出的事实、理由和证据应当进行复核。不履行告知义务或者拒不听取当事人陈述申辩的,行政处罚决定不能成立,当事人放弃陈述申辩权的除外。在听取当事人意见后,行政机关负责人应根据当事人违法行为的性质,情节及相关具体情况作出是否处罚及如何处罚的决定,情节轻微、可以不处罚的,不予行政处罚;事实不能成立的,不得给予行政处罚;严重违法已构成犯罪的,移送司法机关。对情节复杂或者重大违法行为给予较重行政处罚的,行政机关负责人应当集体讨论决定。

关联法条

《中华人民共和国行政处罚法》(节录)(中华人民共和国第八届全国人民代表大会第四次会议于1996 年3 月17 日通过　1996 年3 月17 日中华人民共和国主席令第六十三号公布　自 1996 年 10 月 1 日起施行)

第三十三条　违法事实确凿并有法定依据,对公民处以五十元以下、对法人或者其他组织处以一千元以下罚款或者警告的行政处罚的，可以当场作出行政处罚决定。当事人应当依照本法第四十六条、第四十七条、第四十八条的规定履行行政处罚决定。

第三十六条 除本法第三十三条规定的可以当场作出的行政处罚外，行政机关发现公民、法人或者其他组织有依法应当给予行政处罚的行为的，必须全面、客观、公正地调查，收集有关证据；必要时，依照法律、法规的规定，可以进行检查。

第三十七条 行政机关在调查或者进行检查时，执法人员不得少于两人，并应当向当事人或者有关人员出示证件。当事人或者有关人员应当如实回答询问，并协助调查或者检查，不得阻挠。询问或者检查应当制作笔录。

行政机关在收集证据时，可以采取抽样取证的方法；在证据可能灭失或者以后难以取得的情况下，经行政机关负责人批准，可以先行登记保存，并应当在七日内及时作出处理决定，在此期间，当事人或者有关人员不得销毁或者转移证据。

执法人员与当事人有直接利害关系的，应当回避。

第三十八条 调查终结，行政机关负责人应当对调查结果进行审查，根据不同情况，分别作出如下决定：

（一）确有应受行政处罚的违法行为的，根据情节轻重及具体情况，作出行政处罚决定；

（二）违法行为轻微，依法可以不予行政处罚的，不予行政处罚；

（三）违法事实不能成立的，不得给予行政处罚；

（四）违法行为已构成犯罪的，移送司法机关。

对情节复杂或者重大违法行为给予较重的行政处罚，行政机关的负责人应当集体讨论决定。

《中华人民共和国治安管理处罚法》（节录）（中华人民共和国第十届全国人民代表大会常务委员会第十七次会议于2005年8月28日通过 自2006年3月1日起施行）

第五条 治安管理处罚必须以事实为依据，与违反治安管理行为的性质、情节以及社会危害程度相当。

实施治安管理处罚，应当公开、公正，尊重和保障人权，保护公民的人格尊严。

办理治安案件应当坚持教育与处罚相结合的原则。

第二十三条 有下列行为之一的，处警告或者二百元以下罚款；情节较重的，处五日以上十日以下拘留，可以并处五百元以下罚款：

（一）扰乱机关、团体、企业、事业单位秩序，致使工作、生产、营业、医疗、教学、科研不能正常进行，尚未造成严重损失的；

（二）扰乱车站、港口、码头、机场、商场、公园、展览馆或者其他公共场所秩序的；

（三）扰乱公共汽车、电车、火车、船舶、航空器或者其他公共交通工具上的秩序的；

（四）非法拦截或者强登、扒乘机动车、船舶、航空器以及其他交通工具，影响交通工具正常行驶的；

（五）破坏依法进行的选举秩序的。

聚众实施前款行为的，对首要分子处十日以上十五日以下拘留，可以并处一千元以下罚款。

第七十七条 公安机关对报案、控告、举报或者违反治安管理行为人主动投案，以及其他行政主管部门、司法机关移送的违反治安管理案件，应当及时受理，并进行登记。

第七十八条 公安机关受理报案、控告、举报、投案后，认为属于违反治安管理行为的，应当立即进行调查；认为不属于违反治安管理行为的，应当告知报案人、控告人、举报人、投案人，并说明理由。

第一百条 违反治安管理行为事实清楚，证据确凿，处警告或者二百元以下罚款的，可以当场作出治安管理处罚决定。

第一百零一条 当场作出治安管理处罚决定的，人民警察应当向违反治安管理行为人出示工作证件，并填写处罚决定书。处罚决定书应当当场交付被处罚人；有被侵害人的，并将决定书副本抄送被侵害人。

前款规定的处罚决定书，应当载明被处罚人的姓名、违法行为、处罚依据、罚款数额、时间、地点以及公安机关名称，并由经办的人民警察签名或者盖章。

当场作出治安管理处罚决定的，经办的人民警察应当在二十四小时内报所属公安机关备案。

第一百零二条 被处罚人对治安管理处罚决定不服的，可以依法申请行政复议或者提起行政诉讼。

第一百零四条 受到罚款处罚的人应当自收到处罚决定书之日起十五日内，到指定的银行缴纳罚款。但是，有下列情形之一的，人民警察可以当场收缴罚款：

（一）被处五十元以下罚款，被处罚人对罚款无异议的；

（二）在边远、水上、交通不便地区，公安机关及其人民警察依照本法的规定作出罚款决定后，被处罚人向指定的银行缴纳罚款确有困难，经被处罚人提出的；

（三）被处罚人在当地没有固定住所，不当场收缴事后难以执行的。

第一百零五条 人民警察当场收缴的罚款，应当自收缴罚款之日起二日内，交至所属的公安机关；在水上、旅客列车上当场收缴的罚款，应当自抵岸或者到站之日起二日内，交至所属的公安机关；公安机关应当自收到罚款之日起二日内将罚款缴付指定的银行。

《中华人民共和国道路交通安全法》（节录）（中华人民共和国第十届全国人民代表大会常务委员会第五次会议于2003年10月28日通过 2003年10月28日中华人民共和国主席令第八号公布 自2004年5月1日起施行）

第一百零七条 对道路交通违法行为人予以警告、二百元以下罚款，交通警察可以当场作出行政处罚决定，并出具行政处罚决定书。

行政处罚决定书应当载明当事人的违法事实、行政处罚的依据、处罚内容、时间、地点以及处罚机关名称，并由执法人员签名或者盖章。

《公安机关办理行政案件程序规定（修订）》（颁布日期：2006年8月24日 实施日期：2006年8月24日 颁布单位：公安部）

第一百六十六条 公安机关作出罚款决定，被处罚人应当自收到行政处罚决定书之日起十五日内，到指定的银行缴纳罚款。有下列情形之一的，公安机关及其办案人民警察可以当场收缴罚款，法律另有规定的，从其规定：

（一）对违反治安管理行为人处五十元以下罚款和对违反交通管理的行人、乘车人和非机动车驾驶人处罚款，被处罚人没有异议的；

（二）对违反治安管理、交通管理以外的违法行为人当场处二十元以下罚款的；

（三）在边远、水上、交通不便地区以及旅客列车上，被处罚人向指定银行缴纳罚款确有困难，经被处罚人提出的；

（四）被处罚人在当地没有固定住所，不当场收缴事后难以执行的。

对有前款第一项和第三项情形之一的，办案人民警察应当要求被处罚人签名确认。

◇ 8 公安机关对异地报案如何处理

——郑某某殴打他人案

案情概要

2006年9月21日16时38分，接马鞍山市公安局水上分局转警1起。9月19日12时，报警人许某某(女，武汉市人，常驻武汉)在武汉电话向马鞍山市公安局水上分局报案称:9月14日5时许，其丈夫陈某(男，40岁，甲节××驳船船员，武汉市人，常驻武汉)在甲节××驳船上与同事郑某某(男，48岁，甲节××驳船船员，武汉市人，常驻武汉)发生口角，郑某某从船上的厨房里取出菜刀将陈某右额、右手腕砍伤，被送往马鞍山某医院治疗后由同事陪同返回武汉。当时甲节××驳船在马鞍山港区锚地抛锚，锚地属我所管辖。接警后，通过电话与报案人取得联系，经询问:陈某现在武汉某医院住院治疗。许某某将报案材料，陈某在马鞍山、武汉的病历传真到马鞍山派出所。派出所电话要求双方当事人所在的某轮船公司通知双方(陈某伤好后)来所接受调查。后该轮船公司给马鞍山所发了一份协议，说明双方已调解好，不要求公安机关处理了，其家属许某某也对公安机关的工作表示感谢。

疑难问题:此类案件能否由违法人员居住地公安机关管辖？如何移交？

问题聚焦

根据案例情况，本案的焦点集中在三个方面:第一，该案属于治安案件还是属于刑事案件;第二，该案是否能由违法人员居住地公安机关管辖，即治安案件的地域管辖问题;第三，该案当事人双方是否能够自行达成和解，而排除公安机关的调查。

本案述评

本案就违法事实来看，郑某某与同事陈某之间的纠纷起因于口角，但是郑某某从船上的厨房里取出菜刀将陈某右额、右手腕砍伤，就属于采取暴力手段对他人的身体进行伤害的行为。一般而言，同事之间发生口角仅仅属于治安事件，但是本案中郑某某主动去厨房取刀的行为可以客观上印证其存在故意伤害的心理。再从将陈某身体两处砍伤等情节上看，郑某某伤害陈某的行为基本符合《中华人民共和国治安管理处罚法》（以下简称《治安管理处罚法》）第四十三条所规定的“故意伤害他人身体”，严重的话就可能触犯刑法。

但是，由于本案的当事人双方在公安机关没有正式调查、鉴定之前就自行达成和解，郑某某伤害陈某的行为所造成的身体损害的正式鉴定结果并不清楚，案件的定性尚存疑问。如果损害结果属于轻伤害、重伤害甚至致残，则构成刑法中的故意伤害罪，该案就属于刑事案件；如果仅仅是造成轻微伤害，则符合《治安管理处罚法》第四十三条的规定：“殴打他人的，或者故意伤害他人身体的，处五日以上十日以下拘留，并处二百元以上五百元以下罚款；情节较轻的，处五日以下拘留或者五百元以下罚款。”该案就属于治安案件。

因此，本案究竟是否应当按照《治安管理处罚法》给予郑某某行政处罚，还是需要启动刑事案件的侦查程序，需要取决于有效的伤情鉴定。根据《公安机关办理行政案件程序规定》第四十三条的规定，公安机关对发现或者受理的案件暂时无法确定为刑事案件或者行政案件的，可以按照行政案件的程序办理。在办理过程中，认为涉嫌构成犯罪的，应当按照《公安机关办理刑事案件程序规定》办理。案情显示，马鞍山水上公安派出所要求报案人许某某将陈某的有关病例材料传真至派出所，也就是说，暂时无法获知伤情，公安机关的处理程序是合法的。

再来看本案的管辖问题。假定该案仅仅属于行政案件性质的治安案件，根据《公安机关办理行政案件程序规定》第九条第一款的规定：“行政案件由违法行为发生地的公安机关管辖。由违法行为人居住地公安机关管辖更为适宜的，可以由违法行为人居住地公安机关管辖，但是涉及卖淫、嫖娼，引诱、容留、介绍卖淫，赌博的案件除外。”本案并不属于上述规定的但书排除项，即不属于“卖淫、嫖娼，引诱、容留、介绍卖淫，赌博的案件”，因此本案不仅可以由违法行为发生地的马鞍山公安机关管辖，也可以根据案情和办案条件，由违法行为人居住地的武汉公安机关管辖。案情显示，马鞍山公安机关并没有将案件移交武汉市公安机关管辖。其接收报警之后，对受害人陈某的治疗情况进行了了解，还要求报案人许某某传真有关材料，说明马鞍山公安机关已经开始调查取证程序。

最后，本案当事人是否可以绕开公安机关自行协商解决纠纷呢？在本案中，受害人的妻子已经向违法行为发生地公安机关报案，已经进入公安机关办理案件的法定程序。在有效的伤情鉴定结果公布之前，案件本身究竟属于刑事案件性质还是治安案件性质还没有能够得到确认,在此情况下是不能进行调解的,应该由公安机关先按照行政案件的办案程序进行初步的调查。如果被定性为刑事犯罪案件,当事人更不能自行达成和解了,而只能启动正式的刑事案件侦查程序并最终经由人民法院的审判来结案。但是对于因民间纠纷引起的殴打他人、故意伤害、侮辱、诽谤、诬告陷害、故意损毁财物、干扰他人正常生活、侵犯隐私等情节较轻的治安案件,本人认为双方可以本着化解矛盾,促进社会和谐的目的,可以自行调解,这也符合治安管理处罚法的立法原意。

关联理论

本案涉及的第一个理论问题是《治安管理处罚法》与《中华人民共和国刑法》(以下简称《刑法》)的区别与衔接。《治安管理处罚法》与《刑法》以维护社会治安秩序,保障公共安全,保护公民、法人和其他组织的合法权益为共同目的。二者的根本区别在于《治安管理处罚法》是对尚未达到犯罪程度的违法行为的制裁,即制裁对象为一般违法行为,而《刑法》的适用对象为构成犯罪的危害行为。这里据以区分一般违法行为与犯罪的"程度"实质上是行为本身的危害程度。行为的危害性总体上表现为主观与客观两个方面。相比一般违法行为来说,犯罪行为的主观恶性更为强烈;而在客观方面,犯罪行为不仅情节一般更为恶劣,而且会常常造成更为严重的危害结果或者现实危险。

而具体到一般的伤害行为与故意伤害罪,两者的区别同样表现在主观与客观两个方面:首先,客观方面,故意伤害罪的伤害,是指损害他人肢体、器官、组织完整和正常机能的行为,即损害结果必须属于法定的轻伤害、重伤害和伤害致死三种情况;而一般的危害行为,其损害结果是造成人体暂行性的疼痛或者仅仅属于法定的轻微伤。其次,即便损害后果达到了故意伤害罪的标准,也不能简单地认定某行为就构成伤害罪,应当分析行为人在主观上是具有伤害故意,还是因过失造成轻伤、重伤或致人死亡;而《治安管理处罚法》通常所处理的民间纠纷如打架斗殴之类,其违法行为人主观上往往并不明确、具体地追求受害人的身体伤害,而一般是处于情绪激动情况下的泄愤心理,而这种情绪往往在很短的时间内就能够被化解掉。

本案中出现的公安机关的地域管辖的协调问题也是值得注意的。一般而言,无论是行政处罚办案程序中的管辖,还是刑事案件侦查程序中的管辖,甚至是最广义上的司法程序中的管辖,所有关于管辖权的制度安排都要符合几个基本原则:首先,正当法律程序要求管辖权的设置应该满足当事人获得公平、公正的司法救济的需要；其次，迟到的正义不是正义，难以获得的救济也算不上是真正的救济，管辖权的设计必须使当事人能够以较低的成本、最方便的方式获得司法权的保护，因此具体的制度设计上有所谓“原告就被告”规则。如果从程序上处理消极被动的一方必须迁就原告所选择的管辖地，则会带来过大的负担；此外，便于行政机关及时、有效地行使职能也是管辖权制度应实现的目标。每个具体的行政案件的调查、取证、勘验、讯问、听证等程序都应该追求高效率，只有高效率的程序才最有可能接近事实的真相，所以一般而言，治安案件的发生地都是首选的合适的管辖地。

本案涉及的第三个理论问题是公民权利与国家公权力之间的关系。不论是《中华人民共和国行政处罚法》、《治安管理处罚法》还是《刑法》、《中华人民共和国刑事诉讼法》都属于公法，一旦进入这些法律的适用阶段，就进入了公权机关行使权力的法定程序，当事人是不能随意中断与终结的。实质上，严格规制公权力运行主体、范围与程序的公法归根结底仍然是为了保证公权机关合法地运行权力，以达到保护公民权利的目的。同时，稳定的秩序是法律的基本价值，法律在保护具体案件当事人合法权利的同时，还负有维护社会秩序的任务，因此，某些对社会秩序与安全有较大危害的行为必须接受公权力的处理和法律的制裁，而不能由公民私下解决。

但是，这并不意味着法律不留给公民自由处分的权利。从根本上说，法律只是维护社会秩序，化解社会矛盾的若干规范体系之一，在很多情况下都不是最有效率的，甚至结果也不是最合理的。因此，对于某些虽然发生了纠纷甚至造成一定的损害结果的案件，处于当事人之间特定关系的维护和和谐社会的考虑，还是允许调解程序的存在。例如法律就规定，对于“亲友、邻里、同事、在校学生之间”因琐事发生的纠纷就可以达成调解协议处理。也就是说，在某些特定情况下，“管得少的政府才是更好的政府”。不过，调解还是在公安机关的主持下进行，这是为了保证调解程序的正当性和结果的权威性、可执行性。公安机关此时是程序中的居间人和协议的监督者的角色，这里寻求的是公民自由、自愿解决民事纠纷和国家维护正常社会秩序、确保法律权威这两种价值之间平衡。

关联法条

《中华人民共和国治安管理处罚法》（节录）（中华人民共和国第十届全国人民代表大会常务委员会第十七次会议于2005年8月28日通过　自2006年3月1日起施行）

第九条　对于因民间纠纷引起的打架斗殴或者损毁他人财物等违反治

安管理行为,情节较轻的,公安机关可以调解处理。经公安机关调解,当事人达成协议的,不予处罚。经调解未达成协议或者达成协议后不履行的,公安机关应当依照本法的规定对违反治安管理行为人给予处罚,并告知当事人可以就民事争议依法向人民法院提起民事诉讼。

第四十三条 殴打他人的,或者故意伤害他人身体的,处五日以上十日以下拘留,并处二百元以上五百元以下罚款;情节较轻的,处五日以下拘留或者五百元以下罚款。

《公安机关办理行政案件程序规定》(公安部部长办公会议于2006年3月29日通过 自发布之日起施行)

第九条 行政案件由违法行为发生地的公安机关管辖。由违法行为人居住地公安机关管辖更为适宜的,可以由违法行为人居住地公安机关管辖,但是涉及卖淫、嫖娼,引诱、容留、介绍卖淫,赌博的案件除外。

对违法行为发生地公安机关移交违法行为人居住地公安机关管辖的行政案件,违法行为发生地公安机关在移交前应当及时收集固定相关证据,并配合违法行为人居住地公安机关开展调查取证工作。

第一百五十二条 对于因民间纠纷引起的殴打他人、故意伤害、侮辱、诽谤、诬告陷害、故意损毁财物、干扰他人正常生活、侵犯隐私等情节较轻的治安案件,具有下列情形之一的,公安机关可以调解处理:

(一)亲友、邻里、同事、在校学生之间因琐事发生纠纷引起的;

(二)行为人的侵害行为系由被侵害人事前的过错行为引起的;

(三)其他适用调解处理更易化解矛盾的。

对不构成违反治安管理行为的民间纠纷,应当告知当事人向人民法院或者人民调解组织申请处理。

第一百五十七条 调解一般为一次,必要时可以增加一次。调解达成协议的,在公安机关主持下制作调解协议书,双方当事人应当在调解协议书上签名,并履行调解协议。

调解协议书应当包括双方当事人、调解人员、案件情况、协议内容、履行期限和方式等内容。

第一百五十八条 调解达成协议并履行的,公安机关不再处罚。对调解未达成协议或者达成协议后不履行的,公安机关应当对违反治安管理行为人依法予以处罚;对违法行为造成的损害赔偿纠纷,应当告知当事人向人民法院提起民事诉讼。

调解案件的办案期限从调解未达成协议或者调解达成协议不履行之日起开始计算。

《中华人民共和国刑法》(节录)(中华人民共和国第五届全国人民代表大会第二次会议于1979年7月1日通过　中华人民共和国第八届全国人民代表大会第五次会议1997年3月14日修订)

第二百三十四条　故意伤害他人身体的,处三年以下有期徒刑、拘役或者管制。

犯前款罪,致人重伤的,处三年以上十年以下有期徒刑;致人死亡或者以特别残忍手段致人重伤造成严重残疾的,处十年以上有期徒刑、无期徒刑或者死刑。本法另有规定的,依照规定。

《中华人民共和国刑事诉讼法》(节录)(中华人民共和国第五届全国人民代表大会第二次会议于1979年7月1日通过　根据1996年3月17日中华人民共和国第八届全国人民代表大会第四次会议《关于修改〈中华人民共和国刑事诉讼法〉的决定》修正)

第八十三条　公安机关或者人民检察院发现犯罪事实或者犯罪嫌疑人,应当按照管辖范围,立案侦查。

◇ 9 故意伤害致人轻伤能否调解处理

——元某某、周某某、刘某某等人殴打他人案

案情概要

2008年12月5日14时许,“三通××轮”航行在长江丰都县立石镇水域附近,该轮船员周某从四楼九号房到卫生间洗脸时,通过天井处看见乘客元某在三楼310房间门口向楼下解小便,周某随即大声呵斥。元某跑回310房间内,周某追过去对元某进行指责,二人发生争吵。争吵中,元某叫周某“滚出房间”并扬言要“弄死你”。周某怕在打斗中吃亏,为给自己壮胆并达到吓唬元某的目的,回到自己房间拿出一把私藏的一尺左右长的砍刀揣在身上,再次去找元某理论。途中,周某将元某随地解小便的事告知本轮船员但某、杨某二人。三人一起来到310房门口,元某与周某等人再次发生激烈争吵。不久,元某与周某发生抓扯,周某随即拿出身上携带的砍刀,扭打过程中,元某左手拇指、食指被刀削伤,造成左手拇指2×1.5厘米皮肤缺损、食指1×1厘米皮肤缺损伤(经鉴定为轻微伤)。元某见手指受伤就大喊“杀人了”,并追打周某。周某跑到三楼尾部时,将砍刀丢入江中,然后继续跑向四楼驾驶室躲避。元某追打周某过程中,在三楼通往四楼的楼梯处遇到该轮保安谭某,谭某出面阻拦,元某抓起身旁的一个木凳向谭某头部砸去,致谭某头顶部6.5厘米皮肤裂伤(经鉴定为轻伤)。与此同时,与元某同行的乘员刘某听见元某呼叫,冲出房间,发现周某手持砍刀,元某左手受伤,便追赶周某。途中,船员冉某出面阻拦,刘某误认为冉某是周某同伙,便以左拳击打冉某面部,致冉某右面部软组织挫伤。

以上事实有违法行为人元某、周某、刘某的陈述,报案人“三通××轮”船长黄某的陈述,被侵害人谭某、冉某的陈述,证人高某、裴某、杨某、但某等人的陈述,现场勘验笔录、现场照片、医院诊断证明、法医学鉴定书等证据证明。

根据《中华人民共和国治安管理处罚法》(以下简称《治安管理处罚法》)第四十三条第一款和第九条的规定,经长航公安局某分局某派出所调解,元某、周某、谭某、刘某、冉某五人自愿达成如下协议:①元某、周某、刘某

向被侵害人谭某、冉某赔礼道歉；②元某赔偿谭某医疗等费用计人民币19 000元整；③周某赔偿元某医疗等费用计人民币4 000 元整；④刘某赔偿冉某医疗等费用计人民币1 000 元整。2008 年12 月9 日各方履行上述协议。

问题聚焦

（一）本案是一案还是多案？

一种意见认为，应受理为三个案件，元某殴打他人、周某故意伤害和刘某殴打他人。第二种意见认为，本案由元某殴打他人引起，周某和刘某的行为，都在一个案由里面，应为一个案件。

（二）轻伤能否适用调解？

依据《中华人民共和国刑法》（以下简称《刑法》）第二百三十四条：故意伤害他人身体的，处三年以下有期徒刑、拘役或者管制。故意伤害致人轻伤已可以构成刑事犯罪。但在本案中，由于情节显著轻微、危害不大，从刑罚设立的目的、“慎用刑罚原则”和减少司法成本的角度来看，不需要追究当事人的刑事责任。以《治安管理处罚法》第四十三条进行处罚是正确的。而后，根据《公安机关办理伤害案件规定》第二十九条规定，对故意伤害他人致轻伤的，情节显著轻微、危害不大，不认为是犯罪的，应当依法予以治安管理处罚。又根据《公安机关办理伤害案件规定》第三十条第（四）项，适用调解处理更易化解矛盾的，经双方当事人同意，公安机关可以依法调解处理。在此，问题的焦点在于公安机关是否有权进行调解，而进行调解的权力又有何法律依据？以及调解的性质及效力如何？

本案述评

（一）本案属于一案，不存在包含多案的情况

首先，从案由来说，本案是由船员周某与乘客元某因随地小便发生口角所引起，没有别的起因；其次，案件相关人员所有的行为都是这一个条件引发的，并且在这个过程中也只侵犯了一个客体，即公民的人身健康安全；再次，整个事件的发展具有连续性，犯罪主体虽然在过程中数量有所增加，但归结起来还是由于最开始口角引发纠纷的延续，相互之间是具有关联性的。所以本案无论是元某殴打他人，还是周某和刘某的行为，都在一个案由里面，应作为一个案件进行处理。

（二）本案可以适用调解

依据《公安机关办理伤害案件规定》第二十九条：“根据《中华人民共和国刑法》第十三条及《中华人民共和国刑事诉讼法》第十五条第一项规定，对故意伤害他人致轻伤，情节显著轻微、危害不大，不认为是犯罪的，以及被害人伤情达不到轻伤的，应当依法予以治安管理处罚。”本案中，周某拿身上携带的砍刀，致元某左手拇指、食指被刀削伤，造成左手拇指 2×1.5 厘米皮肤缺损、食指 1×1 厘米皮肤缺损伤（经鉴定为轻微伤），以及元某以木凳砸谭某头部，致谭某头顶部 6.5 厘米皮肤裂伤（经鉴定为轻伤）等情节显著轻微、危害不大。且被侵害人谭某本人自愿放弃追究元某的刑事责任，希望公安机关主持调解。在这种情况下，根据《治安管理处罚法》第四十三条第一款和第九条之规定予以治安管理处罚是合适且恰当的。

（三）公安机关有权力进行调解工作

依据《治安管理处罚法》第九条：对于因民间纠纷引起的打架斗殴或者损毁他人财物等违反治安管理行为，情节较轻的，公安机关可以调解处理。经公安机关调解，当事人达成协议的，不予处罚。以及《公安机关办理伤害案件规定》第三十条：对于因民间纠纷引起的殴打他人或者故意伤害他人身体的行为，情节较轻尚不够刑事处罚，具有下列情形之一的，经双方当事人同意，公安机关可以依法调解处理：……（四）其他适用调解处理更易化解矛盾的。还有公安部关于印发《公安机关执行〈中华人民共和国治安管理处罚法〉有关问题的解释》的通知中提到关于治安案件的调解问题：根据《治安管理处罚法》第九条的规定，对因民间纠纷引起的打架斗殴或者损毁他人财物以及其他违反治安管理行为，情节较轻的，公安机关应当本着化解矛盾纠纷、维护社会稳定、构建和谐社会的要求，依法尽量予以调解处理。为避免案件进入公诉程序后出现被害人不愿意追究被告人的刑事责任的情况，公安机关在作出立案决定前有告知义务，应明确告知被害人有行使自诉权的权利，以及启动公诉程序后被害人不能随意要求和解的后果。公安机关受理案件后，可要求被害人明白表示是否需要国家专门机关追究加害人的刑事责任，还是仅仅要求获取人身损害赔偿，并对被害人的本意制作笔录附案。对于被害人只提出赔偿请求或者根本没有意愿要通过公权力追究刑事责任的案件，公安机关可以引导被害人选择调解方式结案，对于达成调解协议的案件，公安机关可以适用“不主动干预原则”不作刑事案件立案。以上都说明公安机关是有权力进行轻微伤害案件调解的。

关联理论

行政调解是国家行政机关处理平等主体之间民事争议的一种方法。国家行政机关根据法律、行政法规的相关规定，对属于本机关职权管辖范围内的平等主体之间的民事纠纷，通过耐心的说服教育，使纠纷的双方当事人互相谅解,在平等协商的基础上达成一致协议,从而合理地、彻底地解决纠纷矛盾。

调解作为一个法律术语,包含着三种类型的调解,即民间调解、行政调解和法院调解。

行政调解是在国家行政机关的主持下,指以当事人双方自愿为基础,由行政机关主持,以国家法律、法规及政策为依据,以自愿为原则,通过对争议双方的说服与劝导,促使双方当事人互让互谅、平等协商、达成协议,以解决有关争议而达成和解协议的活动。《中共中央关于构建社会主义和谐社会若干重大问题的决定》中指出要"完善矛盾纠纷排查调处工作制度,建立党和政府主导的维护群众权益机制,实现人民调解、行政调解、司法调解有机结合……把矛盾化解在基层、解决在萌芽状态"。

行政调解协议虽然不具有强制执行的法律效力,但它的性质是合同,应当按照法律对合同的规定来处理相关问题,并按照法律对合同的有关规定对合同当事人进行进一步的保护。

行政调解能成为建设社会主义和谐社会重要方式、手段的原因在于行政调解在三个维度上实现了和谐:当事人之间的和谐和行政机关与相对人之间的和谐;遵守法律本身实现的和谐和监督法律实施实现的和谐;行政调解制度的存在保证社会冲突解决机制体系内在的和谐。总之,行政调解是全方位的"三和谐"。

首先,行政调解以其快捷、低廉、尊重意思自治的方式解决当事人之间的冲突。

(1)与法院诉讼相比,行政调解不需要烦琐的手续,即时性也很强,无论是达成协议还是达不成协议而转到诉讼程序,效率都非常高。

(2)与法院的诉讼程序相比,行政调解作为政府服务职能的一种体现,当事人的总体花费与法院相对较高的诉讼费用、高昂的律师代理费相比要低廉得多,从成本与收益上考虑,当事人自然更愿意选择成本低廉的行政调解方式解决纠纷。

(3)行政调解尊重当事人的意思自治,以当事人参与为其必要条件,既有利于当事人了解法律,也有利于减少以后的执法成本。

同时,行政调解的内容、方式和调解结果,都要以合法为基础。而法律本身就是对和谐社会的体现和保障。因此,行政调解的过程,作为法律实施的过程,也是法律本身所蕴涵和追求的和谐得以实施的过程。

其次,行政调解有利于实现行政机关与相对人之间的和谐。

(1)行政调解是在民主协商与当事人自愿的基础上产生的,它体现了民主管理与当事人自主行使处分权的自愿原则的有机结合,同时亦能发挥与命令式的行政行为相同的作用。

(2)通过做耐心、细致、全面、具体的调解工作,可以培养行政机关工作人员踏实认真尽职尽责的工作作风,树立行政机关良好的工作形象,发扬为人民群众服务的精神,并由此增强人民群众对行政机关的信任,提高行政机关的执法权威,进一步建立人民群众同政府密切融洽、协调、信赖的关系。

(3)行政调解将当事人自主意思表示建立在对行政机关正确执法而树立起的权威的服从与信任感的基础上,使当事人自愿听从行政机关正确有益的劝导说服,化解纠纷,解决矛盾。这样,它便不同于单纯按法律规定被动维持秩序的行政行为,因为它不仅在最低要求上完成了对纠纷的解决,又进一步使政府工作在更高层次上采用积极主动的方式,创立一种既为法律所允许、又为当事人和政府所共同认可和赞同的更合理、更完善的社会关系,促使行政机关在更加全面彻底的意义上履行自己的职责。

同时,行政调解的过程也是行政机关与相对人之间针对是否依法自愿和是否依法调解的相互监督过程。如前所述,法律本身也蕴涵和追求社会和谐,因此,行政相对人的监督也促使行政机关依法行政,实现法律的和谐价值和追求。

最后,行政调解制度的存在保证了社会冲突解决机制体系的和谐。社会冲突的不同激烈程度决定了其解决机制必然分为层级不同的体系。依据《治安管理处罚法》第九条规定,公安机关行政调解的对象是“民间纠纷引起的打架斗殴或者损毁他人财物等违反治安管理并且情节较轻的行为”。因此,将激烈程度相当轻微的社会冲突纳入至行政调解范围之内,而将其他激烈的社会冲突纳入行政处罚乃至刑事制裁范畴之列,在实现节省公安机关的行政执法资源目的的同时,既保障了社会冲突的解决,也实现了社会冲突解决机制内在的协调。

需要注意的是,依据《治安管理处罚法》第九条,经调解未达成协议或者达成协议后不履行的,公安机关应当依照本法的规定对违反治安管理行为人给予处罚,并告知当事人可以就民事争议依法向人民法院提起民事诉讼。即如果加害人反悔不履行赔偿协议的,被害人可以依据人民调解协议刑事契约的性质选择自诉来追究加害人的刑事责任并附带民事诉讼,要求加害人承担民事赔偿责任,也可以依据人民调解协议民事契约的性质就经济赔偿问题单独提起民事诉讼,请求加害人履行赔偿协议,从而在刑事司法与民事司法双重救济的保障下实现其实体权利。被害人反悔时分两种情况:①调解协议签订到履行之前被害人反悔的。如果被害人只对经济赔偿反悔

(如提出经济赔偿过低等),而对刑事部分不反悔即仍然同意不追究刑事法律责任的,被害人可以就调解协议民事赔偿部分提起诉讼,法院审理时适用《最高人民法院关于审理涉及人民调解协议的民事案件的若干规定》及其他民事法律的有关规定,只审理调解协议民事赔偿部分,审查有无重大误解、显失公平等法定的可变更或者撤销的事由,如果没有这些情形,调解协议中民事赔偿部分的效力就应当得到维护。如果被害人对刑事部分反悔,即要求追究加害人刑事责任的或对调解协议全部反悔的,刑事诉讼程序恢复。②调解协议履行后被害人反悔的。调解协议履行后被害人对经济赔偿反悔,如提出经济赔偿过低等,而对刑事部分不反悔即仍然同意不追究刑事法律责任的,可以就调解协议民事赔偿部分提起诉讼,在法定的诉讼期间,法院审理时适用《最高人民法院关于审理涉及人民调解协议的民事案件的若干规定》及其他民事法律的有关规定,审查调解协议有无法定的可变更或者撤销的事由,如果没有这些情形,就产生履行的效力。被害人获得赔偿后反悔,又要求追究加害人刑事责任的,或对调解协议全部反悔的,在法定的诉讼期间,被害人只有通过自诉程序向法院提起诉讼,法院在审理案件时,可以把加害人履行赔偿责任作为定罪量刑的一个重要考虑因素,对加害人减轻或免于刑事处罚。

关联法条

《中华人民共和国刑法》(节录)(中华人民共和国第五届全国人民代表大会第二次会议于1979年7月1日通过　中华人民共和国第八届全国人民代表大会第五次会议修订　1997年3月14日中华人民共和国主席令第八十三号公布　自1997年10月1日起施行)

第二百三十四条　故意伤害他人身体的,处三年以下有期徒刑、拘役或者管制。

犯前款罪,致人重伤的,处三年以上十年以下有期徒刑;致人死亡或者以特别残忍手段致人重伤造成严重残疾的,处十年以上有期徒刑、无期徒刑或者死刑。本法另有规定的,依照规定。

《中华人民共和国治安管理处罚法》(节录)(中华人民共和国第十届全国人民代表大会常务委员会第十七次会议于2005年8月28日通过　自2006年3月1日起施行)

第九条　对于因民间纠纷引起的打架斗殴或者损毁他人财物等违反治安管理行为,情节较轻的,公安机关可以调解处理。经公安机关调解,当事人达成协议的,不予处罚。经调解未达成协议或者达成协议后不履行的,公安机关应当依照本法的规定对违反治安管理行为人给予处罚，并告知当事人可以就民事争议依法向人民法院提起民事诉讼。

第四十三条 殴打他人的，或者故意伤害他人身体的，处五日以上十日以下拘留，并处二百元以上五百元以下罚款；情节较轻的，处五日以下拘留或者五百元以下罚款。

有下列情形之一的，处十日以上十五日以下拘留，并处五百元以上一千元以下罚款：

（一）结伙殴打、伤害他人的；

（二）殴打、伤害残疾人、孕妇、不满十四周岁的人或者六十周岁以上的人的；

（三）多次殴打、伤害他人或者一次殴打、伤害多人的。

公安部关于印发《公安机关办理伤害案件规定》的通知（节录）（2005年12月27日公安部发布　自2006年2月1日起施行）

第二条 本规定所称伤害案件是指伤害他人身体，依法应当由公安机关办理的案件。

第四条 轻伤以下的伤害案件由公安派出所管辖。

第二十八条 被害人伤情构成轻伤、重伤或者死亡，需要追究犯罪嫌疑人刑事责任的，依照《中华人民共和国刑事诉讼法》的有关规定办理。

第二十九条 根据《中华人民共和国刑法》第十三条及《中华人民共和国刑事诉讼法》第十五条第一项规定，对故意伤害他人致轻伤，情节显著轻微、危害不大，不认为是犯罪的，以及被害人伤情达不到轻伤的，应当依法予以治安管理处罚。（参见《刑法》第十三条，《刑事诉讼法》第十五条）

第三十条 对于因民间纠纷引起的殴打他人或者故意伤害他人身体的行为，情节较轻尚不够刑事处罚，具有下列情形之一的，经双方当事人同意，公安机关可以依法调解处理：

（一）亲友、邻里或者同事之间因琐事发生纠纷，双方均有过错的；

（二）未成年人、在校学生殴打他人或者故意伤害他人身体的；

（三）行为人的侵害行为系由被害人事前的过错行为引起的；

（四）其他适用调解处理更易化解矛盾的。

第三十一条 有下列情形之一的，不得调解处理：

（一）雇凶伤害他人的；

（二）涉及黑社会性质组织的；

（三）寻衅滋事的；

（四）聚众斗殴的；

（五）累犯；

（六）多次伤害他人身体的；

（七）其他不宜调解处理的。

第三十二条 公安机关调解处理的伤害案件，除下列情形外，应当公开进行：

（一）涉及个人隐私的；

（二）行为人为未成年人的；

（三）行为人和被害人都要求不公开调解的。

第三十三条 公安机关进行调解处理时，应当遵循合法、公正、自愿、及时的原则，注重教育和疏导，化解矛盾。

第三十四条 当事人中有未成年人的，调解时未成年当事人的父母或者其他监护人应当在场。

第三十五条 对因邻里纠纷引起的伤害案件进行调解时，可以邀请当地居民委员会、村民委员会的人员或者双方当事人熟悉的人员参加。

第三十六条 调解原则上为一次，必要时可以增加一次。对明显不构成轻伤、不需要伤情鉴定的治安案件，应当在受理案件后的3个工作日内完成调解；对需要伤情鉴定的治安案件，应当在伤情鉴定文书出具后的3个工作日内完成调解。

对一次调解不成，有必要再次调解的，应当在第一次调解后的7个工作日内完成第二次调解。

第三十七条 调解必须履行以下手续：

（一）征得双方当事人同意；

（二）在公安机关的主持下制作调解书。

第三十八条 调解处理时，应当制作调解笔录。达成调解协议的，应当制作调解书。调解书应当由调解机关、调解主持人、双方当事人及其他参加人签名、盖章。调解书一式三份，双方当事人各一份，调解机关留存一份备查。

第三十九条 经调解当事人达成协议并履行的，不予处罚。经调解未达成协议或者达成协议后不履行的，公安机关应当对违反治安管理行为人依法予以处罚，并告知当事人可以就民事争议依法向人民法院提起民事诉讼。

公安部关于印发《公安机关执行〈中华人民共和国治安管理处罚法〉有关问题的解释》的通知（节录）（公通字[2006]12号）

根据全国人大常委会《关于加强法律解释工作的决议》的规定，现对公

安机关执行《中华人民共和国治安管理处罚法》(以下简称《治安管理处罚法》)的有关问题解释如下:

一、关于治安案件的调解问题。根据《治安管理处罚法》第九条的规定,对因民间纠纷引起的打架斗殴或者损毁他人财物以及其他违反治安管理行为,情节较轻的,公安机关应当本着化解矛盾纠纷、维护社会稳定、构建和谐社会的要求,依法尽量予以调解处理。特别是对因家庭、邻里、同事之间纠纷引起的违反治安管理行为,情节较轻,双方当事人愿意和解的,如制造噪声、发送信息、饲养动物干扰他人正常生活,放任动物恐吓他人、侮辱、诽谤、诬告陷害、侵犯隐私、偷开机动车等治安案件,公安机关都可以调解处理。同时,为确保调解取得良好效果,调解前应当及时依法做深入细致的调查取证工作,以查明事实、收集证据、分清责任。调解达成协议的,应当制作调解书,交双方当事人签字。

◇ 10 行政处罚中减轻处罚的理解

——冯某盗窃、损毁公共设施案

案情概要

冯某,男 ,67岁,汉族,系重庆市某县某镇某村村民。2009年6月27日9时许,冯某在某县长江二桥新生高粱背水域用手锤、二锤、錾子破坏助航设施E150水尺,窃取其钢材,并将E150水尺损毁约1/2,盗得圆钢、螺纹钢各两根(价格约40元),被某县海事新生执法大队长王某发现后报警。长航公安局万州分局某县派出所接警后,立即赶到案发现场,经现场勘验, E150水尺已损毁90厘米,当场查获作案工具手锤、二锤各一把,錾子一根,盗取的圆钢、螺纹钢各两根。随后将违法嫌疑人冯某传唤到某县派出所进行调查取证。

经某县价格认证中心认定,E150水尺恢复费用为1 952元(材料费1 562元、恢复水尺人工工时费390元)。

认定以上违法事实有海事工作人员发现经过、冯某本人的陈述、E150水尺破损照片、现场查获的作案工具手锤、二锤、錾子以及赃物圆钢、螺纹钢各两根、某县航道管理处出具的情况说明等证据证实。

调查结束后,公安机关认为:

(1)经聘请某县价格认证中心认定水尺恢复价值,本案未达到故意损毁公私财物的立案标准(2 000元),也不符合盗窃罪的构成要件,因此,应受理为行政治安案件,定性为盗窃、损毁公共设施。

(2)冯某作案后,能如实向公安机关陈述自己的违法行为,力所能及赔偿E150水尺恢复费用,主动减轻违法后果并征得被侵害单位谅解,具有法定减轻情节。

(3)经集体研究,对冯某作出如下处罚决定:

根据《中华人民共和国治安管理处罚法》(以下简称《治安管理处罚法》)第十九条第(二)项以及第三十三条第(一)项(盗窃、损毁公共设施)之规定,对冯某作出行政拘留四日的处罚。

问题聚焦

本案属于一起典型的盗窃、损毁水上公共设施的案件。在对本案的审理过程中,围绕以下问题产生了争议。

(一)本案的定性:属于刑事案件还是行政治安案件?

本案中,冯某以损毁水文设施(E150 水尺)的方法盗取其中的圆钢、螺纹钢各两根(价格约 40 元),其损毁的水文设施(E150 水尺)经某县价格认证中心认定恢复费用为 1 952 元(材料费 1 562 元、恢复水尺人工工时费 390 元)。根据以上事实,该案应如何定性?冯某的行为是否构成犯罪?是根据《中华人民共和国刑法》(以下简称《刑法》)的规定追究冯某的刑事责任?还是根据《治安管理处罚法》追究其治安管理责任?

(二)本案能否适用减轻处罚?如何适用?

冯某作案后,能如实向公安机关陈述自己的违法行为,力所能及赔偿 E150 水尺恢复费用,主动减轻违法后果并征得被侵害单位谅解。根据冯某的上述表现,能够对其适用减轻处罚,该如何适用?

(三)本案应以什么案由对冯某进行处罚?

本案中,冯某的行为构成了一个违反治安管理的行为,还是构成了两个违反治安管理的行为,也就是说,对冯某进行处罚是以盗窃、损毁公共设施的理由,还是以盗窃公共设施和毁损公共设施为由分别对冯某进行处罚?

本案述评

(一)本案的定性:属于刑事案件还是行政治安案件?

判断本案是刑事案件还是行政治安案件的前提是对冯某行为的定性。本案中,冯某以损毁水文设施(E150 水尺)的方法盗取其中的圆钢、螺纹钢各两根的行为应被认定为盗窃罪还是盗窃、损毁公共设施的违反治安管理的行为,关键是看其行为符合盗窃罪的构成要件还是盗窃、损毁公共设施的行为要件,所以我们要在了解盗窃罪和盗窃、损毁公共设施的构成要件的基础上作进一步分析。

1. 盗窃罪的构成要件

盗窃罪,是指以非法占有为目的,秘密窃取公私财物数额较大或者多次盗窃公私财物的行为。盗窃罪的构成要件包括以下几个方面:

(1)犯罪客体。盗窃罪侵犯的客体是公私财物的所有权。《刑法》第二百六十四条明确规定了盗窃罪的犯罪对象是公私财物,即公共财物与公民个人合法所有的财物,作为盗窃罪的犯罪对象,必须具有如下几个方面的特征:其一,必须具有一定的经济价值,不具有经济价值的物品不能成为盗窃罪的犯罪对象。其二,具有可支配性,即盗窃罪的犯罪对象必须是可以被他人支配和控制的财物。其三,作为盗窃罪的犯罪对象只能是动产,从不动产的客观属性来看,难以成为盗窃罪的犯罪对象。

(2)犯罪的客观方面。盗窃罪的客观方面一般表现为行为人秘密窃取数额较大的公私财物的行为。在我国刑法理论中,盗窃罪的客观行为必须采用“秘密窃取”的手段,关于行为“秘密性”的基本特征,有学者认为应当从以下三方面来加以认定:一是行为秘密性的主观性特征,即行为人采取“自认为”不会被财物所有人、持有人当场发现的手段窃取财物,只要行为人采取主观上自认为不为人发觉的方法窃取财物,就应当认为是秘密窃取,而客观上是否已被人发觉则非所问;二是行为秘密性的时间性要求,即盗窃罪的秘密窃取是就窃取财物当时而言的,并不要求在整个盗窃过程中都是秘密的;三是行为秘密性的相对性特征,即秘密窃取是就盗窃行为而言的,在盗窃案件中,取走财物的事实可能当场被人发觉,但如果财物的所有人或保管人没有认识到行为人取走财物的非法性,这种情况仍应认为是没有被发觉的盗窃行为[1]。

(3)犯罪主体。盗窃罪的犯罪主体是一般主体,凡年满16周岁、具有刑事责任能力的自然人都可以成为本罪的主体。

(4)犯罪的主观方面。盗窃罪的主观方面是故意,行为人明知自己窃取他人财物的行为会导致危害结果的发生,并且积极追求这种危害结果。盗窃罪必须以非法占有为目的,即行为人在主观上必须具有非法占有他人财物的目的,如果行为人不具有这种目的,就不能构成盗窃罪。

2. 盗窃、损毁公共设施的构成要件

(1)从主体上看,本行为的主体是达到责任年龄,具有责任能力的自然人。

(2)从客体上看,本行为侵犯的客体是公共安全。

(3)从客观表现方面分析,本行为在客观上表现为:盗窃、损毁油气管道设施、电力电信设施、广播电视设施,水利防汛工程设施或者水文监测、测量、气象测报、环境监测、地质监测、地震监测等公共设施。盗窃,是指以非法占有为目的,秘密窃取公私财物的行为。损毁,是指破坏物品、设施的完整性,使其失去正常的使用价值和功能的行为。行为人的动机一般是为了

---

[1] 参见赵秉志主编:《中国刑法案例与学理研究》(第四卷)。北京:法制出版社,2004年版,第403~404页。

将盗窃的设备、设施变卖获得非法利益;也有的是为了发泄不满,故意损坏公共设施。公共设施关乎公共利益,即不特定多数人的利益。本行为的后果危及公共安全,但尚未造成严重后果。

(4)从主观方面来看,行为人主观上多表现为故意,即明知自己盗窃、损毁的是公共设施,明知自己的行为将影响公共设施的正常运行,仍然希望或放任这种结果发生的。当然过失也可以构成此类违法行为。

明确了上述盗窃罪和盗窃、损毁公共设施的构成要件之后,我们还应搞清楚与之相关的问题是:如何区分罪与非罪的界限?我们认为,主要在于行为产生的后果不同,对公共安全危害的程度不一样。如果行为严重危害公共安全或者造成严重后果,致使他人重伤、死亡或者致使公私财产遭受重大损失,公共产生、生活秩序受到严重破坏,则要追究行为人的刑事责任;如果行为情节不严重,没有严重危害公共安全或者造成较轻后果,则可以只给予治安管理处罚。

3. 结合本案的具体分析

本案中,冯某以损毁水文设施(E150 水尺)的方法盗取其中的圆钢、螺纹钢各两根(价格约 40 元),其损毁的水文设施(E150 水尺)经某县价格认证中心认定恢复费用为 1 952 元(材料费 1 562 元、恢复水尺人工工时费 390 元),其主观意图是盗取圆钢、螺纹钢,从主体、客体、主观方面来看,均和盗窃罪的构成要件相吻合,关键是对客观方面的分析,根据《刑法》第二百六十四条的规定,盗窃罪属于数额犯罪,即盗窃的数额多少是认定盗窃行为是否构成犯罪的必要条件。本案中冯某以损毁水文设施的方法盗取圆钢、螺纹钢的价格能否认定其构成盗窃罪?根据最高人民法院《关于审理盗窃案件具体应用法律若干问题的解释》第六条第(一)项第 1 目之规定,采用以破坏性手段盗窃造成公私财产损失的,可以追究刑事责任的前提条件是盗窃公私财物接近"数额较大"的起点,而冯某盗取圆钢、螺纹钢各两根的价格约 40 元,显然不符合接近数额较大的要求。另外,该解释第五条(被盗物品数额的计算方式)第(十三)项规定,盗窃行为给失主造成的损失大于盗窃数额的,损失数额可作为量刑的情节。由此可知以破坏性手段盗窃造成的损失金额,是不能计算进盗窃金额的。因此,根据主客观相统一的原则,冯某构成盗窃罪是于法无据的。既然本案不属于刑事案件,就应该将其认定为行政治安案件。从以上关于盗窃、损毁公共设施的构成要件来分析,具有完全责任能力的自然人冯某实施破坏助航设施 E150 水尺,盗取其圆钢、螺纹钢各两根的行为。水尺是实时观测水位的重要设施,冯某实施了损毁和盗窃水尺的行为,虽涉嫌危及公共安全,但尚未造成严重后果(在作案现场被某县海事新生执法大队长王某发现后报警),所以公安机关根据《治安管理处罚法》第三十三条第(一)项的规定给予冯某治安管理处罚是正确的。

(二)处罚的适用:能否适用减轻处罚?如何适用?

对违反治安管理行为人给予治安管理处罚,是公安机关贯彻执行《治安管理处罚法》,加强治安管理的一个重要手段。为维护社会治安管理秩序,对少数违反治安管理行为人依法给予治安管理处罚,是十分必要的。需要强调的是,公安机关实施治安管理处罚的前提是,处罚要以违反治安管理行为的性质、情节以及社会危害程度相当为原则,即坚持"过罚相当"的原则。

"过罚相当"原则是刑法中的"罪行相适应"原则在治安管理处罚中的运用。刑法第五条规定了"罪行相适应"原则,即:"刑罚的轻重,应当与犯罪分子所犯罪行和承担的刑事责任相适应。"这就是罪行相适应原则。治安管理处罚也一样,应当与违反治安管理行为的性质、情节以及社会危害程度相当。不能对轻微的违反治安管理行为给予行政拘留 15 日等很重的治安管理处罚;反之,也不能对严重的违反治安管理行为给予很轻的治安管理处罚,如处以罚款或者警告了事。

《治安管理处罚法》第十九条规定了对违法行为人适用减轻处罚的五种情形,即情节特别轻微的;主动消除或者减轻违法后果,并取得被侵害人谅解的;出于他人胁迫或者诱骗的;主动投案,向公安机关如实陈述自己的违法行为的;有立功表现的。在本案中,针对冯某的行为,能否对其适用减轻处罚?在本案中,冯某作案后,能如实向公安机关陈述自己的违法行为,力所能及赔偿 E150 水尺恢复费用,主动减轻违法后果并征得被侵害单位谅解。根据冯某的上述表现,我们认为应当对其适用减轻处罚。下一步的问题是,减轻处罚如何适用?

所谓减轻处罚,是指公安机关在法律、法规和规章规定的处罚方式和处罚幅度最低限以下,对违反治安管理行为人适用治安管理处罚。根据《治安管理处罚法》第三十三条第一项的规定,有盗窃、损毁油气管道设施、电力电信设施、广播电视设施、水利防汛工程设施或者水文监测、测量、气象测报、环境监测、地质监测、地震监测等公共设施行为之一的,处十日以上十五日以下拘留。比照这条规定,如果要对行为人减轻处罚,就意味着公安机关可以对行为人处以十日以下的拘留,即在法定处罚方式的"十日以上十五日以下拘留"的行政拘留幅度最低限以下给予处罚。

在本案中,根据《治安管理处罚法》第三十三条及公安部发布的《公安机关执行〈中华人民共和国治安管理处罚法〉有关问题的解释(二)》第四项减轻处罚的规定,对冯某减轻处罚只能对其适用一日以上至十日以下的拘留处罚,不可以超出处罚种类(拘留)。因此,我们认为在本案中公安机关对冯某作出行政拘留四日的处罚是正确的。

(三)对冯某进行处罚的案由分析

本案中,冯某的行为构成了一个违反治安管理的行为,还是构成了两个违反治安管理的行为,也就是说,对冯某进行处罚是以盗窃、损毁公共设施的理由,还是以盗窃公共设施和毁损公共设施为由分别对冯某进行处罚?

《公安部关于规范违反治安管理行为名称的意见》最后两段,明确指出《治安管理处罚法》中规定的条款,凡列举多个行为的,实践中在表述案由时可以根据违反治安管理行为人具体实施的行为,选择一种或一种以上行为进行表述,如:行为人实施了制造爆炸性危险物质的行为,案由则定性为"非法制造危险物质";行为人既实施了非法制造爆炸性危险物质行为,又实施了买卖爆炸性危险物质行为的,则可定性为"非法制造、买卖危险物质"。本案中,冯某的行为既损毁了公共设施又盗窃了公共设施中的圆钢与螺纹钢,因此,应将该案定性为"盗窃、损毁公共设施",即冯某的行为构成了一个违反治安管理的行为——盗窃损毁公共设施的行为,应当受到治安管理处罚。

关联理论

"过罚相当"原则是刑法中的"罪行相适应"原则在治安管理处罚中的运用。刑法第五条规定了"罪行相适应"原则,即:"刑罚的轻重,应当与犯罪分子所犯罪行和承担的刑事责任相适应。"这就是罪行相适应原则。治安管理处罚也一样,应当与违反治安管理行为的性质、情节以及社会危害程度相当。不能对轻微的违反治安管理行为给予行政拘留 15 日等很重的治安管理处罚;反之,也不能对严重的违反治安管理行为给予很轻的治安管理处罚,如处以罚款或者警告了事。

治安管理处罚中的"过罚相当"原则主要适用于治安管理处罚的实施方面,因为我国法律在规定治安管理处罚的幅度时就有一定的范围,如行政拘留 5 日以上 10 日以下,公安机关在实施治安管理处罚时也有一定的自由裁量权。同时,设定治安管理处罚也要遵循"过罚相当"原则。原因在于,我国治安管理处罚的设定权如同行政处罚一样,是分层次的,全国人大及其常委会制定的法律可以设定任何治安管理处罚,国务院制定的行政法规、地方人大及其常委会制定的地方性法规、公安部制定的部门规章、地方人民政府制定的地方性规章权力不等地具有一定的治安管理处罚设定权。为了保证治安管理处罚从一开始规定时,就能体现治安管理处罚这一手段的目的,设定治安管理处罚应当遵循"过罚相当"原则。这就要求凡是有权设定治安管理处罚的机关,在制定法律、法规、规章时,就应当在全面、客观地分析违反治安管理行为的性质、情节以及社会危害程度的基础上,规定相当的治安管理处罚。

关联法条

《中华人民共和国治安管理处罚法》(节录)(中华人民共和国第十届全国人民代表大会常务委员会第十七次会议于2005年8月28日通过 中华人民共和国主席令第38号公布 自2006年3月1日起施行)

第十九条 违反治安管理有下列情形之一的,减轻处罚或者不予处罚:

(一)情节特别轻微的;

(二)主动消除或者减轻违法后果,并取得被侵害人谅解的;

(三)出于他人胁迫或者诱骗的;

(四)主动投案,向公安机关如实陈述自己的违法行为的;

(五)有立功表现的。

第三十三条 有下列行为之一的,处十日以上十五日以下拘留:

(一)盗窃、损毁油气管道设施、电力电信设施、广播电视设施、水利防汛工程设施或者水文监测、测量、气象测报、环境监测、地质监测、地震监测等公共设施的;

(二)移动、损毁国家边境的界碑、界桩以及其他边境标志、边境设施或者领土、领海标志设施的;

(三)非法进行影响国(边)界线走向的活动或者修建有碍国(边)境管理的设施的。

《中华人民共和国刑法》(节录)(中华人民共和国第五届全国人民代表大会第二次会议于1979年7月1日通过 中华人民共和国第八届全国人民代表大会第五次会议修订 1997年3月14日中华人民共和国主席令第八十三号公布 自1997年10月1日起施行)

第二百六十四条 盗窃公私财物,数额较大或者多次盗窃的,处三年以下有期徒刑、拘役或者管制,并处或者单处罚金;数额巨大或者有其他严重情节的,处三年以上十年以下有期徒刑,并处罚金;数额特别巨大或者有其他特别严重情节的,处十年以上有期徒刑或者无期徒刑,并处罚金或者没收财产;有下列情形之一的,处无期徒刑或者死刑,并处没收财产:

(一)盗窃金融机构,数额特别巨大的;

(二)盗窃珍贵文物,情节严重的。

最高人民法院《关于审理盗窃案件具体应用法律若干问题的解释》(节录)(1998年3月10日公布 自1998年3月17日起施行 法释[1998]4号)

第一条 根据刑法第二百六十四条的规定,以非法占有为目的,秘密窃取公私财物数额较大或者多次盗窃公私财物的行为,构成盗窃罪。

(一)盗窃数额,是指行为人窃取的公私财物的数额。

(二)盗窃未遂,情节严重,如以数额巨大的财物或者国家珍贵文物等为盗窃目标的,应当定罪处罚。

第五条 被盗物品的数额,按照下列方法计算:

……

(十三)盗窃行为给失主造成的损失大于盗窃数额的,损失数额可作为量刑的情节。

第六条 审理盗窃案件,应当根据案件的具体情形认定盗窃罪的情节:

(一)盗窃公私财物接近"数额较大"的起点,具有下列情形之一的,可以追究刑事责任:

1. 以破坏性手段盗窃造成公私财产损失的;

2. 盗窃残疾人、孤寡老人或者丧失劳动能力人的财物的;

3. 造成严重后果或者具有其他恶劣情节的。

(二)盗窃公私财物虽已达到"数额较大"的起点,但情节轻微,并具有下列情形之一的,可不作为犯罪处理:

1. 已满十六周岁不满十八周岁的未成年人作案的;

2. 全部退赃、退赔的;

3. 主动投案的;

4. 被胁迫参加盗窃活动,没有分赃或者获赃较少的;

5. 其他情节轻微、危害不大的。

《公安机关执行〈中华人民共和国治安管理处罚法〉有关问题的解释(二)》(节录)

四、关于减轻处罚的适用问题

违反治安管理行为人具有《治安管理处罚法》第十二条、第十四条、第十九条减轻处罚情节的,按下列规定适用:

(一)法定处罚种类只有一种,在该法定处罚种类的幅度以下减轻处罚;

(二)法定处罚种类只有一种,在该法定处罚种类的幅度以下无法再减轻处罚的,不予处罚;

(三)规定拘留并处罚款的,在法定处罚幅度以下单独或者同时减轻拘留和罚款,或者在法定处罚幅度内单处拘留;

(四)规定拘留可以并处罚款的,在拘留的法定处罚幅度以下减轻处罚;在拘留的法定处罚幅度以下无法再减轻处罚的,不予处罚。

◇ 11 不适用行政拘留情形分析

——于某某适用不执行拘留案

案情概要

2008年3月6日16时许,违法行为人于某某在武汉市汉阳钟家村,请一办假证的青年男子蒋某,在其工作的皖寿县货××轮《船舶签证簿》第45页出港证上盖了假的"中华人民共和国武汉青山海事处船舶签证"章,使皖寿县货××轮在没有海事部门的签证的情况下出港航行。其行为构成了使用变造的证件的违法行为。同时查明,于某某正在哺乳自己不满一周岁的婴儿。

以上事实有对于某某的询问笔录、对蒋某的询问笔录 、海事部门的证明材料,到案经过、长江航运公安局长公刑技文检[2008]001号刑事科学技术鉴定书及于某某儿子的出生医学证明书等证据证实。

根据《中华人民共和国治安管理处罚法》(以下简称《治安管理处罚法》)第五十二条第二项、第二十一条第四项之规定,现决定给予于某某行政拘留十日并处罚款一千元的处罚。

履行方式:于某某在收到本决定书之日起15日内向工商银行某支行缴纳罚款,行政拘留处罚不予执行。

问题聚焦

在本案的处理过程中,产生了两个具有争议性的问题:

1. 于某某违法行为的性质认定

关于于某某使用假的"中华人民共和国武汉青山海事处船舶签证"章,使皖寿县货××轮在没有海事部门的签证的情况下出港航行的行为是否属于使用变造的证件的违法行为存在争议。

2. 对于某某的行政拘留处罚是否可以不予执行

公安机关根据《治安管理处罚法》给予于某某行政拘留十日并处罚款一千元的处罚,但在履行方式上存在争议,即对于某某的行政拘留是否可以不予执行。

本案述评

1. 于某某的行为属于伪造、变造、买卖公文、证件、证明文件、印章，买卖或者使用伪造、变造的公文、证件、证明文件、印章的行为中的使用伪造证件的行为。

根据《治安管理处罚法》的相关规定，伪造、变造、买卖公文、证件、证明文件、印章，买卖或者使用伪造、变造的公文、证件、证明文件、印章行为是指违反国家规定，伪造、变造、买卖公文、证件、证明文件、印章，买卖或者使用伪造、变造的公文、证件、证明文件、印章，尚不够刑事处罚的行为。

第一，"伪造"是指无制作权的人冒用国家机关、人民团体、企业事业单位或者其他组织的名义，对它们的公文、证件、证明文件、印章等进行伪造的行为。

第二，"变造"是指无权更改材料者利用改写、更换、拼凑、销抹、加刻等手法，非法对真实的材料进行加工改制，以便形成与原制作内容不一致的虚假内容。

变造与伪造的区别在于二者的行为方式不同[1]：变造是在"有"的基础上变化，以真实材料为底加工制假；伪造则是从无到有，不需要以真实的为原材料，是完全的以假充真。

第三，"买卖"是指明知是伪造、变造的国家机关、人民团体、企业、事业单位的公文、证件、证明文件而买入或者卖出的行为。

第四，"使用"是指明知是伪造、变造的国家机关、人民团体、企业、事业单位的公文、证件、证明文件而使用的行为。

第五，"公文"是指国家机关、人民团体、企业事业单位或者其他组织的工作人员在其职权范围内，以单位名义制作的，用以指导工作、联系事务、处理问题的书面文件，包括指示、决议、通知、命令、决定、请示报告、信函和电文，等等。

第六，"证件"是指上述单位制作、颁发的，用以证明身份、职务、权利义务关系或其他有关事实的凭证，如工作证、通行证、护照、户口迁移证、营业执照、驾驶执照，等等。

第七，"证明文件"是指承担资产评估、验资、验证、会计、审计、法律服务等职责的资产评估公司、会计师事务所、审计师事务所、财务咨询公司、律师

---

[1] 参见余凌云主编：《治安管理处罚法的具体适用问题》。北京：中国人民公安大学出版社，2006 年版，第 382 页。

事务所等中介组织,依据法定资质和职责,凭借专业知识或技能,所出具的具有法律效力的能证明某些事项的文件,如资产评估报告、验证报告、财务会计报告、审计报告、法律见证书等文件。

第八,“印章”是指国家机关、人民团体、企业事业单位或者其他组织刻制的以文字、图记表明主体同一性的公章、专用章,包括印信和印文。

在本案中,于某某使用假的“中华人民共和国武汉青山海事处船舶签证”章,使皖寿县货××轮在没有海事部门的签证的情况下出港航行,已构成使用伪造的证件的违法行为。

2. 由于于某某正在哺乳自己不满一周岁的婴儿,因此对其给予的行政拘留处罚可以不予执行。

对于未成年人、老年人、怀孕或者正在哺乳自己不满一周岁婴儿的妇女等特殊群体,一个文明的法治社会应当从立法和执法方面给予特别的关注和保护。我国宪法和未成年人保护法以及妇女权益保障法等法律对保障有关人员的权益都作了明确规定。根据《治安管理处罚法》第二十一条的规定,违反治安管理行为人有下列情形之一,依照本法应当给予行政拘留处罚的,不执行行政拘留处罚:(一)已满十四周岁不满十六周岁的;(二)已满十六周岁不满十八周岁,初次违反治安管理的;(三)七十周岁以上的;(四)怀孕或者哺乳自己不满一周岁婴儿的。本条体现了以人为本,尊重和保障人权的理念。

本案中,于某某儿子的出生医学证明书等证据证实她正在哺乳自己不满一周岁的婴儿,按照《治安管理处罚法》第二十一条第四款的规定,对于某某不予执行行政拘留处罚。

关联理论

一、伪造、变造、买卖公文、证件、证明文件、印章,买卖或者使用伪造、变造的公文、证件、证明文件、印章的行为

根据《治安管理处罚法》第五十二条的规定,有下列行为之一的,处十日以上十五日以下拘留,可以并处一千元以下罚款;情节较轻的,处五日以上十日以下拘留,可以并处五百元以下罚款:

(一)伪造、变造或者买卖国家机关、人民团体、企业、事业单位或者其他组织的公文、证件、证明文件、印章的;

(二)买卖或者使用伪造、变造的国家机关、人民团体、企业、事业单位或者其他组织的公文、证件、证明文件的;

（三）伪造、变造、倒卖车票、船票、航空客票、文艺演出票、体育比赛入场券或者其他有价票证、凭证的；

（四）伪造、变造船舶户牌，买卖或者使用伪造、变造的船舶户牌，或者涂改船舶发动机号码的。

1. 伪造、变造、买卖公文、证件、证明文件、印章，买卖或者使用伪造、变造的公文、证件、证明文件行为的认定及处罚❶。

（1）本行为的行为主体是达到法定责任年龄，具有责任能力的自然人或者单位。

（2）本行为侵犯的客体是国家机关、人民团体、企业、事业单位的正常管理活动的信誉，侵犯的对象是国家机关、人民团体、企业、事业单位的公文、证件、证明文件、印章。

国家机关包括国家权力机关、行政机关、司法机关，以及中国共产党的各级机关和中国政治协商会议的团体。其他组织包括依照《社会团体登记管理条例》规定成立的社会组织，民办非企业单位、村民委员会等组织。

“公文”是指国家机关、人民团体、企业事业单位或者其他组织的工作人员在其职权范围内，以单位名义制作的，用以指导工作、联系事务、处理问题的书面文件，包括指示、决议、通知、命令、决定、请示报告、信函和电文等等。“证件”是指上述单位制作、颁发的，用以证明身份、职务、权利义务关系或其他有关事实的凭证，如工作证、通行证、护照、户口迁移证、营业执照、驾驶执照等。“证明文件”是指承担资产评估、验资、验证、会计、审计、法律服务等职责的资产评估公司、会计师事务所、审计师事务所、财务咨询公司、律师事务所等中介组织，依据法定资质和职责，凭借专业知识或技能，所出具的具有法律效力的能证明某些事项的文件，如资产评估报告、验证报告、财务会计报告、审计报告、法律见证书等文件。“印章”是指国家机关、人民团体、企业事业单位或者其他组织刻制的以文字、图记表明主体同一性的公章、专用章，包括印信和印文。

（3）本行为在客观方面表现为伪造、变造、买卖或者使用伪造、变造的国家机关、人民团体、企业、事业单位的公文、证件、证明文件。

“伪造”是指无制作权的人冒用国家机关、人民团体、企业事业单位或者其他组织的名义，对它们的公文、证件、证明文件、印章等进行伪造的行为。“变造”是指无权更改材料者利用改写、更换、拼凑、销抹、加刻等手法，非法

❶ 参见柯良栋等主编：《治安管理处罚法释义与实务指南》。北京：中国人民公安大学出版社，2005 年版，第 343 ~ 345 页。

对真实的材料进行加工改制，以便形成与原制作内容不一致的虚假内容。“买卖”是指明知是伪造、变造的国家机关、人民团体、企业、事业单位的公文、证件、证明文件而买入或者卖出的行为。“使用”是指明知是伪造、变造的国家机关、人民团体、企业、事业单位的公文、证件、证明文件而使用的行为。

2. 伪造、变造、买卖公文、证件、证明文件、印章，买卖或者使用伪造、变造的公文、证件、证明文件，伪造、变造、倒卖票证，伪造、变造船舶户牌，买卖或者使用伪造、变造的船舶户牌或者涂改船舶发动机号码的行为及处罚其户牌等的行为中的变造证件行为的处罚

根据《治安管理处罚法》第五十二条的规定，伪造、变造、买卖或者使用伪造、变造的国家机关、人民团体、企业、事业单位或者其他组织的公文、证件、证明文件、印章的，处10日以上15日以下拘留，可以并处1 000元以下罚款；情节较轻的，处五日以上十日以下拘留，可以并处五百元以下罚款。情节较轻，一般是指违法行为造成的社会危害后果较小、造成的影响较小等情形。单位违反治安管理的，对其直接负责的主管人员和其他直接责任人员依照本条的规定处罚。

二、关于不执行行政拘留的情形

根据《治安管理处罚法》第二十一条的规定，违反治安管理行为人有下列情形之一，依照本法应当给予行政拘留处罚的，不执行行政拘留处罚：（一）已满十四周岁不满十六周岁的；（二）已满十六周岁不满十八周岁，初次违反治安管理的；（三）七十周岁以上的；（四）怀孕或者哺乳自己不满一周岁婴儿的。

同时，《公安机关办理行政案件程序规定》第一百四十条规定，违法行为人有下列情形之一的，依法应当给予行政拘留处罚的，应当作出处罚决定，但不送达拘留所执行：（一）已满十四周岁不满十六周岁的；（二）已满十六周岁不满十八周岁，初次违反治安管理或者其他公安行政管理的；（三）七十周岁以上的；（四）孕妇或者正在哺乳自己不满一周岁婴儿的妇女。

根据上述法条的规定，行政拘留是公安机关强制将违反治安管理行为人关押在专门的处所，暂时剥夺其人身自由的最严厉的治安管理处罚。但是，人身自由是公民的基本权利，我国宪法和有关法律对保护公民的人身自由都作了明确规定，特别是对未成年人、老年人和妇女的人身自由等合法权益的保护，国家尤其重视，不执行行政拘留处罚就是国家根据违法行为人的

具体情况而采取的宽严相济的立法考量，它是指公安机关依法对违反治安管理行为人作出行政拘留决定，但考虑到行为人具有法定的特殊情况，而实际上不执行行政拘留。既包括不将违反治安管理行为人送达拘留所执行，也包括不搞所外执行。因此，“不执行行政拘留处罚”与“不决定行政拘留处罚”的法律后果也不同，前者虽然在作出行政拘留决定后不执行，但是作出行政拘留处罚决定本身是从法律上对行为人的违反治安管理行为予以否定，而且公安机关可以据此确定行为人有了违法经历，此后行为人再次实施违法行为时，可以依法从重处罚；后者则没有从法律上对行为人的违反治安管理行为予以否定，公安机关也不能据此确定行为人有了违法经历❶。同时，“不执行行政拘留处罚”不等于完全不管，公安机关对违反治安管理行为人要会同其家庭、单位、学校、居（村）民委员会对其进行监管和帮教。

关联法条

《中华人民共和国治安管理处罚法》（节录）（中华人民共和国第十届全国人民代表大会常务委员会第十七次会议于2005年8月28日通过　自2006年3月1日起施行）

第十条　治安管理处罚的种类分为：

（一）警告；

（二）罚款；

（三）行政拘留；

（四）吊销公安机关发放的许可证。

对违反治安管理的外国人，可以附加适用限期出境或者驱逐出境。

第二十一条　违反治安管理行为人有下列情形之一，依照本法应当给予行政拘留处罚的，不执行行政拘留处罚：

（一）已满十四周岁不满十六周岁的；

（二）已满十六周岁不满十八周岁，初次违反治安管理的；

（三）七十周岁以上的；

（四）怀孕或者哺乳自己不满一周岁婴儿的。

第五十二条　有下列行为之一的，处十日以上十五日以下拘留，可以并处一千元以下罚款；情节较轻的，处五日以上十日以下拘留，可以并处五百

---

❶ 参见柯良栋等主编：《治安管理处罚法释义与实务指南》。北京：中国人民公安大学出版社，2005年版，第195～197页。

元以下罚款：

（一）伪造、变造或者买卖国家机关、人民团体、企业、事业单位或者其他组织的公文、证件、证明文件、印章的；

（二）买卖或者使用伪造、变造的国家机关、人民团体、企业、事业单位或者其他组织的公文、证件、证明文件的；

（三）伪造、变造、倒卖车票、船票、航空客票、文艺演出票、体育比赛入场券或者其他有价票证、凭证的；

（四）伪造、变造船舶户牌，买卖或者使用伪造、变造的船舶户牌，或者涂改船舶发动机号码的。

第九十一条 治安管理处罚由县级以上人民政府公安机关决定；其中警告、五百元以下的罚款可以由公安派出所决定。

第九十二条 对决定给予行政拘留处罚的人，在处罚前已经采取强制措施限制人身自由的时间，应当折抵。限制人身自由一日，折抵行政拘留一日。

第一百零三条 对被决定给予行政拘留处罚的人，由作出决定的公安机关送达拘留所执行。

《公安机关办理行政案件程序规定》（节录）（公安部部长办公会议于2006年3月29日通过　自2006年8月24日起施行）

第一百四十条 违法行为人有下列情形之一的，依法应当给予行政拘留处罚的，应当作出处罚决定，但不送达拘留所执行：

（一）已满十四周岁不满十六周岁的；

（二）已满十六周岁不满十八周岁，初次违反治安管理或者其他公安行政管理的；

（三）七十周岁以上的；

（四）孕妇或者正在哺乳自己不满一周岁婴儿的妇女。

第一百五十九条 公安机关在作出行政处罚决定时，对涉案财物应当一并作出处理。

第一百六十条 公安机关在办理行政案件中查获的下列物品应当依法予以收缴：

（一）毒品、淫秽物品等违禁品；

（二）赌具和赌资；

（三）吸食、注射毒品的器具；

（四）伪造、变造的公文、证件、证明文件、票证、印章等；

（五）倒卖的有价票证；

（六）直接用于实施违法行为的本人所有的工具；

（七）其他法律、法规规定可以收缴的非法财物。

前款第（六）项所列的工具，除非有证据表明属于他人合法所有，可以直接认定为违法行为人本人所有。

违法所得的财物应当依法予以追缴或者没收。

多名违法行为人共同实施违法行为，违法所得或者非法财物无法分清所有人的，作为共同违法所得或者非法财物予以处理。

◇ 12 行政违法中一人违返两个以上违法行为的认定

——戎某威胁他人安全案

案情概要

2006年12月18日10时10分，戎某（男，1966年11月20日生，某港务集团有限公司职工，江苏省某市人，无前科劣迹）因工资一事找某港务集团有限公司人事部负责人赵某，其对人事部门答复不满，先在赵某办公室内吵闹，砸碎茶几，后手持菜刀尾追赵某，并扬言不解决，就与赵某同归于尽。

公安机关根据《中华人民共和国治安管理处罚法》（以下简称《治安管理处罚法》）第四十二条第一项、第十九条第二项和第十一条第一款的规定，对戎某治安罚款五百元，收缴其菜刀一把。

注：本案中戎某系港内职工，涉嫌扰乱单位秩序和威胁他人安全，经民警教育，戎某认识自身错误，对损毁的公物进行了赔偿，并向赵某赔礼道歉，取得受害人谅解。某派出所从化解社会矛盾，增进社会和谐，维护社会稳定角度，结合戎某主观悔过赔偿等行为，就戎某扰乱单位秩序行为不予追究行政责任。

问题聚焦

从违法事实来看，本案的焦点问题在于以下几点：

第一，戎某的行为是否已经构成刑事犯罪，还是仅仅适用《治安管理处罚法》。戎某共有两个行为，先是在其办公室内吵闹，砸碎茶几，后手持菜刀尾追赵某，已经严重威胁了赵某的人身安全，在对戎某前后行为定性时，一定要对案件当时的情况调查清楚，特别是当时戎某的主观意图，还有充分的案情细节。只有以上方面工作都做清楚到位了，综合地对其行为原因与性质进行分析，全面考虑，这样在对其行为的定性时才不至于弄错；

第二，对于戎某扰乱单位秩序的行为和危害他人人身安全的行为，作出相应的处罚是否适当。首先，案件当时的处理情况是根据《治安管理处罚法》第四十二条第一项、第十九条第二项和第十一条第一款的规定，给予戎某治安罚款五百元的处罚并收缴其菜刀。这里我们还应该考虑到戎某前后两个违法行为的连续性和相关性,扰乱公共秩序在前,后又起犯意,危害胁迫当事人的人身安全。但都是出于一个原因,本着一个意图,而先后实施的两个违法行为。在对戎某进行处罚的时候不得不考虑到这点。其次是戎某在事后认识到自身错误,并对损毁的公物进行了赔偿,向赵某赔礼道歉这些行为,是否能作为减轻其处罚的依据。在考虑以上情况下,处罚机关应如何对戎某进行合理正确的处罚?

本案述评

《治安管理处罚法》与《中华人民共和国刑法》(以下简称《刑法》)从根本上说,都是为了维护社会公共秩序,从而保障公共安全,保障公民的人身和财产权利。而二者的根本区别在于所规制对象的不同,即《治安管理处罚法》针对的是一般违法行为,而《刑法》的适用对象则是严重的犯罪行为。这一根本性的区别也使得二者在制裁措施、适用主体、适用程序等方面表现出一系列显著的区别。

本案中,戎某因工资问题未得到满意答复而在单位这一公共场合大吵大闹、毁坏财物,严重扰乱了该企业的秩序,致使该企业的部分工作不能正常进行,已经违反了《治安管理处罚法》第二十三条第一项的规定。当然,对于戎某毁坏公司的财物(茶几等),因情节轻微,数额较小,是不构成故意毁坏公私财物罪的。接下来还需要对戎某的持刀追逐赵某的行为进行认定,其可能涉及的争议在于这一行为究竟是触犯刑法的故意杀人(未遂),抑或仅仅是违反治安管理处罚法的侵犯他人人身权利的行为。应当说,将此行为认定为轻微的侵犯他人人身安全的行为是合适的,理由在于:第一,从戎某的主观意图来看,其之所以持刀追逐赵某,只是为了让赵某合理解决个人工资问题,而矛盾也只是临时争执而起,二人之前并无太深仇隙,因此可以认为戎某并无杀害赵某的故意;第二,从戎某的行为上看,虽然事发现场是在戎某非常熟悉的办公室,而且相比于受害人赵某,戎某更有力量上的优势,但其并未真正实施杀人或者伤害的行为,尚未造成严重后果;第三,从过罚相当的角度来看,戎某的行为并未对赵某造成人身伤害,而且事后能够认识到自身错误,向赵某赔礼道歉,并取得受害人谅解,如果考虑到这些因素,将其定性为违反治安管理处罚法的一般违法行为就是适当的了。

在对行为的性质进行认定之后,就需要审视一下对戎某的处罚是否与其违法程度相当。虽然如上分析,应当将戎某的持刀追人行为定位在治安管理处罚法的规制范围之内,但它毕竟是侵犯他人人身权利的违法行为;而戎某在办公室内吵闹,砸碎茶几的行为则符合扰乱公共秩序的行为的要件。前后两种行为分别属于《治安管理处罚法》专门作出规定的不同类型的违法行为,虽然二者在时间上前后相承,原因上彼此相通,但并不能因此而否认二者的差异和《治安管理处罚法》的相关规定。根据该法第十六条的规定,“有两种以上违反治安管理行为的,分别决定,合并执行。行政拘留处罚合并执行的,最长不超过二十日”,应当将这两种不同类型的行为分别决定并予以执行,原决定中依据所谓的牵连犯理论,决定择一重处并不合适。另外,戎某在事后认识到自身错误,并对损毁的公物进行了赔偿,向赵某赔礼道歉(要取得被害人的谅解),根据《治安管理处罚法》第十九条第二项的规定:违反治安管理后“主动消除或者减轻违法后果,并取得被侵害人谅解的”有减轻处罚或者不予处罚,本案中可结合此条对赵某给予减轻处罚,考虑到赵某的两个违法行为,不宜对其予以免除处罚。

关联理论

本案涉及的理论问题主要有《刑法》与《治安管理处罚法》的衔接和牵连犯理论的应用问题。《刑法》规制的行为是严重的犯罪行为,而《治安管理处罚法》则是针对治安违法行为。可以说《刑法》是《治安管理处罚法》的保障法。虽然《治安管理处罚法》与《刑法》制裁的对象都是对社会具有一定危害性的行为,但根据《治安管理处罚法》第二条的规定,《治安管理处罚法》是对尚未达到犯罪程度的违法行为的制裁,即其具体制裁对象为一般违法行为,而《刑法》的具体制裁对象则是构成犯罪的危害行为。纵观二者的规定,可以看出它们在行为体系、制裁措施等方面都体现出一定的层级性和衔接性。

法律规则的重要特征之一是其明确性。法律规则是否明确,标志着立法技术的高低和法律制度的完善程度。特别是罪与非罪界限的设定,更应泾渭分明。但我国《刑法》和《治安管理处罚法》中有许多规定,存在界限模糊、甚至表述完全一致的情形。例如,《治安管理处罚法》第三十二条规定的非法携带枪支行为与《刑法》第一百二十八条规定非法持有枪支罪,携带与持有的区别不明显,也可以说携带就是持有的一种表现方式。相似的情况还存在于投放虚假危险物质罪、非法侵入他人住宅罪、寻衅滋事罪、侮辱罪与违反《治安管理处罚法》的投放虚假危险物质行为、非法侵入他人住宅行为、寻衅滋事行为、侮辱行为等诸多方面,《治安管理处罚法》与《刑法》或在字面的规定看,几乎没有区别,或者虽然刑法具有“严重”或“情节严重”等程度要求,但没有相关的司法解释,治安违法与犯罪的界限模糊,区分困难。在《治安管理处罚法》与《刑法》的规定文字表述完全相同的情况下,我们不能理解为二者的实质含义也完全相同，否则就混淆了治安违法与犯罪的界限。在这种情况下，刑法理论就应当根据实质的合理性来解释《刑法》所规定的构成要件，即只能将值得追究刑事责任的行为解释为犯罪行为，将没有达到这种程度的行为解释为违反治安管理行为。如果只注重所谓法律形式，而不注重法律形式背后的实质内容，必然导致将不值得追究刑事责任的治安违法行为解释为犯罪行为。

公安机关具有行政执法与刑事侦查的双重职能，既是刑事侦查机关，又是公安行政管理机关；既有对刑事犯罪活动的刑事侦查权，又有对一般行政违法行为的行政处罚、行政强制等行政权。但就目前而言，对于《治安管理处罚法》与《刑法》边界模糊的区域，治安违法与犯罪之间难以区分，无法取舍时，应根据刑法谦抑性的要求，从有利于行为人的角度选择规范的适用，即优先选择适用《治安管理处罚法》，尽可能少地以刑事强制维护社会秩序。而且，被认定为治安违法在某种程度上比被认定为犯罪更为及时与便利，在某种程度上更有利于保护被害人合法权益。行政权和司法权是两种运作模式截然不同的权力。行政权以更好地管理社会公共事务为目标，以效率作为权力运作的基本准则。司法权的目标则与行政权有本质区别，它通过个案审理，通过保护个体的权益以实现社会的公平正义。相比司法权的"被动"与"滞后"，行政权具有快速、灵活等特点。在有的场合，通过行政权对被害人权益的保护比司法保护更为及时与有效。

牵连犯是刑法罪数理论中的一个重要概念，一般认为牵连犯是指以实施某一犯罪为目的，而其犯罪的方法行为或者结果行为又触犯了其他罪名的情况。刑法理论认为牵连犯是处断上的一罪，因而实行从一重罪处断的原则。也就是说，对牵连犯应当采用吸收的原则，按照数行为所触犯的罪名中最重的罪论处。由于行政法与刑法毕竟有所不同，对于刑法上的理论也就不能照抄照搬，原决定即是依据该理论所做出的，因而略显不妥。

其实与刑法中的牵连犯理论相对应，行政法中也存在着牵连违法行为。牵连违法行为是指行为人实施某个行为已构成违法，并且实施该违法行为的手段方式或结果也构成违法，从而构成的两个或两个以上的违法行为。相应地，牵连违法行为的要件有：

(1)行为人实施了两个或两个以上的违法行为；

(2)行为人的违法行为触犯了数个不同的法律规范或条文；

(3)行为人的违法行为之间具有牵连关系。牵连违法行为的本质为牵连关系。虽然存在着类似于牵连犯理论的牵连行为理论，但在此处适用该理论并不合适，因为牵连行为理论的关键在于原因行为与结果行为之间具有牵连关系;而在本案中,戎某在办公室内吵闹行为与持刀追人行为则是其为了解决问题所实施的一个前后并列性的违法行为,并不存在前述的牵连关系。

关联法条

《中华人民共和国治安管理处罚法》(节录)(中华人民共和国第十届全国人民代表大会常务委员会第十七次会议于2005年8月28日通过 自2006年3月1日起施行)

第八条 违反治安管理的行为对他人造成损害的,行为人或者其监护人应当依法承担民事责任。

第九条 对于因民间纠纷引起的打架斗殴或者损毁他人财物等违反治安管理行为,情节较轻的,公安机关可以调解处理。经公安机关调解,当事人达成协议的,不予处罚。经调解未达成协议或者达成协议后不履行的,公安机关应当依照本法的规定对违反治安管理行为人给予处罚,并告知当事人可以就民事争议依法向人民法院提起民事诉讼。

第十六条 有两种以上违反治安管理行为的,分别决定,合并执行。行政拘留处罚合并执行的,最长不超过二十日。

第十九条 违反治安管理有下列情形之一的,减轻处罚或者不予处罚:

(一)情节特别轻微的;

(二)主动消除或者减轻违法后果,并取得被侵害人谅解的;

(三)出于他人胁迫或者诱骗的;

(四)主动投案,向公安机关如实陈述自己的违法行为的;

(五)有立功表现的。

第四十二条 有下列行为之一的,处五日以下拘留或者五百元以下罚款;情节较重的,处五日以上十日以下拘留,可以并处五百元以下罚款:

(一)写恐吓信或者以其他方法威胁他人人身安全的;

(二)公然侮辱他人或者捏造事实诽谤他人的;

(三)捏造事实诬告陷害他人,企图使他人受到刑事追究或者受到治安管理处罚的;

(四)对证人及其近亲属进行威胁、侮辱、殴打或者打击报复的;

(五)多次发送淫秽、侮辱、恐吓或者其他信息,干扰他人正常生活的;

(六)偷窥、偷拍、窃听、散布他人隐私的。

《中华人民共和国刑法》(节录)(中华人民共和国第五届全国人民代表大会第二次会议于1979年7月1日通过 中华人民共和国第八届全国人民

代表大会第五次会议修订　1997 年 3 月 14 日中华人民共和国主席令第八十三号公布　自 1997 年 10 月 1 日起施行)

第二百三十四条　故意伤害他人身体的,处三年以下有期徒刑、拘役或者管制。

犯前款罪,致人重伤的,处三年以上十年以下有期徒刑;致人死亡或者以特别残忍手段致人重伤造成严重残疾的,处十年以上有期徒刑、无期徒刑或者死刑。本法另有规定的,依照规定。

第二百三十五条　过失伤害他人致人重伤的,处三年以下有期徒刑或者拘役。本法另有规定的,依照规定。

第二百七十五条　故意毁坏公私财物,数额较大或者有其他严重情节的,处三年以下有期徒刑、拘役或者罚金;数额巨大或者有其他特别严重情节的,处三年以上七年以下有期徒刑。

违法行为与处罚篇

WEIFA XINGWEI YU CHUFAPIAN

一、扰乱公共秩序的行为和处罚

◇ 13 故意损毁财物与寻衅滋事行为辨析

——王某某寻衅滋事案

案情概要

2007年3月5日21时10分,J市农工商超市酒江店保安李某某电话报警称:在农工商超市酒江店门口值班时,他发现一矮个子男子酒后用手将门口玻璃柜台砸碎。

经查农工商超市蔬菜专柜老板王某某酒后到其柜台,受到农工商超市经理批评,后王某某发现其蔬菜专柜服务员擅离职守,便用手砸坏农工商超市其他专柜台的玻璃柜,损坏物品价值800元,当时农工商超市正在营业,引起较多顾客围观。

问题聚焦

本案案情简单明了,即农工商超市专柜老板王某某因为受到超市经理的批评而砸坏超市其他柜台玻璃柜的行为,引起了顾客的围观。但在具体处理过程中对王某某损毁财物的这一行为却产生了争议,即根据《中华人民共和国治安管理处罚法》(以下简称《治安管理处罚法》)的规定,应该给予王某某故意损毁财物的行政处罚还是寻衅滋事的行政处罚?

本案述评

对王某某砸坏超市其他柜台玻璃柜的行为进行准确的定性有其依赖的前提,即本案争议的焦点所在。它有两个侧重点:一是对寻衅滋事违法行为的准确把握,二是对故意损毁财物违法行为的准确把握。

(一)寻衅滋事违反治安管理行为

寻衅滋事治安违法行为,是指行为人无理取闹,实施结伙斗殴,追逐、拦截他人,强拿硬要或者任意损毁、占用财物等故意挑起事端,滋生是非,扰乱社会正常公共秩序的违法行为。寻衅滋事的动机一般不是完全为了某种个人的利害冲突，也不是单纯为了取得某种物质利益，而是为了填补精神上的空虚，或者为寻求精神刺激，发泄对社会的不满，或是为了在某一地区称王称霸、显示威风，为了哥们儿义气进行报复等。寻衅滋事行为多发生在公共场所（也有一些发生在偏僻隐蔽的地方），常常给公民的人身、人格或公私财产造成损害，但是寻衅滋事行为一般侵犯的并不是特定的人身、人格或公私财产，而主要是指向公共秩序，向整个社会挑战，蔑视社会主义道德和法制。

根据《治安管理处罚法》的规定，寻衅滋事行为主要表现为如下几种形式：其一，结伙斗殴；其二，追逐、拦截他人的，是指出于取乐、寻求精神刺激等不健康动机，无故无理追赶、拦挡他人，以及追逐、拦截异性等；其三，强拿硬要或者任意损毁、占用公私财物的；其四，其他寻衅滋事行为，主要是指上述行为以外的其他寻衅滋事扰乱公共秩序的行为。

寻衅滋事违反治安管理行为的构成要件如下：

（1）客体要件。所谓客体要件，即寻衅滋事违反治安管理行为所侵犯的社会关系。寻衅滋事违反治安管理行为是扰乱公共秩序治安违法行为的一种，侵犯的客体是社会公共秩序。根据寻衅滋事违反治安管理行为的表现形式，这一违反治安管理行为在破坏公共秩序的同时，也往往会在一定程度上侵犯他人的人身权利或者财产权利，比如“强拿硬要或者任意毁损、占用公私财物的”即是如此。在这种情形下，可能会出现的问题就是对违反治安管理行为的定性。一般而言，寻衅滋事违反治安管理行为中一些违法行为在破坏公共秩序的同时，也侵犯了他人的人身权利或者公私财产权利，但是这类客体不处于主导的、决定性地位，而是处于从属性地位。如果行为人主要是为了给他人的人身或公私财产造成损害，那么其行为就不再构成寻衅滋事违反治安管理行为，而应是故意伤害或故意损毁财物的违法行为。

（2）客观方面要件。所谓客观方面要件，即寻衅滋事违反治安管理行为的具体行为方式。根据《治安管理处罚法》的规定，寻衅滋事行为主要表现为如下几种形式：

第一，结伙斗殴。结伙斗殴是指违法行为人组织、纠集或者参加由多人组成的团伙与另一同类性质的团伙或者抱有同样心态的个人进行互相争斗、殴打。结伙斗殴的目的在于争夺地盘、显示力量、争强争霸等。从行为的构成上来看，它是“结伙”和“斗殴”两方面的结合，两方面均须具备，否则就不构成结伙斗殴。

第二，追逐、拦截他人的。追逐、拦截他人的行为一般是行为人出于逗笑取乐、寻求精神的低级趣味与刺激等不健康的动机，无故无理、没事找事追赶、拦截、侮辱、谩骂他人。这是一种典型的无事生非，没事儿找事儿的行为表现。从行为的构成上来说,它或者是追逐,或者是拦截,或者是这两者的结合。

第三,强拿硬要或者任意损毁、占用公私财物的。强拿硬要是指行为人以蛮不讲理的流氓手段,凭借强力强行硬性索要、拿走市场、商店商户的商品以及他人的财物。此种行为具有一致性,即出于主观的非法占有而采用了强制性的手段。任意毁损、占用公私财物是指行为人无故任意的踢打、丢弃、损坏、毁弃公私财物,无理占用公私财物归自己支配使用。此种行为的最大特点在于其行为的动机并非出于报复等心理,即"无故"。它是以侵害受害人的公私财产的方式来达到侵害社会公共秩序的目的。若行为人主观方面具有故意"毁损"公私财产的主观心态,其目的在于侵害受害人的公私财产,而非社会公共秩序,虽然行为人的这种行为会间接的侵害社会公共秩序,但这显然并非出于行为人的主观目的性需求,因此,在此种情形下,我们只能认定行为人具有故意损毁公私财物的违反治安管理行为,而非寻衅滋事的违反治安管理的行为。

第四,其他寻衅滋事行为。其他寻衅滋事行为,主要是指上述行为以外的其他寻衅滋事扰乱公共秩序的行为。在实践中寻衅滋事违法行为还包含一些其他的违法行为形式,比如,行为人出于逗笑取乐、寻求精神刺激,满足低级趣味等不健康的动机,在公共场所无事生非,制造事端,扰乱公共场所秩序,引起群众惊慌,逃离等严重混乱局面的。

第五,主体要件。即构成寻衅滋事违反治安管理行为的主体必须满足的条件。根据《治安管理处罚法》第十二条、第十三条、第十四条和第十五条等的规定,寻衅滋事违反治安管理行为的主体必须是达到违法责任年龄和精神状况的人,即必须是年满十四周岁和精神健康状况良好的人,而对于不满十四周岁的未成年人、精神病人以及间歇性精神病人在精神不正常时实施的行为都不给予治安管理处罚。

最后,主观方面的要件。即构成寻衅滋事违反治安管理行为的主体在实施客观行为侵害法律所保护的社会关系时所具有的主观心态。根据《治安管理处罚法》第二十六条规定的寻衅滋事违反治安管理行为的表现形式,行为人在实施上述行为时的主观心态都是故意的,并且具有一定的目的性。

另外,在治安管理违法行为和刑事犯罪的衔接上,根据《治安管理处罚法》第二条的规定:"扰乱公共秩序,妨害公共安全,侵犯人身权利、财产权利,妨害社会管理,具有社会危害性,依照《中华人民共和国刑法》(以下简称《刑法》)的规定构成犯罪的,依法追究刑事责任;尚不够刑事处罚的,由公安机关依照本法给予治安管理处罚。"因此,对于寻衅滋事的行为,我们还要判断其是否构成刑事犯罪,若不构成寻衅滋事罪,才按照寻衅滋事违反治安管理行为进行处罚。

根据《刑法》第二百九十三条之规定:"有下列寻衅滋事行为之一,破坏社会秩序的,处5年以下有期徒刑、拘役或者管制:①随意殴打他人,情节恶劣的;②追逐、拦截、辱骂他人,情节恶劣的;③强拿硬要或者任意损毁、占用公私财物,情节严重的;④在公共场所起哄闹事,造成公共场所秩序严重混乱的。"因此,只有寻衅滋事行为情节恶劣或者后果严重时,才构成寻衅滋事罪。区分寻衅滋事违反治安管理行为和寻衅滋事罪,关键是看行为人的行为情节和行为后果。如果行为人的行为情节和行为后果都没有达到《刑法》第二百九十三条规定的要求,就不被认为是寻衅滋事罪,而是寻衅滋事违反治安管理行为。

(二)故意损毁公私财物违反治安管理行为

一般而言,故意损毁公私财物,是指故意非法的损毁公私财物的完整性或使公私财物丧失部分以至全部价值或使用价值的行为。构成故意损毁公私财物治安管理行为的必要条件可归结为以下几个方面。故意损毁公私财物违反治安管理行为的构成要件如下:

第一,主体要件。《治安管理处罚法》有关条文对此作出了规定。根据前述分析,作为违反治安管理的行为,故意损毁公私财物违反治安管理行为的主体必须是具有一定违法责任年龄和精神状况的人,即必须是年满十四周岁和精神健康状况良好的人,而对于未满十四周岁的未成年人以及精神健康状况不良的人(包括不能控制自己意志的精神病人以及间歇性精神病人在发病期内)所为的行为都不能给予治安管理处罚。

第二,主观方面的要件。故意损毁公私财物违反治安管理行为的主观心态必须是故意,其动机可能是报复、发泄不满情绪、耍威风、欺压他人等。行为人在实施该种故意损毁公私财物行为时出于泄私愤、图报复或嫉妒以及一些顽劣儿童和具有流氓行为的人,为了取乐、逞强、显示自己而故意非法损毁公私财物等动机而在主观上具有一种故意的心态,其目的是将财物损坏。

第三,客观方面的要件。故意损毁公私财物违反治安管理行为客观方面的表现形式是对公私财物进行损毁的行为。损毁是指使用各种方法故意使公私财物的价值和使用价值全部丧失,或者将公私财物部分毁坏,使其部分丧失价值和使用价值。损坏的财物必须是非己所有。

第四,客体要件。故意损毁公私财物违反治安管理行为侵害的客体是特定的公私财产的所有权及其使用权。并且行为损毁的公私财物必须是普通财物，如生产工具、房屋、器材设备、生活用品等，损坏公私财物的价值数额应当是比较小。如果造成的损失严重，影响巨大，已经构成犯罪的，应按刑法规定追究刑事责任。

另外，对于故意损毁公私财物违反治安管理行为也存在其与刑事犯罪的区分。根据《刑法》第二百七十五条的规定："故意毁坏公私财物，数额较大或者有其他严重情节的，处三年以下有期徒刑、拘役或者罚金；数额巨大或者有其他特别严重情节的，处三年以上七年以下有期徒刑"，要达到认定刑事犯罪的要求，对行为人而言，必须要有行为情节和行为结果这两个方面相应的表现。如果不能够达到刑法的要求，则不能认定为故意损毁公私财物罪，转而以违反治安管理之故意损毁公私财物处置。在实践中具体判断的标准，我们可以以最高人民检察院、公安部于2008年6月25日公布的《〈关于公安机关管辖的刑事案件立案追诉标准的规定（一）〉的通知》为准，其第三十三条规定，"故意毁坏公私财物，涉嫌下列情形之一的，应予立案追诉：（一）造成公私财物损失五千元以上的；（二）毁坏公私财物三次以上的；（三）纠集三人以上公然毁坏公私财物的；（四）其他情节严重的情形"。当具有以上四种情形之一的，可以认定为故意毁坏公私财物罪，否则即认定为故意损毁公私财物违反治安管理行为进行处罚。

（三）对王某某实施的砸坏超市其他柜台玻璃柜行为的认定

在本案中，通过对王某某实施的砸坏超市其他柜台玻璃柜行为进行具体分析，并结合上述对寻衅滋事违反治安管理行为和故意损毁公私财物违反治安管理行为认识，我们可以对王某某实施的砸坏超市其他柜台玻璃柜行为进行准确地定性，即这种行为是故意损毁公私财物违反治安管理行为，而非寻衅滋事违反治安管理行为。

首先，从主体要件上来看，根据本案提供的案情事实，王某某并不具有排除违反治安管理行为的主体条件。因此，从主体要件上不能判别王某某的行为属寻衅滋事违反治安管理行为还是故意损毁公私财物违反治安管理行为。

其次，从主观方面的要件来看，王某某实施砸坏超市其他柜台玻璃柜的行为具有显然的故意性，这种故意的内在动机的起因是由于其喝酒后到超市而受到了超市经理的批评而心有不满，因此而实施了"砸坏"的客观行为。从表明上看，这种故意的心态既符合故意损毁公私财物违反治安管理行为的主观方面的要件，又符合寻衅滋事违反治安管理行为的主观方面的要件。但实际上，这两者的主观心态是有区别的。故意损毁公私财物违反治安管理行为的主观心态是"有故"，即有其先在的缘由，正是这种先在的因素造成了行为人对特定的财产有预谋的进行损毁和破坏，以此来宣泄内心的不满。这种先在的缘由和行为人故意实施损毁、破坏公私财物的行为之间有着直接的因果关系。寻衅滋事违反治安管理行为的主观心态是“无故”，即对行为人而言，其故意损毁、破坏公私财物的行为并没有特定的起因，并且，其损毁、破坏的公私财物也不一定具有特定性，行为人实施这种损毁和破坏行为往往是针对不特定的公私财产，以此寻求精神刺激等目的性的需求。这是一种典型的“无事生非”。在本案中，王某某因为喝酒到超市而受到超市经理的批评，因此而对超市经理心生不满，在此前提下，王某某寻机实施了打砸超市财产的行为，两者间具有密切的关联。假若王某某受到超市经理批评后，是到其他超市打砸，而非自己所在超市打砸，那么这种情形无疑是属于典型的寻衅滋事违反治安管理的行为。

再次，从客观方面来看，王某某实施了对超市其他柜台玻璃柜的打砸行为。这也是既符合故意损毁公私财物违反治安管理行为的客观方面的要件，又符合寻衅滋事违反治安管理行为的客观方面的要件的，因此，从客观方面也不能判别王某某的行为是属于故意损毁公私财物违反治安管理行为还是寻衅滋事违反治安管理行为。

最后，从客体要件上来看，王某某实施的砸坏超市其他柜台玻璃柜的行为直接侵害的客体是超市的财产，但同时也引起了超市顾客的围观，这就在一定程度上也侵害了一定的社会公共秩序。因此，从客体要件上来看，故意损毁公私财物违反治安管理行为和寻衅滋事违反治安管理行为都直接侵害公私财产并可能导致对一定社会公共秩序的侵害。这是两者之间可能的交叉点，但二者之间的不同点还是显而易见的。故意损毁公私财物违反治安管理行为往往针对的是特定的对象，虽可能间接侵害到社会公共秩序，但这显然绝非行为人的本意，即在主观上不具有这种故意的心态。寻衅滋事违反治安管理行为侵害的公私财产往往不具有特定性，其显在的意图在于通过侵害公私财产的手段来达到引起他人注意的目的，从而扰乱社会公共秩序。

从以上构成违反治安管理行为的构成要件来分析，故意损毁公私财物违反治安管理行为和寻衅滋事违反治安管理行为的共性在于其主体要件和客观方面的要件，其差异性在于其主观方面的要件和客体要件。因此，王某某实施的打砸超市其他柜台玻璃柜的行为属于故意损毁公私财物违反治安管理行为。

关联理论

(一)寻衅滋事违反治安管理行为的概念和构成要件

寻衅滋事违反治安管理行为,是指在公共场所无事生非、起哄闹事、肆意挑衅、横行霸道、打群架、破坏公共秩序,尚未造成严重后果的违反治安管理的行为。

寻衅滋事违反治安管理行为的构成要件如下:

第一,主体要件。寻衅滋事违反治安管理行为的主体必须是具有一定违法责任年龄和精神状况的人,即必须是年满十四周岁和精神健康状况良好的人。

第二,主观方面的要件。寻衅滋事违反治安管理行为的主观心态都是故意的,并且具有一定的目的性,即为了填补精神上的空虚,或者为了寻求精神刺激,发泄对社会的不满,或是为了在某一地区称王称霸、显示威风等。

第三,客观方面的要件。寻衅滋事违反治安管理行为客观方面的表现形式有以下几个主要方面:①结伙斗殴的;②追逐、拦截他人的;③强拿硬要或者任意损毁、占用公私财物的;④其他寻衅滋事行为。

第四,客体要件。寻衅滋事违反治安管理行为侵害的客体是社会公共秩序。

(二)故意损毁公私财物违反治安管理行为的概念和构成要件

故意毁坏公私财物违反治安管理行为,是指出于某种个人动机和目的,非法毁灭或者损坏公共财物或者公民私人所有的财物尚未构成犯罪的违反治安管理的行为。

故意损毁公私财物违反治安管理行为的构成要件如下:

第一,主体要件。故意损毁公私财物违反治安管理行为的主体必须是具有一定违法责任年龄和精神状况的人,即必须是年满十四周岁和精神健康状况良好的人。

第二,主观方面的要件。故意损毁公私财物违反治安管理行为的主观心态必须是故意的,即故意针对特定的财产进行的打击报复等。

第三,客观方面的要件。故意损毁公私财物违反治安管理行为客观方面的表现形式是对公私财物进行损毁的行为。损毁是指使用各种方法故意使公私财物的价值和使用价值全部丧失,或者将公私财物部分毁坏,使其部分丧失价值和使用价值。

第四,客体要件。故意损毁公私财物违反治安管理行为侵害的客体是特定的公私财产的所有权及其使用权。

关联法条

《中华人民共和国治安管理处罚法》（节录）（中华人民共和国第十届全国人民代表大会常务委员会第十七次会议于2005年8月28日通过　自2006年3月1日起施行）

第二条　扰乱公共秩序，妨害公共安全，侵犯人身权利、财产权利，妨害社会管理，具有社会危害性，依照《中华人民共和国刑法》的规定构成犯罪的，依法追究刑事责任；尚不够刑事处罚的，由公安机关依照本法给予治安管理处罚。

第十二条　已满十四周岁不满十八周岁的人违反治安管理的，从轻或者减轻处罚；不满十四周岁的人违反治安管理的，不予处罚，但是应当责令其监护人严加管教。

第十三条　精神病人在不能辨认或者不能控制自己行为的时候违反治安管理的，不予处罚，但是应当责令其监护人严加看管和治疗。间歇性的精神病人在精神正常的时候违反治安管理的，应当给予处罚。

第十四条　盲人或者又聋又哑的人违反治安管理的，可以从轻、减轻或者不予处罚。

第十五条　醉酒的人违反治安管理的，应当给予处罚。

醉酒的人在醉酒状态中，对本人有危险或者对他人的人身、财产或者公共安全有威胁的，应当对其采取保护性措施约束至酒醒。

第二十一条　违反治安管理行为人有下列情形之一，依照本法应当给予行政拘留处罚的，不执行行政拘留处罚：

（一）已满十四周岁不满十六周岁的；

（二）已满十六周岁不满十八周岁，初次违反治安管理的；

（三）七十周岁以上的；

（四）怀孕或者哺乳自己不满一周岁婴儿的。

第二十六条　有下列行为之一的，处五日以上十日以下拘留，可以并处五百元以下罚款；情节较重的，处十日以上十五日以下拘留，可以并处一千元以下罚款：

（一）结伙斗殴的；

（二）追逐、拦截他人的；

（三）强拿硬要或者任意损毁、占用公私财物的；

（四）其他寻衅滋事行为。

第四十九条 盗窃、诈骗、哄抢、抢夺、敲诈勒索或者故意损毁公私财物的，处五日以上十日以下拘留，可以并处五百元以下罚款；情节较重的，处十日以上十五日以下拘留，可以并处一千元以下罚款。

《中华人民共和国刑法》（节录）（中华人民共和国第五届全国人民代表大会第二次会议于1979年7月1日通过　中华人民共和国第八届全国人民代表大会第五次会议修订　1997年3月14日中华人民共和国主席令第八十三号公布　自1997年10月1日起施行）

第二百七十五条 故意毁坏公私财物，数额较大或者有其他严重情节的，处三年以下有期徒刑、拘役或者罚金；数额巨大或者有其他特别严重情节的，处三年以上七年以下有期徒刑。

第二百九十三条 有下列寻衅滋事行为之一，破坏社会秩序的，处五年以下有期徒刑、拘役或者管制：

（一）随意殴打他人，情节恶劣的；

（二）追逐、拦截、辱骂他人，情节恶劣的；

（三）强拿硬要或者任意损毁、占用公私财物，情节严重的；

（四）在公共场所起哄闹事，造成公共场所秩序严重混乱的。

《〈最高人民检察院、公安部关于公安机关管辖的刑事案件立案追诉标准的规定（一）〉的通知》（节录）（最高人民检察院、公安部于2008年6月25日公布　自公布之日起实施）

第三十三条 ［故意毁坏财物案（刑法第二百七十五条）］故意毁坏公私财物，涉嫌下列情形之一的，应予立案追诉：

（一）造成公私财物损失五千元以上的；

（二）毁坏公私财物三次以上的；

（三）纠集三人以上公然毁坏公私财物的；

（四）其他情节严重的情形。

◇ 14 扰乱公共场所秩序还是扰乱单位秩序

——对企业码头水域打捞废铁行为的认定

案情概要

在长江某企业码头前沿水域中，小货郎船打捞废铁、叫卖的现象比较突出，不仅影响了港口的形象而且带来较大的治安隐患。对于这一违法行为，原《治安管理处罚条例》第十九条和《中华人民共和国治安管理处罚法》（以下简称《治安管理处罚法》）第二十三条均有类似的规定，但是适用扰乱单位秩序还是扰乱公共秩序来予以定性却存在较大争议，进而影响了行政处罚的准确性。

问题聚焦

本案案情十分清楚，关键在于对案件的定性，即小货郎船在码头前沿水域中打捞废铁并叫卖的行为到底是属于扰乱单位秩序还是属于扰乱公共场所秩序。在公安机关的实际工作中，将企业的码头区分为专用码头和公共码头。如果公用码头的正常秩序受到扰乱，认定为扰乱公共场所秩序的行为，如果单位专用码头的正常秩序受到扰乱，认定为扰乱单位秩序的行为。

本案述评

（一）扰乱单位秩序行为和扰乱公共场所秩序行为的区别

《治安管理处罚法》第二十三条规定："有下列行为之一的，处警告或者二百元以下罚款；情节较重的，处五日以上十日以下拘留，可以并处五百元以下罚款：扰乱机关、团体、企业、事业单位秩序，致使工作、生产、营业、医疗、教学、科研不能正常进行，尚未造成严重损失的；扰乱车站、港口、码头、机场、商场、公园、展览馆或者其他公共场所秩序的"。其中第一款是对扰乱单位正常秩序予以处罚的规定，第二款调整的是扰乱公共场所秩序的行为。

由于治安管理处罚法并未对两种行为的具体认定予以进一步阐明，也缺乏有权机关对该条文的法定解释，因此在对两者的认定中存在疑点。对此，笔者从两种行为的主体、侵犯的客体、客观方面来加以区分。

首先,从主体来看,两种行为的主体均是具有完全责任能力的自然人,都将单位排除在外。

其次,从两种行为侵犯的客体来看。扰乱单位秩序的行为侵犯的是机关、团体的工作秩序,企业、事业单位的生产、营业、医疗、教学和科研秩序。侵犯的对象是机关、团体、企业和事业单位。行为人往往企图通过实施这种行为给机关、团体、企业和事业单位施加压力,制造事端,以实现自己的不合理要求或者发泄不满情绪。而扰乱公共场所秩序侵犯的是公共场所秩序,而公共场所除了治安管理处罚法所列举的车站、港口等常见的公共场所外,还包括其他供特定多数人随时出入、停留和使用的场所[1]。治安管理处罚法保护的是公共场所的稳定性、安全性特质,强调公共场所秩序的协调、规范。可见,两种行为侵犯客体的最大区别在于前者侵犯对象的具体性,即是具体单位的一种正常工作秩序,而后者在于对非特定的公共场合秩序的一种侵犯。

从两者的客观方面来看也存在明显的差别。扰乱单位秩序的行为既有暴力性质的扰乱行为也有非暴力性质的行为。暴力性质的行为主要体现在:①在机关、团体、企业和事业单位内砸坏办公用具、物品、门窗等物品,毁坏文件材料等。②纠缠有关国家工作人员、职工、教师和科研人员等。非暴力的扰乱行为主要表现为:①在机关、团体、企业和事业单位内起哄、闹事。②擅自封闭机关、团体、企业和事业单位的通道。③占据办公室、实验室、生产车间等场所。同时,扰乱行为必须造成一定的后果,即致使工作、生产、营业、医疗、教学、科研不能正常进行,并尚未造成严重损失的[2]。如 2009 年 1 月初,以张某某、缪某某、曹某某三人为首的业主非法纠集七八十人不依法上访,持续封堵市政府大门,以拉横幅、冲击会场等极端方式阻止政府车辆和人员进出,严重扰乱了单位正常秩序。盐都区公安局新区派出所依法对其传唤,张某某等三人对上述违法行为供认不讳。根据《治安管理处罚法》的规定,盐都区公安局对张某等人作出行政拘留 5 日的处罚决定。[3] 在实践中还有诸如病人借医疗事故到医院吵闹,致使医院的医疗工作受到影响;企业被辞退职工在生产车间干扰企业正常生产等情况。

扰乱公共场所秩序的行为一般有以下几种:①在公共场所故意违反公共行为规则,聚众起哄闹事。②进行非法游行、静坐示威或者其他违法行为

---

[1] 如礼堂、公共食堂、游泳池、宾馆、饭店等场所。

[2] 参见柯良栋,吴明山主编:《治安管理处罚法释义与实务指南》。北京:中国人民公安大学出版社,2005 年第 1 版,第 210 页。

[3] 新闻来源于《盐阜大众报》2009 年 2 月 12 日。

造成交通阻塞、秩序混乱。③阻止、抗拒有关机关人员维护公共场所秩序的。两种违法行为在表现上有相似之处，都有起哄、闹事的情形。但两者的差异性也非常明显，扰乱单位秩序的行为强调的是对单位工作秩序的一种阻碍，因此，其行为具有明显的针对性和阻碍性，一般程度比较严重，性质比较激烈。而扰乱公共秩序的行为并不要求从其行为本身的性质予以限定，关键在于判断这种行为是否造成了阻碍公共秩序的法律后果。

综上所述，扰乱单位秩序的行为和扰乱公共场所秩序的行为区别较明显。一是侵犯的客体不同，前者侵犯的是单位秩序，后者侵犯的是公共场所秩序。尽管有些单位可能兼具公共场所的某些特质，但关键是看行为是对哪种秩序的侵害，或者说主要是对哪种秩序的侵害，要看行为人行为目的的指向性和后果的指向性。如某公共餐厅工作人员不满单位对其解职，在餐厅内取闹，虽然也影响了餐厅的经营秩序，但主要是影响了其他就餐者的就餐秩序，就应当认定为扰乱公共秩序。如果是在相对封闭的场所影响餐厅的营业，就只应认定为扰乱单位秩序；二是要求是否具有后果不同，前者要求使单位的正常活动无法进行，且没有造成严重后果；而后者只要对公共场所秩序造成了不当影响且存在安全隐患，就可以判定为扰乱公共场所秩序；三是行为方式表现不同，前者具有明显的指向性，行为方式一般表现为积极的作为。后者的表现方式更加多样化，既有积极的扰乱行为，也有比较静态的示威、静坐行为。

（二）本案的定性

在本案中，对小货郎船打捞废铁并叫卖的行为应当从其侵犯的客体和行为的客观方面来加以认定。

首先，要从行为的性质来界定是否构成“扰乱”。从字面上理解，扰乱有搅乱，打乱，使混乱或者不安的意思。无论是扰乱单位秩序还是扰乱公共秩序，其结果均是对一种相对稳定秩序的一种侵害，使其由固定向混乱转变。在本案中，小货郎船在码头延伸水域打捞废铁并叫卖，就是对特定秩序的一种侵犯。首先是侵犯了码头的经营秩序。码头是涉水企业的重要平台，在码头水域从事非法作业，对码头的正常管理带来了巨大的影响。其次，侵犯了正常的交通运输秩序。由于小货郎船在打捞和叫卖的废铁的过程中，具有很强的随意性，往往在交通航道和船舶进出码头的必经水域中进行打捞和交易，势必影响到相关船舶的正常水上作业，给船舶的航行安全带来隐患。因此，此种行为对于正常的社会秩序具有较大的威胁，符合“扰乱”的行为特质。

其次，要从行为侵犯的客体来判断是侵犯公共场所秩序还是单位秩序。

小货郎打捞废铁并叫卖的行为处于企业码头的前沿水域。所谓码头前沿水域,是指用于船舶停靠码头的专用水域,是介于长江主航道和码头之间的特定水域地段。尽管从空间范围上讲,该水域属于长江干流的有机组成部分,但由于其服务于船舶停靠码头之特定目的,应该视为是码头的延伸,因此,小货郎船的行为肯定是对码头秩序的一种侵害,关键在于如何对码头予以定性,是将其归为单位的范畴还是归为公共场所。按照《治安管理处罚法》第二十三条的规定,将扰乱码头秩序定为扰乱公共秩序的一种。那么治安管理处罚法里的码头是一种泛指还是特指?笔者认为应当将其认定为一种特指,即具备公共场所属性的码头,并不是所有的码头都应当认定为公共场所。因为如果对该条从文义的角度予以解释,而后面有"其他公共场所秩序"的规定,那么可以理解前半句所列举的车站、港口、码头、机场等场所也必须具有公共场所的属性,这就排除了那些非公共场所属性的港口、码头,也证明前面笔者所主张的码头乃特指,即并非所有的扰乱码头秩序的行为都是扰乱公共秩序的行为。在实践中,公安机关将具有相对封闭性的企业专属码头视为企业的有机组成部分,对扰乱这种类型码头秩序的行为认定为扰乱单位秩序,而将扰乱具有开放性码头秩序的行为定位为扰乱公共秩序,我们认为这种区分是合理的,把握了治安管理处罚法的立法精神。

关联理论

(一)公共秩序的含义

也称"社会秩序",是指为维护社会公共生活所必需的秩序。由法律、行政法规,国家机关、企业事业单位和社会团体的规章制度等所确定。主要包括社会管理秩序、生产秩序、工作秩序、交通秩序和公共场所秩序等。遵守公共秩序是中国公民的基本义务之一。

(二)单位秩序的含义

单位秩序是指机关、团体、企业、事业单位的工作、生产、营业、医疗、教学、科研秩序。所谓机关是指国家机关,包括立法机关、行政机关、司法机关和军事机关等;团体主要是指人民团体和社会团体;企业、事业单位是指所有的企业、事业单位,既包括国有的企业、事业单位,也包括集体所有的企业、事业单位等。

关联法条

《中华人民共和国治安管理处罚法》(节录)(中华人民共和国第十届全国人民代表大会常务委员会第十七次会议于2005年8月28日通过　自

2006年3月1日起施行）

第二十三条 有下列行为之一的，处警告或者二百元以下罚款；情节较重的，处五日以上十日以下拘留，可以并处五百元以下罚款：

（一）扰乱机关、团体、企业、事业单位秩序，致使工作、生产、营业、医疗、教学、科研不能正常进行，尚未造成严重损失的；

（二）扰乱车站、港口、码头、机场、商场、公园、展览馆或者其他公共场所秩序的；

（三）扰乱公共汽车、电车、火车、船舶、航空器或者其他公共交通工具上的秩序的；

（四）非法拦截或者强登、扒乘机动车、船舶、航空器以及其他交通工具，影响交通工具正常行驶的；

（五）破坏依法进行的选举秩序的。

聚众实施前款行为的，对首要分子处十日以上十五日以下拘留，可以并处一千元以下罚款。

第二十四条 有下列行为之一，扰乱文化、体育等大型群众性活动秩序的，处警告或者二百元以下罚款；情节严重的，处五日以上十日以下拘留，可以并处五百元以下罚款：

（一）强行进入场内的；

（二）违反规定，在场内燃放烟花爆竹或者其他物品的；

（三）展示侮辱性标语、条幅等物品的；

（四）围攻裁判员、运动员或者其他工作人员的；

（五）向场内投掷杂物，不听制止的；

（六）扰乱大型群众性活动秩序的其他行为。

因扰乱体育比赛秩序被处以拘留处罚的，可以同时责令其十二个月内不得进入体育场馆观看同类比赛；违反规定进入体育场馆的，强行带离现场。

◇ 15 扰乱单位秩序行为分析

——符某某扰乱单位秩序案

案情概要

某市长江大桥建设工程系该市的重点建设工程。大桥建设过程中，一些建筑材料掉入江中，常有渔民驾驶渔船到桥下水域用磁铁打捞废铁。因顾及安全因素，大桥施工方往往被迫停止施工，影响了大桥工程建设进度。废铁是否回收，工程部表示，要等大桥建设完成后，视回收成本而定，如果回收成本高就不回收，成本低就回收。

对于渔民打捞废铁的行为，在定性上有两种观点：第一种观点认为，应定为盗窃。因为渔民打捞的废铁，是大桥工程部所有，尽管工程部对废铁的所有权持模糊态度，但未明确放弃所有权，所以应定为盗窃。但是这种观点有个问题，渔民打捞废铁，往往是在大白天明目张胆地进行，不符合秘密窃取的特征。

第二种观点认为，应定为扰乱单位秩序。因为渔民吸捞废铁的行为，其直接危害后果是影响了大桥的施工秩序。但是，由于没有划定大桥施工水域，渔船在大桥下江面水域打捞废铁的行为，能否视为扰乱单位秩序，也不好界定。

针对这种情况，某市一区政府组织该区农业局、港航监督处、海事处、长江大桥工程部、长航某公安分局法制科和某派出所共同研究，解决渔民吸铁影响大桥工程建设的问题。区政府协调有关部门，以文件形式划定长江大桥江面施工水域（大桥桥面中心线上、下游各300米之间水域），确保以扰乱单位秩序进行打击处理有充分的事实依据。同时，海事、渔政、公安等部门加强了宣传、巡逻等管理措施，以警示渔民，但仍然有个别渔民偷偷驾船前往大桥施工水域打捞废铁。

2008年4月16日17时许，符某某驾驶渔船在大桥施工水域打捞废铁，施工人员大声制止，符某某不听，仍然继续打捞废铁，施工方被迫停止施工约15分钟。施工人员遂向长江航运公安局某分局派出所报警。

派出所根据《中华人民共和国治安管理处罚法》（以下简称《治安管理处

罚法》)第二十三条第一款第一项之规定,对符某某进行了处罚。根据《治安管理处罚法》第十一条第一款之规定,对符某打捞铁所用的四块磁铁予以收缴。

问题聚焦

本案中,派出所将符某的行为定性为《治安管理处罚法》第二十三条第一项所规定的,“扰乱企业秩序,致使工作、生产不能正常进行”,那么首要的问题就是,符某不听劝阻打捞废铁的行为是否属于“扰乱”了单位秩序,导致大桥工程停工 15 分钟是否属于“导致生产不能正常进行”?

同时,区政府协调有关部门出台的划定江面施工水域的文件的效力如何?根据该文件和《治安管理处罚法》的有关规定作出的行政处罚决定的合法性和合理性如何?公安机关的裁量权运用是否得当?

本案述评

本案中公安机关的处理是合法合理的,虽然没有说明最后给予符某的是何种类型和何种程度的处罚,但毫无疑问,公安机关根据政府相关文件,结合案情所作的扰乱单位生产秩序的认定是正确的。

首先来看区政府出台的规范性文件的形式效力问题。区政府有权颁布划定江面施工水域的文件,该文件属于行政法上的抽象行政行为,显然具有法律约束力。虽然该文件是针对大桥工程而单独作出,但是由于其没有区分适用对象,即任何违反规定进入施工水域并影响到大桥施工进度的人都可能成为该行政法律关系的行政相对人。所以,该行政行为符合普遍性的特点。另一方面,尽管该文件只在大桥施工期间发挥作用,但是至少在施工期间内,文件仍然是会反复适用的,所以该行政行为是合法的抽象行政行为,法律效力是没有疑问的。

其次从当地政府的管理职能来看,出台该文件也是合法合理的。根据《中华人民共和国地方各级人民代表大会和地方各级人民政府组织法》第五十九条对于县级以上的地方各级人民政府的职权的相关规定,区政府有权规定行政措施,发布决定和命令,以执行有关城乡建设和保护公民人身、财产安全。长江大桥施工属于基本的城乡建设工程,而高空坠落的施工材料也对江面行船及人员的安全造成明显的、现实的威胁,如果不在江面划定一定的施工水域,则难以有效的保证航道通行的安全,并同时影响大桥建设施工的进度。因此,该区政府有权出台该规范性文件进行管理。

江面施工范围的划定,有助于明确单位生产秩序的具体含义,有利于公安机关评估本案当事人的行为所造成的影响。

长航公安局某分局派出所对于《治安管理处罚法》第二十三条、第十一条的适用也是合理、准确的。政府划定施工江面的文件是经由相关的数个部门共同研究制定的，应当认为已经考虑了各种因素，并尽量减少对渔民正常作业的影响。符某某的行为不是正常的渔民作业，而是目的明确的打捞落水施工材料的行为，该行为不仅置其自身于危险之中，也影响了施工进度。案情表明，大桥施工方对符某发出了警告，但是符某某并未理会，最后致使桥面施工被迫停止。因此，符某某的行为属于扰乱了大桥施工的正常进行。

公安机关在适用《治安管理处罚法》的时候存在一定的裁量权。第二十三条规定："扰乱机关、团体、企业、事业单位秩序，致使工作、生产、经营、医疗、教学、科研不能正常进行"，就可以予以处罚。本案案情显示，在施工地点下方水域打捞材料，有明显的危险，施工方迫于渔民安全考虑，不得不停工，实质上就是不能正常开展工作。如上述分析的，符某的行为不是正常渔业作业，而是扰乱施工秩序的行为。所以公安机关的裁量权合理合法。

至于盗窃问题，本案案情显示，施工方没有明示对于落水材料的所有权，也没有向打捞废铁的渔民主张所有权，施工方默许渔民打捞废铁，会使渔民误以为施工方放弃了落入江中的铁块。另外，区政府出台的划定江面施工范围的规定，也只是作为维护正常的大桥施工秩序，并没有对落水的废铁等施工材料宣示所有权，那么这种情况，显然不符合盗窃罪客观方面所要求的秘密移转财物的要件。综上所述，认定盗窃理由不充分。

关联理论

裁量权是行政管理过程中的核心之一，行政机关以及被授权或受委托的机构在行使公共管理的职能的时候，必然存在一定的选择余地，来决定处置措施的程度、长短、甚至种类。县政府是地方一级的国家政权，承当了重要的、也常常是具体的治理职能，因此应当具有合理的、足够的裁量空间。行政机关根据宪法和有关法律的规定，可以制定一定的行政规章或者规范性文件，在广义的行政权概念上，这也是行政裁量的一种表现。

对于裁量权的行使是否合理、得当的问题，必须结合具体情况来判断。应当被纳入考虑范围的有政府的行政管理目标、实现此目标的手段、该手段的采用可能造成的行政相对人合法权益的损失等要素。这些要素之间的关联性、彼此的权重都是判断行政裁量是否合理的依据。如果手段明显超过目标之必须，那么有可能构成行政权的滥用；如果行政管理造成相对人的利益损失过大，那么也属于不合理的使用了裁量权。

关联法条

《中华人民共和国治安管理处罚法》（节录）（中华人民共和国第十届全国人民代表大会常务委员会第十七次会议于2005年8月28日通过　自2006年3月1日起施行）

第十一条　办理治安案件所查获的毒品、淫秽物品等违禁品，赌具、赌资，吸食、注射毒品的用具以及直接用于实施违反治安管理行为的本人所有的工具，应当收缴，按照规定处理。

违反治安管理所得的财物，追缴退还被侵害人；没有被侵害人的，登记造册，公开拍卖或者按照国家有关规定处理，所得款项上缴国库。

第二十三条　有下列行为之一的，处警告或者二百元以下罚款；情节较重的，处五日以上十日以下拘留，可以并处五百元以下罚款：

（一）扰乱机关、团体、企业、事业单位秩序，致使工作、生产、营业、医疗、教学、科研不能正常进行，尚未造成严重损失的；

（二）扰乱车站、港口、码头、机场、商场、公园、展览馆或者其他公共场所秩序的；

（三）扰乱公共汽车、电车、火车、船舶、航空器或者其他公共交通工具上的秩序的；

（四）非法拦截或者强登、扒乘机动车、船舶、航空器以及其他交通工具，影响交通工具正常行驶的；

（五）破坏依法进行的选举秩序的。

聚众实施前款行为的，对首要分子处十日以上十五日以下拘留，可以并处一千元以下罚款。

二、妨害公共安全的行为和处罚

◇ 16 非法运输危险物质的认定及处理(一)

——刘某某运输危险化学品案

案情概要

2009年6月25日,黑龙江省A市平安化工厂与A市好运运输有限公司签订了运输危险货物"偶氮二异丁腈"650件到C市的运输合同。A市好运运输有限公司将有货要运往C市的消息在当地运输信息网上发布,A市洪江货运站获知此信息后安排货车(车牌为黑××××)跟随该公司工作人员到A市平安化工厂装载了危险货物"偶氮二异丁腈"650件,该公司与货车车主签订了运输协议,但在协议中将危险货物"偶氮二异丁腈"写成了添加剂。然后,洪江货运站令货车车主将这批危险货物"偶氮二异丁腈"650件拖至B市隆运货运站,委托该站运往C市,并转交了运输协议。B市隆运货运站在不知是危险货物的情况下,将货物及运输协议交给刘某某(货车车主)委托承运,刘某某驾驶大货车承运货物乘坐滚装船途经D市长江水域时,"偶氮二异丁腈"遇高温天气发生自燃,后被长航公安局D市分局民警查获。

问题聚焦

本案案情事实虽复杂却清晰。其中涉及的"单位"有A市平安化工厂、A市好运运输有限公司、A市洪江货运站和B市隆运货运站。问题的关键就在于我们要对这四家单位行为进行定性,以判断出哪一家或哪几家单位违反了国务院《危险化学品安全管理条例》这一行政法规?进而要判断刘某某的行为是否属于违反治安管理的行为,从而判断其是否构成非法运输危险物质。

本案述评

(一)行政违法主体的分析

根据行政法律一般原理,行政法律关系的主体要素存在密切关联的双方当事人,一者为行政主体一方,一者为行政相对人一方。行政主体首先是行政机关,除此而外,还包括法律、法规授权的组织等。而行政相对人则范围广泛,单位(既可以是一定范围的机关,也可以是一定范围的企事业组织)和公民个人都包括在内。作为行政相对人的一方到底是机关,还是组织,还是公民取决于具体的行政法律关系。就治安管理行政法律关系而言,承担治安管理职能的各类公安机关是行政主体一方,而遵守治安管理的义务主体则是行政相对人一方。

根据行政法律的实践,作为治安管理行政法律关系行政相对人一方的主要是公民,单位作为违反治安管理行为的相对人一方也是在实践中大量存在的。在各类的行政法规中,行政相对人的主体是公民,但同公民作为违反治安管理行为的相对人一方相比不具有普遍性。这就为我们在实践中具体操作提供了认识上的障碍。而正是基于这种实践的存在使我们对此类问题的分析具有了极大的现实价值。这里存在的问题的关键是,在实践中存在的现象除却合理性依据而外,更应该具有其合法性的依据。因此,一般而言,单位要成为行政违法的主体,就必须要有法律的明确规定。这里着重分析一下单位行政违法主体的问题。

而根据《中华人民共和国治安管理处罚法》(以下简称《治安管理处罚法》)第十八条的规定:"单位违反治安管理的,对其直接负责的主管人员和其他直接责任人员依照本法的规定处罚。其他法律、行政法规对同一行为规定给予单位处罚的,依照其规定处罚"。《治安管理处罚法》为我们提供了严格的法律依据,它表明,在我国存在所谓单位违反治安管理。据此,我们可以断定,单位违反治安管理既有其理论上的支持,又有其实践中的表现,更有其法律上的依据。

所谓单位违反治安管理,是指机关、团体、公司、企业、事业单位实施了依法应当给予治安管理处罚的危害社会的行为。《治安管理处罚法》没有明确规定"单位"的范围。但《刑法》规定了"单位"的范围,包括公司、企业、事业单位、机关、团体。基于以下理由,我们认为可以参照《刑法》的规定确定《治安管理处罚法》规定的单位的范围,也应该包括公司、企业、事业单位、机关、团体。就一般认识而言,单位违反治安管理具有以下两个(显在)显著的基本特征:一是单位违反治安管理的主体包括公司、企业、事业单位、机关、团体。在我国,公司、企业、事业单位,是指所有的公司、企业、事业单位,既包括国有、集体所有的公司、企业、事业单位,也包括依法设立的合资经营、合作经营企业和具有法人资格的独资、私营等公司、企业、事业单位,既不论其性质如何,也不论其规模如何,都属于"单位"的范畴。二是单位违反治安管理必须是单位意志支配下,由单位成员实施的违反治安管理行为,即单位作为一个整体,一个“拟制”的人违反治安管理。作为法律上“拟制”的人,单位意志体现为单位实施违反治安管理的行为是由单位集体研究决定或者由其负责人员决定实施。所谓单位集体研究决定,是指由单位的有关机构研究决定。根据法律和有关章程的规定,这一作出决定的机构有权代表单位。所谓负责人员决定,是指由单位的有关个人决定。根据法律或者章程规定该个人有权代表单位。单位集体研究决定或者由其负责人员决定,是单位整体违反治安管理意志的外在表现形式。

(二)对案例中各行为主体行为的定性

第一,对四个“单位”的定性。A 市平安化工厂作为从事危险化学品生产的企业,符合上述对单位违反治安管理之“单位”的认定。A 市好运运输有限公司作为从事专业运输业务的公司,也符合上述对单位违反治安管理之“单位”的认定。A 市洪江货运站和 B 市隆运货运站是从事货物运输的组织,根据上述对单位违反治安管理之“单位”的认定,它们也都属于单位。

第二,对“偶氮二异丁腈”的定性。根据《危险化学品安全管理条例》第三条的规定:“本条例所称危险化学品,包括爆炸品、压缩气体和液化气体、易燃液体、易燃固体、自燃物品和遇湿易燃物品、氧化剂和有机过氧化物、有毒品和腐蚀品等”,“危险化学品列入以国家标准公布的《危险货物品名表》(GB 12268)”,根据《危险货物品名表》(GB 12268—2005)的规定,偶氮二异丁腈作为危险货物品名赫然在列。

第三,A 市平安化工厂在装载“偶氮二异丁腈”时是否负有审查 A 市好运运输有限公司安排的货车车主是否具有从事危险化学品货物运输资质的义务?作为生产“偶氮二异丁腈”这一危险货物的企业,牡丹江 A 市平安化工厂必须遵守相关法律、法规的规定。《危险化学品安全管理条例》第二条明确规定:“在中华人民共和国境内生产、经营、储存、运输、使用危险化学品和处置废弃危险化学品,必须遵守本条例和国家有关安全生产的法律、其他行政法规的规定”,第三十八条规定,“通过公路运输危险化学品的,托运人只能委托有危险化学品资质的运输企业承运”。以上规定明确了 A 市平安化工厂不仅在生产环节要有符合要求的安全管理制度,而且在与他人签订合同对其生产的危险化学品的运输负有安全管理的义务。就本案来讲,A 市平安化工厂在与 A 市好运运输有限公司签订 650 件“偶氮二异丁腈”运输合同的时候首先就负有审查其是否具有运输危险化学品资质的义务,否则就不符合第三十八条的规定,除此而外,在装运该 650 件“偶氮二异丁腈”时也负有在场监督装运的义务,包括确定货物是否是由 A 市好运运输有限公司以自己的车辆按要求装运，装运的车辆是否符合要求，以及货车车主是否经过培训考核合格持证上岗等。但在本案中，A 市平安化工厂在托运及装运的时候并没有尽到其应尽的审查义务，违反了《危险化学品安全管理条例》的规定。

第四，A 市好运运输有限公司是否要对该公司工作人员的行为负责？对于 A 市好运运输有限公司的行为定性是明确的，它在与 A 市平安化工厂签订运输合同后，将有货要运往 C 市的消息放在网上，这至少表明其并无组织自己的力量去进行装载和运输的打算，而是意图将该运输任务转包给第三方，并且，放在网上的消息采取了隐瞒真实信息的做法，即没有明确所要运输的货物的性质是危险化学品，对于 A 市好运运输有限公司的这种做法而言，这是一种明显的故意，此其一。其二，当 A 市洪江货运站安排货车跟随 A 市好运运输有限公司工作人员到 A 市平安化工厂装载“偶氮二异丁腈”650 件时其明知该货物是危险货物，却在与货车车主签订运输协议时将危险货物“偶氮二异丁腈”写成添加剂，这也是一种故意。综合此两点，A 市好运运输有限公司工作人员的行为体现了 A 市好运运输有限公司的整体意志，因而作为该公司员工代表公司所为的行为应该由该公司负责，即 A 市好运运输有限公司应该对该公司工作人员的行为负责。另外，A 市好运运输有限公司作为与 A 市平安化工厂签订“偶氮二异丁腈”650 件运输合同的运输单位，“其主要负责人必须保证本单位危险化学品的安全管理符合有关法律、法规、规章的规定和国家标准的要求，并对本单位危险化学品的安全负责”（《危险化学品安全管理条例》第四条第一款）。结合本案来看，有两点可以佐证 A 市好运运输有限公司并没有尽到此种义务：一是 A 市好运运输有限公司在和 A 市平安化工厂签订了运输合同后，将有货运往 C 市的信息放在网上，意在将该运输转手，且故意隐瞒货物的有关真实信息；二是在同洪江货运站安排的货车车主签订的运输协议里，故意将“偶氮二异丁腈”写成“添加剂”。从这两点看出，A 市好运运输有限公司具有以故意的主观心态并进行客观的规避《危险化学品安全管理条例》所确立的法定义务的行为。

第五，A 市洪江货运站是否具有运输危险化学品的资质，其安排的货车车主是否具有相关的资质？就本案提供的案情来看，我们不能够确切地判断洪江货运站是否具有运输危险化学品的资质，但从其中可以推断出其并不具有运输危险化学品的资质：A 市好运运输有限公司将有货运往 C 市的信息放在网上，但有故意隐瞒货物的有关真实信息的意图或在于使得不具有运输危险化学品资质的货运站来具体承担运输任务以节约成本的故意，并且，该公司在同货车车主签订运输合同的时候，故意将“偶氮二异丁腈”写成“添加剂”,亦是如此之意图,从这两个侧面来看,正是 A 市洪江货运站不具有运输危险化学品的资质,从而为 A 市好运运输有限公司规避《危险化学品安全管理条例》所确立的法定义务提供了可能。就现实情况来看,实际中所存在的货运站大多是个体经营性质的,基本都不具有从事危险化学品的资质。另外,《危险化学品安全管理条例》第四条第二款的规定:“危险化学品单位从事生产、经营、储存、运输、使用危险化学品或者处置废弃危险化学品活动的人员,必须接受有关法律、法规、规章和安全知识、专业技术、职业卫生防护和应急救援知识的培训,并经考核合格,方可上岗作业”,但就本案的案情来看,我们也不能够确切的断定牡丹江 A 市洪江货运站安排的货车车主是否具有从事危险化学品运输的专业资质。

第六,B 市隆运货运站是否违反了《危险化学品安全管理条例》,以及货车车主刘某的行为应该由谁来承担责任?从本案的案情来看,B 市隆运货运站是从 A 市洪江货运站处接手此批货物的来运输的,但其并不知道所运货物乃危险化学品,基于主客观相统一的违法认定,B 市隆运货运站并不具有违反《危险化学品安全管理条例》的主观故意,因此,我们可以断定的是,沈阳B 市隆运货运站及货车车主刘某某没有违反《危险化学品安全管理条例》。

(三)对各行为主体的责任认定

基于以上分析,我们可以判定:A 市平安化工厂作为危险化学品的生产企业,具有法律强制的义务但却在履行过程中由于疏于履行职责而违反了《危险化学品安全管理条例》这一行政法规,公安机关应依据《危险化学品安全管理条例》追究其责任;A 市好运运输有限公司作为危险化学品的运输企业也具有法律强制的义务,但其将危险化学品故意写成“添加剂”委托给他人加以运输,属于规避法律的行为,如其不具有危险物品运输资格,就违反了《危险化学品安全管理条例》,公安机关应追究其单位责任;A 市洪江货运站在与 A 市好运运输有限公司签订运输合同时,明知是运输危险化学物品,却伙同 A 市好运运输有限公司故意将“偶氮二异丁腈”写成“添加剂”并进行运输,如果经审查其不具有运输危险物品的资格,其行为也构成了非法运输危险物质行为,公安机关应追究其责任;B 市隆运货运站因不具有从事危险化学品运输的资质,但对其而言,存在不知情的情况,即在主观上,没有违反《危险化学品安全管理条例》的故意或过失,因此,没有违反《危险化学品安全管理条例》;对货车司机刘某而言,因其也是在不知情的情况下,误将所谓的“添加剂”与其他货物混装运输,也可排除其违反《危险化学品安全管理条例》非法运输危险物品的责任。

关联理论

(一)行政法律关系主体

行政法律关系主体,即行政法律关系的当事人,又可称为行政法主体,是指行政权力的享有者和行政义务的承担者。作为一种关系,必须具有权利义务相互对应的双方当事人,即以行政主体为一方当事人,以行政相对人为另一方当事人。

行政主体,是指享有国家行政权力,能以自己的名义实施行政行为,并能独立承担由此产生的法律效果的社会组织,包括国家行政机关和法律、法规授权的组织。

行政相对人,是指行政法律关系中处于被管理地位的一方当事人,即与行政主体相对应的,受行政权力作用或行政行为约束的另一主体。行政相对人包括内部相对人和外部相对人。内部相对人即与行政主体具有隶属关系,代表行政主体执行公务的国家公务员。外部相对人是指与行政主体具有一般行政管理关系而不具有隶属关系的公民、法人和其他组织。

(二)单位违反治安管理

单位违反治安管理,是指机关、团体、公司、企业、事业单位实施了依法应当给予治安管理处罚的危害社会的行为。

单位违反治安管理具有以下两个基本特征:

一是单位违反治安管理的主体包括公司、企业、事业单位、机关、团体。公司、企业、事业单位,是指所有的公司、企业、事业单位,既包括国有、集体所有的公司、企业、事业单位,也包括依法设立的合资经营、合作经营企业和具有法人资格的独资、私营等公司、企业、事业单位。

二是单位违反治安管理必须是在单位意志支配下,由单位成员实施的违反治安管理行为,即单位作为一个整体,一个"拟制"的人违反治安管理。单位违反治安管理必须经单位集体研究决定或者由其负责人员决定实施。单位集体研究决定或者由其负责人员决定,是单位整体违反治安管理意志的体现形式。单位集体研究决定,是指经过根据法律和章程规定有权代表单位的机构研究决定。负责人员决定,是指经过由法律或者章程规定的有权代表单位的个人决定。

关联法条

《中华人民共和国治安管理处罚法》(节录)(中华人民共和国第十届全国人民代表大会常务委员会第十七次会议于2005年8月28日通过 自

2006 年 3 月 1 日起施行）

第五条 治安管理处罚必须以事实为依据，与违反治安管理行为的性质、情节以及社会危害程度相当。

第三十条 违反国家规定，制造、买卖、储存、运输、邮寄、携带、使用、提供、处置爆炸性、毒害性、放射性、腐蚀性物质或者传染病病原体等危险物质的，处十日以上十五日以下拘留；情节较轻的，处五日以上十日以下拘留。

《危险化学品安全管理条例》（节录）（中华人民共和国国务院于 2002 年 1 月 9 日第 52 次常务会议通过 自 2002 年 3 月 15 日起施行）

第三十五条 国家对危险化学品的运输实行资质认定制度；未经资质认定，不得运输危险化学品。

第三十八条 通过公路运输危险化学品的，托运人只能委托有危险化学品运输资质的运输企业承运。

第四十条 禁止利用内河以及其他封闭水域等航运渠道运输剧毒化学品以及国务院交通部门规定禁止运输的其他危险化学品。

利用内河以及其他封闭水域等航运渠道运输前款规定以外的危险化学品的，只能委托有危险化学品运输资质的水运企业承运，并按照国务院交通部门的规定办理手续，接受有关交通部门（港口部门、海事管理机构，下同）的监督管理。

运输危险化学品的船舶及其配载的容器必须按照国家关于船舶检验的规范进行生产，并经海事管理机构认可的船舶检验机构检验合格，方可投入使用。

第四十一条 托运人托运危险化学品，应当向承运人说明运输的危险化学品的品名、数量、危害、应急措施等情况。

运输危险化学品需要添加抑制剂或者稳定剂的，托运人交付托运时应当添加抑制剂或者稳定剂，并告知承运人。

托运人不得在托运的普通货物中夹带危险化学品，不得将危险化学品匿报或者谎报为普通货物托运。

第四十二条 运输、装卸危险化学品，应当依照有关法律、法规、规章的规定和国家标准的要求并按照危险化学品的危险特性，采取必要的安全防护措施。

《中华人民共和国合同法》（节录）（中华人民共和国第九届全国人民代表大会第二次会议于 1999 年 3 月 15 日通过 自 1999 年 10 月 1 日起施行）

第五十二条 有下列情形之一的，合同无效：

……

（五）违反法律、行政法规的强制性规定。

《道路危险货物运输管理规定》（节录）（中华人民共和国交通部于2005年6月16日第11次部务会议通过　自2005年8月1日起施行）

第二十八条　道路危险货物运输企业或者单位应当严格按照道路运输管理机构决定的许可事项从事道路危险货物运输活动，不得转让、出租道路危险货物运输许可证件。

第二十九条　不得使用罐式专用车辆或者运输有毒、腐蚀、放射性危险货物的专用车辆运输普通货物。

其他专用车辆可以从事食品、生活用品、药品、医疗器具以外的普通货物运输活动，但应当对专用车辆进行消除危险处理，确保不对普通货物造成污染、损害。

危险货物不得与普通货物混装。

◇ 17 非法运输危险物质的认定及处理(二)

——唐某非法运输烟花爆竹案

案情概要

某年1月5日11时许,唐某在未经公安机关许可的情况下,将从A市金大生烟花爆竹有限公司购入的61件烟花爆竹装载到车牌号为"××××"的金杯面包车内,欲运往上海市B县昌盛杂货商店予以销售。途经A市红阳港渡口时,被公安机关当场查获。

以上事实有唐某的陈述、施某的询问笔录、现场笔录、A市金大生烟花爆竹有限公司烟花爆竹经营(批发)许可证、A市金大生烟花爆竹有限公司企业法人营业执照、烟花爆竹安全质量合格证、上海市B县昌盛杂货商店经营(零售)许可证、现场照片以及61件烟花爆竹等证据证明。

问题聚焦

本案的案情并不复杂,是一起非法运输危险物质(烟花爆竹)的水上行政执法案件,办案过程中,唐某在未办理"烟花爆竹道路运输许可证"的情况下非法运输危险物质的行为的法律和事实认定方面基本能够形成共识,争议的焦点是公安机关对向唐某处罚的法律适用及其相关连锁问题。

本案述评

这是一起典型的、水上行政执法经常会遇到的非法运输危险物质案件。唐某在未经公安机关许可的情况下,擅自装载61件烟花爆竹由公路运输,途经A市红阳港渡口时,被公安机关当场查获。围绕本案,我们从三个方面展开分析。

(一)关于唐某非法运输危险物质行为的认定

在现实生活中,爆炸性、毒害性、放射性、腐蚀性物质或者传染病病原体等危险物质往往具有双重属性。一方面,由于其自身存在的危害性容易对人类的生命安全和公共安全构成威胁,且一旦发生事故很难控制,往往会造成重大伤亡事件和对环境造成严重污染;另一方面,在生产、科研等社会生活各方面,危险物质又具有重要的价值。因此,我国对危险物质的生产、储存、运输和处置等方面实行严格的管理制度，通过严格、规范的程序管理，使其最大限度地发挥积极作用，预防和减少危害公共安全的重大事故发生。尤其是在一些安全方面，规定有国家标准。例如《中华人民共和国民用爆炸物品管理条例》（以下简称《民用爆炸物品管理条例》）、《化学危险物品安全管理条例》、《放射工作卫生防护管理办法》、《烟花爆竹安全管理条例》均是对关于危险物质的相关工作作出的规定，是从事相关工作的法律依据。

结合本案而言，非法运输危险物质行为具有如下构成要件：

第一，从客体上来看，本行为侵犯的客体是公共安全，即不特定多数人的生命、健康和公私财产的安全。由于危险物质本身所固有的危险属性，在运输过程中稍有不慎，就容易引起治安灾害事故的发生，致人重伤、死亡或使公私财产遭受重大损失，危害社会公共安全。因此，非法运输危险物质行为会对社会的公共安全产生潜在的危害。

第二，在客观方面，本行为表现为违反治安管理的行为，必须符合下列两个条件：其一，行为人必须有违反国家危险物质管理规定的行为。前已提到，由于危险物质本身所具有的双重属性，国家有关部门陆续颁发了一系列有关危险物质的管理规定，对危险物质的范围、种类以及其具体管理办法等作出了明确而具体的规定。在确定行为人是否具有违反危险物质管理规定的行为这个客观特征时，必须严格依照有关危险物质的管理规定，才能作出正确的认定。其二，违反危险物质管理规定的行为必须是发生在运输危险物质的过程中。

同时，此行为须尚未造成严重后果。也就是说，没有发生重大事故、没有造成人身的重大伤亡或使公私财产遭受重大损失等。如果由于行为人违反危险物质的管理规定，致使发生了重大事故，造成了严重后果，就构成了重大责任事故罪。对于严重后果的界定主要依据《中华人民共和国刑法》（以下简称《刑法》）上常用的标准，多是从造成伤亡的情况，或是造成损失的财产数量等等上来判断。同时也应当考虑给人们生活所造成的影响，如果给人们带来很大的恐慌，致使人们正常的生活受到严重影响的，即使所造成的人身和财产的伤亡和损失不很严重，也应当认定为造成了严重的后果。对于造成严重后果的行为，应当依据《刑法》的有关规定追究行为人的刑事责任。

第三，从主体上看，本行为的违法主体为一般主体，即达到法定责任年龄、具有责任能力的自然人都可以构成。单位也可成为本违反治安管理行为的主体。单位非法从事运输危险物质的，对其直接负责的主管人员和其他直接责任人员，应按违反治安管理规定论处。

第四，在主观方面，表现为故意，即明知是爆炸性、毒害性、放射性、腐蚀性物质和传染病病原体等危险物质的而非法运输。

在本案中，唐某是具有完全责任能力的自然人，应当明知烟花爆竹属于易燃易爆的危险品而从事运输的活动。在未办理运输许可的情况下，将烟花爆竹从A市运至B县，途经A市红阳港渡口被公安机关当场查获。很显然，唐的行为构成了非法运输危险物质行为，对社会的公共安全产生潜在的危害，但并未造成严重后果，所以公安机关对唐某应当予以行政处罚。

(二)法律适用问题

相关行为的法律规范有《中华人民共和国治安管理处罚法》(以下简称《治安管理处罚法》)和《烟花爆竹安全管理条例》。前者为国家法律，后者为行政法规，两者均规定了法律责任，究竟如何适用？其实《烟花爆竹安全管理条例》第三十六条第三款已明确，非法生产、经营、运输烟花爆竹，构成违反治安管理行为的，依法给予治安管理处罚；构成犯罪的，依法追究刑事责任。

因此，公安机关应依据《治安管理处罚法》第三十条的规定对唐某予以拘留，再根据《烟花爆竹安全管理条例》第三十六条第一款之规定责令停止非法运输活动，处1万元以上5万元以下的罚款，并没收非法运输的物品及违法所得。

(三)上述处罚是否违反了"一事不再罚"原则

上述分析针对唐某的违法行为分别作出两项处罚决定，其一，依据《治安管理处罚法》第三十条的规定予以拘留；其二，依据《烟花爆竹安全管理条例》第三十六条第一款之规定责令停止非法运输活动，处1万元以上5万元以下的罚款，并没收非法运输的物品及违法所得。那么，对唐某的处罚是否违反了"一事不再罚"原则？

要想解答这个问题，我们首先要对"一事不再罚"原则形成正确的理解。

1.一事不再罚中关于"罚"的理解

所谓一事不再罚是指同一行政主体对违法行为人的同一个违法行为不得以同一事实和同一依据，给予两次以上的行政处罚。进一步而言，处罚中的"罚"，是指不同行政主体对违法行为人的同一个违法行为不得给予两次以上罚款的行政处罚，也就是说，行为人的一个行为无论是违反一规范，还是数个规范，受一个行政主体管辖，还是数个行政主体管辖，可以给予两次以上的行政处罚，但如果是罚款，则只能给予一次，另一次处罚可以是吊销营业执照或其他许可证，也可以是责令停产停业，还可以是没收、行政拘留等，只是不能再次罚款。由此可以看出，行政处罚法规定一事不再罚的"罚"

的范围是有限的，仅仅限制的是两次以上罚款的行政处罚，而不限制其他行政处罚种类的一次或多次适用。

2. 对“一事”的正确理解

“一事”在行政处罚中的理解应是一个违法行为或同一违法行为，而对“一事”的正确理解有助于一事不再罚原则的正确适用。从以下几个方面把握对“一事”的理解：①在违法构成上界定。一事在构成要件上，只符合一个违法行为的特征，如果符合两个及以上违法行为的构成，则不属一事。②对连续违法行为的界定。连续违法行为是指出于同一违法故意，连续实施数个独立的、符合数个违法构成的同一性质的违法行为，触犯同一法律规范规定的行为。对连续行为以行政机关发现并处罚为界限来界定是否属于“一事”。行政机关发现违法行为连同以前数次连续行为，界定在“一事”范围内。③对继续行为的界定。继续行为是指某种违法行为从开始到终止前，在时间上一直处于继续状态。对继续行为，不分时间长短，都界定为“一事”；④对牵连行为的界定。牵连行为指出于一个违法目的，而违法方式或结果又牵连地构成其他违法，对牵连行为也宜界定为“一事”作出处罚。

3. 结合本案的分析

在对“一事不再罚”中的“罚”和“一事”有了正确认识之后，具体到本案，我们要问的是，对作出的“拘留”和“罚款”或“没收”决定有无违背“一事不再罚”中关于“罚”的范围限定。

在本案中，根据《治安管理处罚法》作出的行政拘留和根据《烟花爆竹管理条例》作出的罚款决定，显然属于两种不同的“罚”。所以我们认为，上述处罚没有违反“一事不再罚”原则。

（四）其他法律问题

（1）按照《国务院烟花爆竹安全管理条例》第四十条第一款的规定，经由道路运输烟花爆竹，有8项行为之一的，由公安部门责令改正，处200元以上2000元以下的罚款。在汽渡码头上是由地方公安机关交警部门处罚，还是长航公安机关交警部门处罚？

公安管辖问题在公安机关办理行政案件程序规定及公安部法制局制定的执法细则中均予以明确，其关键在于该汽渡码头是否在长江干线之中，在则属于长航公安管辖，唐某只要将车开进汽渡码头，必然是经道路上船，在道路上被查获，可以根据《国务院烟花爆竹安全管理条例》第三十六条予以处罚。

（2）通过水路运输烟花爆竹的，是否按照水路运输安全管理的有关法律、法规、规章执行？

根据交通运输部有关航行公告及客滚装船规定,烟花爆竹是不能通过水路运输的,只是该规定制定时间较早,规定不够具体,没有相关法律责任。因此,任何部门都不能颁发烟花爆竹水路运输许可证。若采用瞒报、匿报的方式上了船,显然构成了非法运输危险物质的违法行为。

(3)对在本市运输烟花爆竹的专用车辆是否需要在当地公安机关备案?

没有查到有关规定,但根据《烟花爆竹安全管理条例》第二十五条、第二十六条来看,条例对运输烟花爆竹的专用车辆限定比较严格,因此,备案有利无害。是否需要备案可联系地方公安机关再做考虑。

(4)对在本市运输烟花爆竹的非专用车辆,是否处罚,如何处罚。

可以根据《烟花爆竹安全管理条例》第二十五条、第四十条予以处罚。

关联理论

关于一事不再罚的理解。

"一事不再罚"是行政法学界对行政处罚适用原则之一的一个概括性表述。这一原则的规定主要是为了防止处罚机关滥用职权对相对人同一违法行为以同一事实理由处以几次行政处罚,以获得不当利益,同时也是为了保障处于被管理地位的相对人法定的合法权益不受违法的行政行为侵犯。在行政管理法律关系中,处于管理地位的行政主体拥有以国家名义出现的行政管理权。随着现代市场经济的发展,对行政权进行规范的必要性日益为人们所认识并逐渐突出。在行政管理法律关系中的相对人一方,由于与行政主体的地位的不对等性,其合法权益在与国家公权力的冲突中显得尤为渺小。行政相对人即使是违反了一定的行政管理法规,应受到一定的行政处罚,其作为一般公民的另一身份属性的合法权益的保障与事后救济与保障也应得到体现,这是现代行政的价值理念之一。

(一)一事不再罚的含义

所谓一事不再罚是指同一行政主体对违法行为人的同一个违法行为不得以同一事实和同一依据,给予两次以上的行政处罚,不同行政主体对违法行为人的同一个违法行为不得给予两次以上罚款的行政处罚,也就是说,行为人的一个行为无论是违反一规范,还是数个规范,受一个行政主体管辖,还是数个行政主体管辖,可以给予两次以上的行政处罚,但如果是罚款,则罚款只能一次,另一次处罚可以是吊销营业执照或其他许可证,也可以是责令停产停业,还可以是没收等,只是不能再次罚款。由此可以看出,行政处罚法规定一事不再罚的范围是有限的,仅仅限制的是二次以上罚款的行政处罚,而不限制其他行政处罚种类的第二次或多次适用。

具体来讲,该原则包括如下三层含义:

(1)对当事人的同一个违法行为,不得给予两次以上罚款的行政处罚。

(2)违法行为构成犯罪的,行政机关必须将案件移送司法机关,依法追究刑事责任,行政机关不再予以处罚。

(3)违法行为构成犯罪,人民法院判处拘役或者有期徒刑时,行政机关已经给予当事人行政拘留的,应当依法折抵相应刑期;人民法院判处罚金时,行政机关已经给予当事人罚款处罚的,应当折抵相应罚金。

(二)对"一事"的正确理解

"一事"在行政处罚中的理解应是一个违法行为或同一违法行为,而对"一事"的正确理解有助于一事不再罚原则的正确适用。从以下几个方面把握对"一事"的理解:①在违法构成上界定。一事在构成要件上,只符合一个违法行为的特征,如果符合两个及以上违法行为的构成,则不属一事。②对连续违法行为的界定。连续违法行为指出于同一违法故意,连续实施数个独立的、符合数个违法构成的同一性质的违法行为,触犯同一法律规范规定的行为。对连续行为以行政机关发现并处罚为界限来界定是否属于"一事"。行政机关发现违法行为连同以前数次连续行为,界定在"一事"范围内。③对继续行为的界定。继续行为指某种违法行为从开始到终止前,在时间上一直处于继续状态。对继续行为,不分时间长短,都界定为"一事"。④对牵连行为的界定。牵连行为指出于一个违法目的,而违法方式或结果又牵连地构成其他违法,对牵连行为也宜界定为"一事"作出处罚。

(三)不适用"一事不再罚"原则的情形

1.行政处罚中有些处罚种类的专属管辖权不适用"一事不再罚"原则

专属于某特定行政主体,当对相对人而言的同一违法行为在有关部门处罚以后,还需要作出专属于特定行政主体的行政处罚种类的,则可依据法律规定,由享有相应行政权的行政主体再次处罚。如吊销企业营业执照的行政处罚只能由工商行政机关作出,行政拘留只能由公安机关实施。由于行政管理活动涉及到社会活动的方方面面,法律赋予各行政机关不同的职责,从不同方面管理社会,由此保证社会活动的正常运转,因此就必须赋予它们不同的行政管理手段,这些手段有些是相同的,如警告、罚款,有些是特定的,只能由特定的行政机关才能实施,也正因为如此,如果对于同一违法行为不得给予两次以上的行政处罚,则很有可能造成违法行为得不到有效制止和纠正,损害了公共利益和社会秩序。

2.行政处罚中的"并处"以及行政处罚与执行的"并处"不适用一事不再罚原则

当行为人的一个违法行为,违反了一个法律法规规定,该法律法规同时规定实施处罚机关可以并处两种以上的处罚,这种“并处”是对同一违法行为同时作出的“两种”以上的处罚而非“两次”以上处罚,因此不违背该原则;当行为人被施以行政处罚后又拒不履行处罚决定所设的义务,行政机关可以再处罚款以促使其履行处罚义务,即行政处罚与执行罚“并处”。这种“并处”实际是对两种违法行为而作出的前后相继的两种性质目的不同的制裁,不属于一事不再罚原则约束的范围。

3. 行政处罚与民事赔偿责任“并用”不适用一事不再罚原则

行政处罚所设定的是一种惩戒性义务,是国家对违法行为人的惩罚,体现的是行政法律关系。而民事赔偿责任是违法行为人对受害人的财产和道义上的赔偿,是对已造成损害的填平补齐,体现的是民事法律关系,二者性质不同,可以合并适用,这种“并用”并不是对违法行为人的加重处罚,而是违法者对国家和受害人分别应承担的不同责任。

4. 行政处罚与刑罚竞合

出现行政处罚与刑罚竞合时是否适用一事不再罚原则要区分以下两种情况:

(1)单处刑罚对违法行为人的同一违法行为,如果在给予刑罚后就能够达到惩罚与预防行政违法或犯罪的目的就不再给予行政处罚。

(2)刑罚与行政处罚并处。行政犯罪具有的触犯刑法和行政法的双重性,刑罚与行政处罚种类及功能差异决定了在适用刑罚的同时,还可以适用行政处罚以弥补刑罚之不足,从而彻底消除违法犯罪的全部危害,彻底纠正了行政违法行为。

5. 行政处罚的转处(换罚或易科)不适用一事不再罚原则

在一些具体的行政法规范中,规定行政机关对行为人给予一种处罚后,处罚难以执行,行政机关可以实施另外一种形式的行政处罚,而非两次处罚。这种转处情况也不属于一事不再罚范畴。

6. 已经行政执法部门确认违法的行为,违法行为人可以即时改正的,则推定该行为经行政执法部门确认违法后,原行政违法法律关系即告消灭,相对人仍实施同类违法行为的,应再次受到行政处罚,不受“一事不再罚”原理的限制。

关联法条

《中华人民共和国治安管理处罚法》(节录)(中华人民共和国第十届全国人民代表大会常务委员会第十七次会议于2005年8月28日通过 中华

人民共和国主席令第38号公布　自2006年3月1日起施行)

第三十条　违反国家规定,制造、买卖、储存、运输、邮寄、携带、使用、提供、处置爆炸性、毒害性、放射性、腐蚀性物质或者传染病病原体等危险物质的,处十日以上十五日以下拘留;情节较轻的,处五日以上十日以下拘留。

《国务院烟花爆竹安全管理条例》(节录)(国务院第121次常务会议于2006年1月11日通过　国务院总理令第455号公布　自2006年1月11日起施行)

第二十二条　经由道路运输烟花爆竹的,应当经公安部门许可。

经由铁路、水路、航空运输烟花爆竹的,依照铁路、水路、航空运输安全管理的有关法律、法规、规章的规定执行。

第二十五条　经由道路运输烟花爆竹的,除应当遵守《中华人民共和国道路交通安全法》外,还应当遵守下列规定:

(一)随车携带《烟花爆竹道路运输许可证》;

(二)不得违反运输许可事项;

(三)运输车辆悬挂或者安装符合国家标准的易燃易爆危险物品警示标志;

(四)烟花爆竹的装载符合国家有关标准和规范;

(五)装载烟花爆竹的车厢不得载人;

(六)运输车辆限速行驶,途中经停必须有专人看守;

(七)出现危险情况立即采取必要的措施,并报告当地公安部门。

第三十六条　对未经许可生产、经营烟花爆竹制品,或者向未取得烟花爆竹安全生产许可的单位或者个人销售黑火药、烟火药、引火线的,由安全生产监督管理部门责令停止非法生产、经营活动,处2万元以上10万元以下的罚款,并没收非法生产、经营的物品及违法所得。

对未经许可经由道路运输烟花爆竹的,由公安部门责令停止非法运输活动,处1万元以上5万元以下的罚款,并没收非法运输的物品及违法所得。

非法生产、经营、运输烟花爆竹,构成违反治安管理行为的,依法给予治安管理处罚;构成犯罪的,依法追究刑事责任。

第四十条　经由道路运输烟花爆竹,有下列行为之一的,由公安部门责令改正,处200元以上2 000元以下的罚款:

(一)违反运输许可事项的;

(二)未随车携带《烟花爆竹道路运输许可证》的;

(三)运输车辆没有悬挂或者安装符合国家标准的易燃易爆危险物品警示标志的;

（四）烟花爆竹的装载不符合国家有关标准和规范的；

（五）装载烟花爆竹的车厢载人的；

（六）超过危险物品运输车辆规定时速行驶的；

（七）运输车辆途中经停没有专人看守的；

（八）运达目的地后，未按规定时间将《烟花爆竹道路运输许可证》交回发证机关核销的。

◇ 18 盗窃财物还是盗窃公共设施

——吕某盗窃路面公共设施该如何定性

案情概要

2006年8月22日22时许,吕某驾驶"句10"翻斗车途经某港务公司"1＊1"仓库附近时,趁四周无人盗窃两块搁置于水泥墩边的并未使用的窨井盖,藏匿于该车驾驶室的副驾驶座位后,又用同样的手段在该公司的15号引桥边盗窃一块使用的窨井盖,仍藏匿于该车驾驶室的副驾驶座位。当吕某驾驶该车欲离开时,被保安当场发现。

问题聚焦

本案行为人吕某的行为性质属于盗窃,但由于其盗窃数额尚未达到刑法所规定的"数额较大"的标准,不宜定盗窃罪,而只是应当受到治安处罚。其中关键的问题在于对行为人实施治安处罚时,是定普通的盗窃财物行为还是定盗窃公共设施行为,此种定性,关系到处罚的幅度和处罚的方式,对本案的最终处理具有关键作用。

本案述评

(一)行为人吕某两次盗窃行为该如何定性

本案第一个重要的问题在于行为人的两次盗窃行为是否具有关联性,该如何界定这两次行为,是认定为一个盗窃行为还是两次盗窃行为。借鉴刑法中的传统犯罪构成理论有助于我们把握其行为性质。第一,说明某种犯罪危害了何种利益的要件,在刑法学中称之为犯罪客体。犯罪总是侵害了一定利益的。故意杀人罪侵害了人的生命权,故意伤害罪侵害了人的健康权,盗窃罪侵害了公私财物所有权等等,诸如此类。犯罪所侵害的利益实质都是刑法所保护的社会关系,因此,犯罪客体就是犯罪行为所侵害的而为刑法所保护的社会关系。在刑法中,不侵害任何社会关系的犯罪是不存在的,因此,犯罪客体是任何犯罪都不可缺少的要件。第二,说明犯罪是在何种的客观条件下,用何种的行为,使客体受到何种危害的要件,在刑法学中称之为犯罪的客观方面。犯罪客观方面首先是指行为人实施了危害行为,没有危害行为,就没有构成犯罪的前提。其次,是指危害行为造成或可能造成的危害结果。不管具体的犯罪行为表现形式如何复杂或具体的危害结果表现形式如何,他们都是犯罪构成的不可缺少的因素。第三,说明犯罪是由什么样的人所实施的要件,在刑法学上称之为犯罪主体。在司法实践中,各种具体犯罪的主体情况尽管千差万别,但作为自然人犯罪,其共同之处都必须是达到刑事责任年龄、具有刑事责任能力的人。另外,单位也应具备一定的主体资格。第四,说明犯罪主体实施犯罪时主观心理状态的要件,刑法学上称之为犯罪的主观方面。犯罪主观方面包括两种形式,即故意和过失。每种犯罪都必须具有一定形式的主观要件,行为人的行为在客观上虽然造成了损害结果,但不是出于故意和过失,则不构成犯罪。

借鉴刑法意义上的相关理论并结合到本案的具体情况,我们认为行为人吕某的行为是两个不同的违法行为。行为人吕某先是在"1 * 1"仓库附近盗窃了两块并未使用的窨井盖,在此盗窃行为实行终了以后,又用同样的手段在该公司的15号引桥边盗窃一块使用中的窨井盖,我们认为行为人的行为不应当被认定为一个盗窃行为,而应当认定为两个不同的违法行为。结合案发现场的具体情况,由于吕某盗窃的窨井盖所处的位置不同,又因为窨井盖具备相当的体积和重量,客观上迫使其在每个发现窨井盖的地点均要停留下来作案,再搬送至汽车上藏匿好,整套行为不可能一蹴而就。其次,吕某盗窃的窨井盖具有特殊性,先盗窃的是"两块搁置于水泥墩边的并未使用的窨井盖",后盗窃的是"一块使用的窨井盖",虽然都是窨井盖,但由于处于使用状态下的窨井盖除了具有权属属性外,还具有公共安全设施属性,因此,我们认为吕某两次盗窃所侵害的客体不同。前一次盗窃侵害的客体是公私财产所有权,而后一次盗窃侵害的客体是公共安全,它们是不同性质的行为。

(二)如何处罚行为人吕某

在本案对行为人处理的过程中,形成了几种具有代表性的观点。一是认为吕某的行为同时触犯了《中华人民共和国治安管理处罚法》(以下简称《治安管理处罚法》)第三十七条第三款和第四十九条的规定,对其应以盗窃财物和盗窃路面公共设施分别决定合并处罚;二是认为吕某的两次盗窃行为属继续犯,应按一行为论处。《治安管理处罚法》第三十七条第三款相对于第四十九条属于特别规定,应当优先适用。故应对吕某的整个盗窃行为按照盗窃路面公共设施处罚;三是认为吕某先盗窃两块闲置的未在使用的窨井盖板,后又盗窃一块正在使用的窨井盖板属于连续盗窃,其主观上只有一个盗窃故意,客观上实施了一个盗窃行为,应该属"想象竞合"行为,处罚上应“择一重处”。而第四十九条的处罚幅度高于第三十七条,所以应依第四十九条进行处罚。

首先我们认为第二种与第三种观点都是以承认行为人的行为是一个盗窃行为为逻辑起点,只是在对此行为的定性上存在差异性。即是以普通的盗窃财物来定性还是以盗窃路面公用设施来定性。如果以盗窃普通财物来定性处罚的话,其基本立论点在于借鉴刑法中的想象竞合理论,即处罚上应“择一重处”,以盗窃公私财物处理。

想象竞合与法规竞合具有四个共同特征:其一,一个行为;其二,触犯规定不同性质行为的数个法条;其三,两者的法律本质都是一违法行为,而非数个违法行为;其四,最终都适用一个法条并且按照一违法行为予以处罚。想象竞合与法规竞合之间存在显著或根本的差别。具体而言可归纳为:①想象竞合是行为触犯的不同罪名或者是违法名的竞合,属于违法数之单复的形态;法规竞合是法律条文的竞合,属于法条之关系的形态。②想象竞合是观念的竞合(观念上的数违法行为),即想象竞合犯是实质一违法,其以一个违法行为触犯的数个不同罪名(违法行为名),由于观念因素或主观认识的影响而发生竞合;法规竞合是客观存在的或现实的竞合,即法规竞合本为单纯一罪(一违法),但由于客观存在着的法律条文的错综规定而致使规定不同罪名(违法行为名)的数个法条发生竞合。③想象竞合不存在重合或交叉关系;法规竞合所涉及不同种罪名的数个法条之间,必然存在重合或交叉关系。④想象竞合中规定不同种罪名(违法行为名)的数个法条发生关联,是以行为人实施特定的违法行为为前提或中介;法规竞合所涉及的规定不同种违法行为名的数个法条之间的重合或交叉关系,并不以违法行为的实际发生为转移。⑤想象竞合是由于行为人实施了违法行为而触犯规定不同种违法行为名的数个法条,应在比较数个违法行为名法定处罚的轻重后择一重者处断之(但轻违法行为成立,其法条仍应引用);法规竞合所涉及的规定不同种违法行为名的数个法条之间存在重合或交叉关系并不以违法行为的发生为前提,故在数个法条中只能选择适用一个法条即特别法、实害法或重法对行为人予以处罚,而排斥其他相竞合的法条即普通法、危险法或轻法的适用。⑥想象竞合是犯罪之单复的形态,故关于想象竞合的理论和法律规定,所解决的是罪数(违法行为数)的问题和对犯罪行为触犯的数罪名如何处罚的问题;法规竞合是法条之关系的形态,故关于法规竞合的理论和法律规定,所解决的是法律适用问题。

继续犯是指犯罪行为与该行为引起的不法状态在一定的时间内处于继续状态的犯罪。特点如下:①必须是犯罪行为与不法状态同时继续。②犯罪行为在一定的时间内不间断。③行为侵犯了同一具体的社会关系。④出于一个罪过。而所谓连续犯,是指基于同一的或概括的犯意,连续实施数个相对独立的犯罪行为,触犯同一个罪名的犯罪形态。特点如下:①行为人主观上基于同一的或者概括的犯罪故意。②客观上实施了性质相同的数个行为。③时间上数行为具有连续性。一般而言,继续犯构成一个犯罪,其犯罪行为构成一个整体,而连续犯则是数个已经实施完毕的独立的犯罪,构成数个行为。

结合到本案的具体情况,吕某先后盗窃未使用及使用中的窨井盖,虽是同一故意支配之下的一个整体,但由于侵害的客体不同,根据犯罪构成理论,属于不同的行为性质,应分别处理。对前一次盗窃行为按盗窃处罚没有疑义,对后一次盗窃已铺设在路面的窨井盖,肯定是存在竞合的情形,关键是判断是想象竞合还是法规竞合,在此笔者认为应以法规竞合界定。法规竞合所涉及的是数个法条之间的重合或交叉关系,而想象竞合是由于行为人实施了违法行为而触犯规定不同种违法行为名的数个法条。本案中的盗窃公私财物和盗窃路面公用设施均属于盗窃行为,且这两种违法名称存在一种重合关系,即公用设施属于公私财物的一种,本案的行为性质是一致的,关键在于如何判断与界定法律适用的问题,而不是因为行为触犯了不同质的法律规定,择一重罚处断的问题。按照法条竞合的原则,一般是特别法优于普通法,本案应适用特别法条,即采用《治安管理处罚法》第三十七条第三款的规定,以盗窃公共设施予以行政处罚。因此,第一种观点正确。

关联理论

(一)想象竞合[1]

我国刑法学界普遍认同想象竞合犯的法律术语,又称想象数罪,是指行为人基于一个故意或过失,实施了一个危害行为,侵害了数个刑法所保护的客体,触犯了两个以上异种罪名的犯罪。

(二)法规竞合

法规竞合又称法条竞合,在德国刑法理论中称“假性竞合”或“法律单数”,是指行为人实施一个犯罪行为,由于触犯具有逻辑或刑法评价上包容关系的数个罪名的犯罪构成要件,表面上导致该数个罪名皆可适用,而依逻

---

[1] 本文认为,尽管想象竞合和法规竞合的理论主要适用于刑事法律关系领域,但由于在公安机关适用治安管理处罚法的特殊性,对严重程度尚未达到犯罪的违法治安管理的行为,也可参照使用。

辑或刑法评价上的包容关系当然适用包容法条的犯罪竞合形态。

关联法条

《中华人民共和国治安管理处罚法》(节录)(中华人民共和国第十届全国人民代表大会常务委员会第十七次会议于2005年8月28日通过　自2006年3月1日起施行)

第三十七条　有下列行为之一的,处五日以下拘留或者五百元以下罚款;情节严重的,处五日以上十日以下拘留,可以并处五百元以下罚款:

(一)未经批准,安装、使用电网的,或者安装、使用电网不符合安全规定的;

(二)在车辆、行人通行的地方施工,对沟井坎穴不设覆盖物、防围和警示标志的,或者故意损毁、移动覆盖物、防围和警示标志的;

(三)盗窃、损毁路面井盖、照明等公共设施的。

第四十九条　盗窃、诈骗、哄抢、抢夺、敲诈勒索或者故意损毁公私财物的,处五日以上十日以下拘留,可以并处五百元以下罚款;情节较重的,处十日以上十五日以下拘留,可以并处一千元以下罚款。

◇ 19 非法携带管制器具进入公共场所认定及处罚

——陈某、邱某、薛某非法携带管制器具案

案情概要

2007年3月26日晚9时许,违法嫌疑人陈某、薛某、邱某三人每人非法携带一把砍刀,准备报复他人,三人行至某市客运码头"泰晤仕"休闲会馆门前时,被某市公安局巡逻民警查获,当场从每人身上搜出管制刀具一把,后移交长航公安局某分局办理。

处理结果:该分局在查明上述三人的违法事实后,依据《中华人民共和国治安管理处罚法》(以下简称《治安管理处罚法》)第三十二条第二款、第十一条第一款之规定,对陈某、薛某、邱某三人分别作出行政拘留十日决定,收缴三名违法嫌疑人携带的管制刀具各一把。

问题聚焦

本案案情并不复杂,基本事实在于陈某、薛某、邱某三人每人非法携带一把砍刀到某市客运码头"泰晤仕"休闲会馆门前,准备报复他人。案件的关键在于对陈某、薛某、邱某三人的行为定性问题。也即,三行为人的行为只是非法携带管制器具,还是已构成故意伤害罪(预备行为)?若是构成非法携带管制器具,根据《治安管理处罚法》第三十二条,非法携带管制器具这一违法行为分为两款进行处罚,第一款是对非法携带管制器具这一单纯的违法行为进行处罚,第二款是针对非法携带管制器具进入公共场所的行为,而且两者的处罚也不一样,这时,就应该仔细甄别案件中违法嫌疑人是否非法携带管制器具进入公共场所,这个"公共场所"怎么界定的问题。另外,违法嫌疑人陈某、薛某、邱某三人携带砍刀的目的是报复他人进行故意伤害还是另有目的;行为目的没有达到只是因为被公安局巡逻民警现场查获,是因为意志以外的原因致使没有得逞,能不能以故意伤害罪的预备进行定性,这也是一个值得斟酌的问题。

本案述评

本案的基本案情应当说是十分清晰的，但三行为人行为的性质若不仔细推敲很容易混淆。乍一看来，某市客运码头"泰晤仕"休闲会馆门前属于公共场所，而陈某、薛某、邱某三人却携带砍刀在该会所门前逗留，属于非法携带管制器具进入公共场所的行为，并且尚未构成严重危及公共安全的情节。因此，根据《治安管理处罚法》的规定，应当以非法携带管制器具的违法行为处罚。

首先，非法携带管制器具行为成立的前提须是无法得知或证据尚不能认定行为人携带管制器具的原因、目的，否则应当按照相应的行为论处。在本案中，陈某、薛某、邱某三人携带砍刀的目的取向是抱着进行伤害报复的故意还是另有目的，我们无从得知。如果就此判定陈某、薛某、邱某三人构成故意伤害罪(预备)是否有滥用刑法的倾向？《中华人民共和国刑法》第五条规定：刑罚的轻重，应当与犯罪分子所犯罪行和承担的刑事责任相适应。针对刑罚正当化根据的不同看法和回答，可以分为报应刑论和目的刑论。报应刑论认为刑法的正当化依据在于报应的正义性。善有善报，恶有恶报是社会所信奉的道义原则。刑罚基于正义报应的要求而产生。报应是指对不法侵害行为给予等价责任的刑罚。目的刑论又称相对主义，是刑事实证学派的主张。目的刑论认为，刑罚本身没有什么意义，只有在为了实现一定的目的及预防犯罪的意义上才具有价值，因此，在预防犯罪所必要而且有效的限度内，刑罚才是正当的。在没有确实证据判定犯罪嫌疑人有故意伤害的目的时，我们没有必要动用刑法对其加以处罚，而本着罪刑相适应原则和节约司法成本的原则，以治安管理处罚法对其进行处罚是合适的，恰当的。

其次，陈某、薛某、邱某三人是否属于非法携带管制器具进入"公共场所"的行为。公共场所是供公众从事社会生活的各种场所，提供公众进行工作、学习、经济、文化、社交、娱乐、体育、参观、医疗、卫生、休息、旅游和满足部分生活需求所使用的一切公用建筑物、场所及其设施的总称。根据功能的不同，公共场所一般分为宾馆旅店类、公共浴池及理发店类、影剧院舞厅类、体育场馆公园类等。依据我国《娱乐场所管理条例》，娱乐场所，是指以营利为目的，并向公众开放、消费者自娱自乐的歌舞、游艺等场所。本案中"泰晤仕"休闲会馆显然属于公共娱乐场所。问题是，违法嫌疑人陈某、薛某、邱某三人还没有进入"泰晤仕"休闲会馆，在其门前就已经被公安民警抓获。虽然对于公共场所的覆盖范围没有具体的法律法规进行详细的界定，但是笔者认为,从一般民众的理解出发,休闲会馆的门口是公众进出公共场合的必经之路,是属于公共使用的范围,而且在此携带管制刀具已经具有严重的危险性,足以危害到公共安全,所以"泰晤仕"休闲会馆门前是属于公共场合的范围的。

综上所述,依据《治安管理处罚法》第三十二条第二款、第十一条第一款,违法嫌疑人陈某、薛某、邱某三人非法携带管制器具进入公共场所,应当以非法携带管制器具的违法行为处罚。

关联理论

(一)刑法与治安管理处罚法竞合问题

在西方国家刑法中,除了规定有重罪、轻罪之外,对于违反社会治安的行为亦以违警罪规定在刑法之内,并受到刑罚处罚。而我国刑法则不同,只有重罪、轻罪的规定,并没有违警罪的规定。对于扰乱公共秩序,妨害公共安全,侵犯人身权利、财产权利,妨害社会管理的犯罪行为,依照刑法追究刑事责任;对违反社会治安尚不够刑事处罚的违法行为,由公安机关依照《治安管理处罚法》给予治安处罚。因此,我国《刑法》与《治安管理处罚法》虽然是两部不同的法律,但它们之间形成了一个相互衔接、内容互补的关系。法条竞合,又称法规竞合或法律竞合,是指一个行为同时符合数个法律条文所规定的犯罪构成要件,由于该数个法律条文之间存在着重合或包容关系,因而只能适用其中一个法律条文而排斥其他法律条文的情形。像这种《治安管理处罚法》与《刑法》都作出了内容完全相同或基本相同的规定,但对行为的性质与处罚却截然不同,其属于什么性质的问题,应当如何解决,是我们应当认真研究的问题。这一问题的性质仍然属于刑法理论中的法条竞合问题,我们一般依据特别法优于普通法的原则和重法优于轻法的原则进行处理。但在解决这个问题的另一方面又应当有别于传统的解决方法:①由最高人民法院制定司法解释,将那些在刑法与治安管理处罚法之间无法区分的情况,制定罪与非罪的标准。例如,在犯罪情节、犯罪数额上,在造成的危害结果上,在行为人主观恶性程度上,作出具体的规定,凡是达到某个标准的,以犯罪认定;反之,则不构成犯罪。②由最高人民检察院、公安部制定妨害社会管理秩序犯罪案件追诉标准的规定,将那些在违法与犯罪之间无法区分的情况,制定具体的追诉标准。凡是达到追诉标准的,公安机关在侦查终结后一律移送至检察机关审查起诉;凡是未达到追诉标准的,由公安机关自行处理。此前,最高人民检察院、公安部曾于2001年4月18日共同制定《关于经济犯罪案件追诉标准的规定》,以及2008年3月5日最高人民检察院、公安部制定并颁布的《关于经济犯罪案件追诉标准的补充规定》,很好地解决了司法实践中经济犯罪如何追诉的问题。

(二)犯罪预备

本案主要关涉的是犯罪预备理论。所谓犯罪预备,是指直接故意犯罪的行为人为了实施某种能够引起预定危害结果的犯罪实行行为,在准备犯罪工具、制造条件的活动中,由于意志以外的原因,而未能进入实行阶段的状态。犯罪预备有两种类型:

(1)为犯罪准备工具。准备犯罪工具,包括制造、改造、找寻、购买等多种方式,其目的是为犯罪准备最合手、适用的工具。如为杀人而购买刀子,或自制利刃、火器等,为盗窃准备撬压工具、攀登工具等,为投毒购买毒药等均属为犯罪准备工具。

(2)为犯罪创造条件。为犯罪创造条件是指除为犯罪准备工具以外的其他全部准备活动,如踩点、跟踪、了解、掌握犯罪对象的活动规律,确定最佳地点和最佳时间,筹集资金、学习攀登、搏斗、诱骗等技巧,均属为犯罪创造条件。

预备犯罪只是犯罪的准备工作,犯罪行为事实上并未实际发生,侵害行为和后果还没有产生。对此,刑法认为犯罪预备也是犯罪行为,应负刑事责任,可以比照犯罪既遂犯从轻、减轻处罚或者免除处罚。

为了犯罪而准备工具、制造条件的行为,是犯罪预备。如为了盗窃而准备钥匙,排除实施犯罪行为的障碍等。应当根据预备的程度和对社会造成危害的程度等追究其刑事责任。需要把握的是,就主观上讲,行为人是为了实行犯罪;就客观上讲,行为人实施了犯罪预备行为,即为犯罪活动准备工具制造条件;就事实而言,行为人未能着手实行犯罪,且未着手犯罪是由于犯罪人意志以外的原因。具体到本案,陈某、薛某、邱某三人基于报复伤害的故意,准备了砍刀,并且也在“泰晤仕”休闲会馆门前制造条件,只等其打击对象出现即可实行。只不过,由于“被某市公安局巡逻民警现场查获”这一意志外的原因而导致其伤害行为未能得逞。

关联法条

《中华人民共和国治安管理处罚法》(节录)(中华人民共和国第十届全国人民代表大会常务委员会第十七次会议于2005年8月28日通过 自2006年3月1日起施行)

第十一条 办理治安案件所查获的毒品、淫秽物品等违禁品,赌具、赌资,吸食、注射毒品的用具以及直接用于实施违反治安管理行为的本人所有的工具,应当收缴,按照规定处理。

违反治安管理所得的财物,追缴退还被侵害人;没有被侵害人的,登记造册,公开拍卖或者按照国家有关规定处理,所得款项上缴国库。

第三十二条 非法携带枪支、弹药或者弩、匕首等国家规定的管制器具的,处五日以下拘留,可以并处五百元以下罚款;情节较轻的,处警告或者二百元以下罚款。

非法携带枪支、弹药或者弩、匕首等国家规定的管制器具进入公共场所或者公共交通工具的,处五日以上十日以下拘留,可以并处五百元以下罚款。

《娱乐场所管理条例》(节录)(国务院第122次常务会议通过 自2006年3月1日起施行)

第二条 本条例所称娱乐场所,是指以营利为目的,并向公众开放、消费者自娱自乐的歌舞、游艺等场所。

第二十二条 任何人不得非法携带枪支、弹药、管制器具或者携带爆炸性、易燃性、毒害性、放射性、腐蚀性等危险物品和传染病病原体进入娱乐场所。

迪斯科舞厅应当配备安全检查设备,对进入营业场所的人员进行安全检查。

《中华人民共和国刑法》(节录)(中华人民共和国第五届全国人民代表大会第二次会议于1979年7月1日通过 中华人民共和国第八届全国人民代表大会第五次会议修订 1997年3月14日中华人民共和国主席令第八十三号公布 自1997年10月1日起施行)

第五条 刑罚的轻重,应当与犯罪分子所犯罪行和承担的刑事责任相适应。

第二十二条 为了犯罪,准备工具、制造条件的,是犯罪预备。

对于预备犯,可以比照既遂犯从轻、减轻处罚或者免除处罚。

第二百三十四条 故意伤害他人身体的,处三年以下有期徒刑、拘役或者管制。

犯前款罪,致人重伤的,处三年以上十年以下有期徒刑;致人死亡或者以特别残忍手段致人重伤造成严重残疾的,处十年以上有期徒刑、无期徒刑或者死刑。本法另有规定的,依照规定。

◇ 20 非法买卖危险物质行为构成分析及涉案财物的处理

——非法买卖危险物质案

案情概要

2008年5月7日19时许，无业人员陈某和杨某商定以4 500元/吨的价格非法买卖汽油。当晚21时许，陈某指使驾驶员朱某、押运员王某驾驶皖××××油罐车，在长江宝塔水道黄汉河渡口处从杨某驾驶的“××12号”船上搬运汽油时被当场抓获，当场查获不合格90号汽油10吨，价值人民币4.3万元。事前，双方约定，卸完油后到附近磅房过磅后付款。陈某所卖汽油的来源无法查实。经省产品质量监督检验研究所检验，所扣押的汽油为90号汽油。此案不够刑事案件立案标准，以治安案件处理。

问题聚焦

本案案情并不复杂，争议的焦点主要体现在三方面：

(1)陈某与杨某的非法买卖汽油的行为是否属于非法买卖危险物质的行为。

(2)本案是否达到刑事案件的立案标准。

(3)本案中汽油应如何处置。

本案述评

(一)本案中四人的买卖汽油的行为是否可以定性为非法买卖危险物质的行为

让我们首先来了解一下相关的概念和法律规定。所谓非法买卖危险物质，是指行为人在客观上表现为违反国家有关危险物质管理规定，买卖危险物质。该行为的构成要件如下：第一，从客体上看，该行为侵犯的客体是公共安全，即不特定多数人的生命、健康和公私财产的安全。由于危险物质本身所固有的危险属性，在买卖过程中稍有不慎，就容易引起治安灾害事故的发生，致人重伤、死亡或使公私财产遭受重大损失，危害社会公共安全。因此，非法买卖危险物质的行为会对社会的公共安全产生潜在的危害。第二，从客观方面来看,该行为表现为违反治安管理的行为,必须符合以下两个条件:一是行为人必须有违反国家危险物质管理规定的行为;二是违反危险物质管理规定的行为必须是发生在买卖危险物质的过程中。第三,从主体上看,违法主体为一般主体,即达到法定责任年龄、具有责任能力的自然人都可以构成。单位也可以成为非法买卖危险物质的行为主体。第四,从主观方面而言,表现为故意,即明知是危险物质而非法买卖的。

根据《危险化学品经营许可证管理办法》(中华人民共和国国家经济贸易委员会令第36号)第三条规定,国家对危险化学品经营销售实行许可制度,经营销售危险化学品的单位,应当依照本办法取得危险化学品经营许可证,并凭经营许可证依法向工商行政管理部门申请办理登记注册手续。未取得经营许可证和未经工商登记注册,任何单位和个人不得经营销售危险化学品。国家安全生产监督管理局关于《危险化学品经营许可证管理办法》的实施意见(2002年11月21日)中,按照用途对危险化学品进行了分类,规定危险化学品广泛应用于国民经济建设和人民生活的各个领域,其用途主要划分为:工业生产、农业生产、建筑装饰、科教文卫、家庭生活、国防军工等领域使用的危险化学品;运输工具使用的成品油和液化气;特殊用途的监控化学品和易制毒化学品。按照上述规定,汽油属于“运输工具使用的成品油”,是危险化学品。另外,根据国家安全生产监督管理局公告的《危险化学品名录》(2005年版),闪点小于-18℃的为低闪点液体,闪点大于等于-18℃,而且小于23℃的为中闪点液体。汽油的闪点小于-18℃,属于易燃液体。因此,汽油属于国家规定的危险物质,由于关系到公共安全,买卖汽油需要获得主管部门颁发的经营许可证并需到当地的工商管理机关进行注册登记。

本案中,上述四人未取得经营许可证和未经工商登记注册非法买卖汽油,均构成违反国家有关规定非法买卖危险物质的行为。具体而言,该行为的实施主体是达到责任年龄,具有责任能力的四行为人;该行为侵犯的客体是公共安全;四行为人在客观上表现为:违反《危险化学品安全管理条例》的规定,非法买卖危险物质,故根据《中华人民共和国治安管理处罚法》(以下简称《治安管理处罚法》)第三十条的规定,以非法买卖危险物质对四人进行治安处罚。

(二)该案并未达到刑事立案标准

根据《最高人民检察院、公安部关于经济犯罪案件追诉标准的规定》(2001年4月30日发布)中对《中华人民共和国刑法》(以下简称《刑法》)第二百二十五条非法经营案的解释:从事其他非法经营活动,涉嫌下列情形之一的,应予追诉:①个人非法经营数额在五万元以上,或者违法所得数额在一万元以上的;②单位非法经营数额在五十万元以上,或者违法所得数额在十万元以上的。在本案中,陈某和杨某商定以 4 500 元/吨的价格非法买卖 90 号汽油 10 吨,价值人民币 4.3 万元。尚未达到"个人非法经营数额在五万元以上,或者违法所得数额在一万元以上的"的立案标准。根据《治安管理处罚法》第二条的规定,扰乱公共秩序,妨害公共安全,侵犯人身权利、财产权利,妨害社会管理,具有社会危害性,依照《刑法》的规定构成犯罪的,依法追究刑事责任;尚不够刑事处罚的,由公安机关依照本法给予治安管理处罚。故本案以治安案件处理。

(三)对于汽油的处置

在办案过程中,关于如何处置汽油形成三种不同意见。

第一种意见:根据《治安管理处罚法》第十一条第一款的规定,以违禁品进行收缴处理。汽油是国家法律法规规定专营、专卖的易燃易爆危险物品,其本身又具有危险性,是国家明确规定禁止私自买卖的,属于违禁品的范畴。

第二种意见:根据《治安管理处罚法》第十一条第一款的规定,应将汽油认定为非法财物对其进行收缴处理。

第三种意见:将汽油移交相关主管部门进行处理。

本文赞同第三种意见。公安机关办理治安案件"所查获的毒品、淫秽物品等违禁品,赌具、赌资,吸食、注射毒品的用具以及直接用于实施违反治安管理行为的本人所有的工具",可以统称为"非法财物"。这里的违禁品,是指国家法律、法规明确规定,禁止私自制造、销售、购买、持有、使用、储存和运输的物品。我国规定的违禁品,主要有毒品、淫秽物品、枪支、弹药、爆炸物品、剧毒物品、放射性物品,以及邪教组织、会道门、迷信宣传品等。汽油虽说具有危险性,但个人却可以持有或使用汽油,把汽油当作违禁品似有不妥。

在本案中,陈某指使驾驶员朱某、押运员王某驾驶皖××××油罐车,在南京六合区长江宝塔水道黄汉河渡口处从杨某驾驶的"××12 号"船上搬运汽油时被当场抓获,双方并未进行实质上的交易汽油的行为,未产生违法所得,也不存在"被侵害人",公安机关应将汽油移交相关主管部门进行处理即可。

关联理论

(一)行政许可

1. 概念和特征

行政许可,是指在法律一般禁止的情况下,行政主体根据行政相对人的申请,通过颁发许可证或执照等形式,依法赋予特定的行政相对人从事某种活动或实施某种行为的权利和资格的行政行为。行政许可具有如下特征:

(1)行政许可是依申请的行政行为。行政主体针对行政相对人的申请,依法采取相应的行政行为。行政主体不因管理相对人准备从事某项活动而主动颁发许可证或执照。行政相对人提出申请,是行政许可的前提条件。行政相对人的申请为行政许可的作出提供了契机,但并不是说申请使行政许可具有双方行为的性质,行政许可是行政主体基于行政权而为的单方行为,申请并不意味着必定得到行政主体的肯定性意思表示。行政相对人提出申请,是其从事某种法律行为之前必须履行的法定义务。

(2)行政许可存在的前提是法律的一般禁止。行政许可的内容是国家普遍禁止的活动。但是,为适应社会生活和生产的需要,对符合一定条件者解除禁止,允许其从事某项特定活动,享有特定权利和资格。许可是对禁止的解除,没有法律的一般禁止,便不存在行政许可。

(3)行政许可时授益性行政行为。行政许可不同于行政处罚和行政强制措施,它不是对相对人科以义务的行为,而是免除被许可人某种不作为的义务,使其可以行使某种权利或者获得行使某种权利的资格。从这个意义上讲,与行政处罚和行政征收等基于法律对行政相对人的权益剥夺和限制不同,行政许可是赋予行政相对人某种权利和资格的授益性行政行为。

(4)行政许可是要式行政行为。行政许可应遵循一定的法定程序,并应以正规的文书、格式、日期、印章等形式予以批准和证明。这种明示的书面许可是行政许可在形式上的特点。

2. 种类

根据现行《中华人民共和国行政许可法》(以下简称《行政许可法》)的规定,行政许可主要分为以下五类。

(1)普通行政许可。普通行政许可是指行政主体应特定相对人的申请,就有关直接涉及国家安全、公共安全、经济宏观调控、生态环境保护以及直接关系人身健康、生命财产安全等特定活动,按照法定条件予以批准或不批准的行政决定。

(2)行政特许。行政特许是指行政主体应特定相对人的申请,就有关有限自然资源和公共资源的开发利用以及直接关系公共利益的特定行业市场准入等,依法赋予或不赋予其资格的行政决定。

(3)行政认可。行政认可是指行政主体应特定相对人的申请,就有关提供公众服务并且直接关系公共利益的职业、行业,确定其具备或不具备特殊信誉、特殊条件或者特殊技能等资格、资质的行政决定。

(4)行政核准。行政核准是指行政主体应特定相对人的申请,就有关直接关系公共安全、人身健康、生命财产安全的重要设备、设施、产品、物品,按照技术标准、技术规范,通过检验、检测、检疫等方式进行审定的行政决定。

(5)行政登记。行政登记是指行政主体应特定相对人的申请,就企业或者其他组织的设立等,确定主体资格的行政决定。因此,并非所有称为登记的行政决定都是行政许可。根据《行政许可法》第五十六条的规定,行政主体对申请人提交的申请材料齐全、符合法定形式的,行政机关应当当场予以登记。

(二)违反治安管理行为与犯罪行为的区别

违反治安管理行为和犯罪行为都是危害社会的违法行为,都扰乱公共秩序、妨害公共安全、侵犯人身权利、侵犯财产权利、妨害社会管理,在实践中究竟如何区分二者呢?犯罪行为,是指严重危害社会的、违反刑法的应受刑罚处罚的行为。犯罪具有三个基本特征:一是犯罪是严重危害社会的行为,具有严重的社会危害性;二是犯罪是违反刑法规范的行为,具有刑事违法性;三是犯罪是应受刑罚处罚的行为,具有应受刑罚处罚性。

违反治安管理行为与犯罪行为的主要区别如下:

首先,危害社会的程度不同。违反治安管理行为也具有社会危害性,但危害社会的程度比犯罪低;而犯罪行为是严重危害社会的行为,具有自身的质和量的规定性,是危害社会的质和量的统一。

其次,违反治安管理行为也具有违法性,但违反的是有关治安管理的法律、法规和规章;而犯罪行为违反的是刑法,具有刑事违法性。

最后,违反治安管理行为应受治安管理处罚,但不构成犯罪,尚不够刑事处罚;而犯罪行为已够刑事处罚,且应受刑罚处罚。在实际工作中,可以从以下几个方面区分违反治安管理行为和犯罪行为:

(1)看情节是否严重。有些行为情节严重的,就构成犯罪;情节不严重的,就是违反治安管理行为。

(2)看情节是否恶劣。有些行为情节恶劣的,就构成犯罪;情节不恶劣的,就是违反治安管理行为。

(3)看后果是否严重。有些行为后果严重的,就构成犯罪;后果不严重的,就是违反治安管理行为。

(4)看数额是否较大。有些行为数额较大的,就构成犯罪;不是数额较大的,就是违反治安管理行为。

(5)看次数是否多次。有些行为多次实施的,就构成犯罪;不是多次实施的,就是违反治安管理行为。

(6)看是否使用暴力、威胁方法。有些行为已使用暴力、威胁方法的,就构成犯罪;未使用暴力、威胁方法的,就是违反治安管理行为。

(7)看是否特定主体。有些行为只有特定主体实施时才构成犯罪。

(8)看是否特定对象。有些行为只有针对特定对象实施时才构成犯罪。

(9)看是否以此为业。有些行为只有当行为人以此为业时,才构成犯罪。

(三)非法财物的范围

公安机关在办理行政案件过程中对于违反治安管理规定的非法财物有权予以收缴,具体而言,非法财物主要包括以下几类:

1. 毒品、淫秽物品等违禁品

所谓违禁品,是指国家法律、法规明确规定,禁止私自制造、销售、购买、持有、使用、储存和运输的物品。根据现行法律、法规的规定,我国目前的违禁品主要有毒品、淫秽物品、枪支、弹道、爆炸物品、剧毒物品、放射性物品、易制毒化学品以及邪教组织、会道门等的迷信宣传品等。违禁品由于其本身具有危险性,如不从严管理,一旦在社会上泛滥,势必给国家利益、公共安全和人民群众生命、财产安全造成巨大影响。为此,对毒品、淫秽物品等违禁品,公安机关应当依法予以收缴。

2. 赌具和赌资

所谓赌具,是指赌博行为人直接用于赌博的本人所有的工具,如麻将牌、扑克牌、纸牌、牌九等传统意义上的赌博工具。赌资,是指赌博活动中用做赌注的款物、换取筹码的款物和通过赌博赢取的款物。我国一直将赌博行为视为违法行为,但是长期以来,相关法律、法规并不健全。在《治安管理处罚法》出台之前,除将赌具视作直接用于实施违法行为的工具予以没收外,对赌资并无明确规定,也没有规定赌资可以没收,虽然实践中对赌资都予以没收,但由于法律依据不足,再加上一些公安机关为经济利益所驱动,在办理赌博案件中出现了不少问题,社会和群众反映较为强烈。对此问题,《治安管理处罚法》作了明确规定,将赌具和赌资均列入收缴范围,从而为公安机关依法打击赌博违法犯罪行为提供了法律武器。

3. 吸食、注射毒品的器具

吸食、注射毒品的器具,是指吸食、注射毒品行为人直接用于吸食毒品的器具,如用于吸毒的吸管、针管、锡纸、注射器等。与前两项不同,这些器具本身并不是违禁品,也不具有社会危害性,但由于其被违法行为人用来从事违法活动,因此,也将其列入收缴的范围。

4. 伪造、变造的公文、证件、证明文件、票证、印章等

公文、证件、证明文件、票证、印章等的制作和使用是有一定的要求的,

如果系伪造或者变造的,应当依法予以收缴。

5. 倒卖的有价票证

这里需要注意的是,有价票证本身是真实有效的,但由于其被违法行为人用来谋取不正当利益,为有针对性地打击此类违法犯罪活动,维护正常的社会管理秩序,对倒卖的有价票证也应当依法予以收缴。

6. 直接用于实施违法行为的本人所有的工具

要认定"直接用于实施违反治安管理行为的本人所有的工具",需注意两点:其一,这里所说的工具,是违反治安管理行为人"直接用于"实施违反治安管理行为的工具,而不是"间接用于"实施违反治安管理行为的工具。如赌博行为人专门用于赌博的交通工具、通信工具等,属于"直接用于"赌博活动的工具,但赌博行为人非专门用于赌博活动,而是在实施赌博行为的过程中偶然使用的交通工具、通信工具等,不属于"直接用于实施违反治安管理行为的本人所有的工具";其二,这里所指的工具,是违反治安管理行为人"本人所有"的工具,而不是"他人所有"的工具。"本人所有",即违反治安管理行为人本人对该工具具有合法的所有权,不包含违反治安管理行为人租、借或者偷、抢来的属于他人合法所有的工具。也就是说,当事人要提供证据证明实施违法行为的工具确实属于他人合法所有,如果举不出证据,无法证明他人对该工具享有合法的所有权,公安机关无需再证明该工具属于违法行为人本人所有,可以直接认定为违法行为人本人所有。这既是打击违法活动的需要,同时,也强调了对公民、法人和其他组织合法财产权的保护。

7. 其他法律、法规规定可以收缴的非法财物

这是一个概括性条款,是指除《公安机关办理行政案件程序规定》所列举的应当收缴的财物外,如果其他法律、法规规定可以收缴的,公安机关在办理行政案件过程中也应当依法予以收缴。

关联法条

《中华人民共和国治安管理处罚法》(节录)(中华人民共和国第十届全国人民代表大会常务委员会第十七次会议于2005年8月28日通过　中华人民共和国主席令第三十八号公布　自2006年3月1日起施行)

第二条　扰乱公共秩序,妨害公共安全,侵犯人身权利、财产权利,妨害社会管理,具有社会危害性,依照《中华人民共和国刑法》的规定构成犯罪的,依法追究刑事责任;尚不够刑事处罚的,由公安机关依照本法给予治安管理处罚。

第十一条 办理治安案件所查获的毒品、淫秽物品等违禁品，赌具、赌资，吸食、注射毒品的用具以及直接用于实施违反治安管理行为的本人所有的工具，应当收缴，按照规定处理。

违法治安管理所得的财物，追缴退还被侵害人；没有被侵害人的，登记造册，公开拍卖或者按照国家有关规定处理，所得款项上缴国库。

第三十条 违反国家规定，制造、买卖、储存、运输、邮寄、携带、使用、提供、处置爆炸性、毒害性、放射性、腐蚀性物质或者传染病病原体等危险物质的，处十日以上十五日以下拘留；情节较轻的，处五日以上十日以下拘留。

《危险化学品安全管理条例》(节录)(2002 年 1 月 26 日中华人民共和国国务院令第 344 号公布　自 2002 年 3 月 15 日实施)

第二十七条 国家对危险化学品经营销售实行许可制度。未经许可，任何单位和个人都不得经营销售危险化学品。

《危险化学品经营许可证管理办法》(节录)(中华人民共和国国家经济贸易委员会令第 36 号公布　自 2002 年 11 月 15 日实施)

第三条 国家对危险化学品经营销售实行许可制度，经营销售危险化学品的单位，应当依照本办法取得危险化学品经营许可证，并凭经营许可证依法向工商行政管理部门申请办理登记注册手续。未取得经营许可证和未经工商登记注册，任何单位和个人不得经营销售危险化学品。

《中华人民共和国刑法》(节录)　(中华人民共和国第五届全国人民代表大会第二次会议于 1979 年 7 月 1 日通过　中华人民共和国第八届全国人民代表大会第五次会议修订　1997 年 3 月 14 日中华人民共和国主席令第八十三号公布　自 1997 年 10 月 1 日起施行)

第二百二十五条 违反国家规定，有下列非法经营行为之一，扰乱市场秩序，情节严重的，处五年以下有期徒刑或者拘役，并处或者单处违法所得一倍以上五倍以下罚金；情节特别严重的，处五年以上有期徒刑，并处违法所得一倍以上五倍以下罚金或者没收财产：

(一)未经许可经营法律、行政法规规定的专营、专卖物品或者其他限制买卖的物品的；

(二)买卖进出口许可证、进出口原产地证明以及其他法律、行政法规规定的经营许可证或者批准文件的；

(三)未经国家有关主管部门批准，非法经营证券、期货或者保险业务的；

(四)其他严重扰乱市场秩序的非法经营行为。

《公安机关办理经济犯罪案件的若干规定》(节录)(2005 年 12 月 31 日

颁布 自2006年6月1日实施)

第九条 经审查,同时符合下列条件的,应予立案:

(一)认为有犯罪事实;

(二)涉嫌犯罪数额、结果或其他情节达到经济犯罪案件的追诉标准,需要追究刑事责任;

(三)属于该公安机关管辖。

《最高人民检察院、公安部关于经济犯罪案件追诉标准的规定》(节录)(2001年4月30日发布)

七十、非法经营案(《刑法》第二百二十五条)

从事其他非法经营活动,涉嫌下列情形之一的,应予追诉:

1.个人非法经营数额在五万元以上,或者违法所得数额在一万元以上的;

2.单位非法经营数额在五十万元以上,或者违法所得数额在十万元以上的。

◇ 21 非法买卖危险物质各行为人的定性及涉案财物的处理

——非法买卖柴油案件

案情概要

2008年11月23日23时10分，长江航运公安局某分局某派出所接群众电话举报称：有人准备于凌晨2时许，在长江某码头进行非法柴油交易。派出所接警后布置警力前往该地区进行守候。24日凌晨3时许，当李某伙同戴某、王某驾驶小油船在某码头与前来运油的夏某进行非法柴油交易时，被守候民警查获。购买柴油人员徐某也于当日8时许到公安机关交代问题。现查明：英某在无资质经营零号柴油的情况下，于2008年11月23日24时许，在长江某锚地，将某轮燃油柜及仓底的零号柴油8.4吨（价值人民币59 564.4元），以每吨人民币4 200元的价格卖给李某。2008年11月24日3时许，李某在无资质经营零号柴油的情况下伙同帮工戴某、王某，在长江某码头，将非法收购来的零号柴油9.78吨（价值人民币69 349.98元），以每吨人民币4 300元至4 500元的价格卖给徐某，谋取非法利益。

问题聚焦

本案的事实经过较为清楚，主要存在两次非法柴油交易过程，在第二次非法交易柴油的过程中被守候民警查获。争议焦点主要体现在以下两方面：一是本案中各涉案人员的行为定性问题，二是用于非法交易的柴油如何处置。

本案述评

（一）本案中各人的行为定性

在本案中，涉及非法买卖柴油的人员较多，但各人在其中所起的作用各不相同，所以就各人在案件中的行为表现，需分别定性，视不同情况作出不同的处理决定。

1. 运油的夏某的行为是否违法

判断一行为是否违法，从如下几个方面进行。就主体而言，违法行为者须已满十四周岁;就主观方面而言,须具有过错,也即故意或者过失;就客观方面而言,须具有违法行为以及危害后果,并且危害行为与危害后果之间存在因果关系。在本案中,运油的夏某系临时帮忙,主观上不明知,即他主观上并不具有过错;就客观方面而言,夏某并没有具体参与非法买卖柴油的违法行为,根据《中华人民共和国治安管理处罚法》(以下简称《治安管理处罚法》)第十九条第一款的规定,公安机关决定对其不予处罚的做法是正确的。

2. 戴某、王某的行为如何定性

在本案中,戴某、王某未构成非法经营罪,是否可以根据《治安管理处罚法》第三十条的规定,以非法买卖危险物质对其进行处罚呢?所谓非法买卖危险物质,是指行为人在客观上表现为违反国家有关危险物质管理规定,买卖危险物质。根据《危险化学品经营许可证管理办法》(中华人民共和国国家经济贸易委员会令第36号)第三条规定,国家对危险化学品经营销售实行许可制度,经营销售危险化学品的单位,应当依照本办法取得危险化学品经营许可证,并凭经营许可证依法向工商行政管理部门申请办理登记注册手续。未取得经营许可证和未经工商登记注册,任何单位和个人不得经营销售危险化学品。国家安全生产监督管理局关于《危险化学品经营许可证管理办法》的实施意见(2002年11月21日)中,按照用途对危险化学品进行了分类,规定危险化学品广泛应用于国民经济建设和人民生活的各个领域,其用途主要划分为:工业生产、农业生产、建筑装饰、科教文卫、家庭生活、国防军工等领域使用的危险化学品;运输工具使用的成品油和液化气;特殊用途的监控化学品和易制毒化学品。从规定上来看,柴油不在国家安全生产监督管理局公告的《危险化学品名录》(2005年版)之中,故不属于危险化学品。从属性上,柴油属于三级易燃易爆危险品,属于化工制成品,柴油虽然不属于危险化学品,但仍然具有危险性,属于危险物质,从事柴油经营的,虽然不需要《危险化学品经营许可证》,但需要成品油经营许可证。在本案中,戴某和王某在明知李某无资质经营零号柴油的情况下,帮助其买卖柴油,两人的帮工行为符合非法买卖危险物质的构成要件,故应该根据《治安管理处罚法》第三十条的规定,以非法买卖危险物质为由对其进行处罚。

3. 英某、李某的行为如何定性

本案中英某、李某的行为符合非法经营罪的构成要件,应当以非法经营罪予以处罚。

所谓非法经营罪,是指违反国家规定,未经许可经营限制买卖的物品、买卖经营许可证或者批准文件、未经批准非法经营证券、期货或者保险业务以及其他严重扰乱市场秩序的非法经营行为。

具体而言,本罪具有如下构成特征:

(1)本罪的犯罪客体是国家对市场正常的管理活动,主要是国家有关限制或许可经营制度以及对经营许可证及批准文件的管理制度。

(2)本罪在客观方面表现为违反国家规定,进行非法经营行为。具体表现为,违反全国人大及其常委会制定的法律和决定、国务院制定的行政法规、规定的行政措施、发布的决定和命令等,从事下列行为,情节严重者:①未经许可经营法律、行政法规规定的专营、专卖物品或者其他限制买卖的物品的;②买卖进出口许可证、进出口原产地证明以及其他法律、行政法规规定的经营许可证或者批准文件的;③未经国家有关主管部门批准,非法经营证券、期货或者保险业务的;④其他严重扰乱市场秩序的非法经营行为。

(3)本罪的主体是一般主体。

(4)本罪的主观方面为故意。

本案中,英某、李某是已达到刑事责任年龄且具有刑事责任能力的自然人,符合非法经营罪的主体要件。其主观上具有非法经营行为的故意,其客观上实施了非法经营无资质经营零号柴油的行为,所以,其犯罪行为完全符合非法经营罪的构成要件,应当以非法经营罪定罪处罚。

(二)关于柴油的处理

在本案中,存在两次非法柴油交易过程,一次是英某在无资质经营零号柴油的情况下,于2008年11月23日24时许,在长江南京扬子锚地,将某轮燃油柜及仓底的零号柴油8.4吨(价值人民币59 564.4元),以每吨人民币4 200元的价格卖给李某。一次是24日凌晨3时许李某在无资质经营零号柴油的情况下伙同帮工戴某、王某,在长江南京宝塔水道皇厂河码头,将非法收购来的零号柴油9.78吨(价值人民币69 349.98元),以每吨人民币4 300元至4 500元的价格卖给徐某,谋取非法利益。这两次交易行为都以获取非法利益为目的。如前所述,英某和李某的行为应认定为非法经营罪。《中华人民共和国刑法》(以下简称《刑法》)第六十四条规定:"犯罪分子违法所得的一切财物,应当予以追缴或者责令退赔;对被害人的合法财产,应当及时返还;违禁品和供犯罪所用的本人财物,应当予以没收。没收的财物和罚金,一律上缴国库,不得挪用和自行处理。"根据此条规定,对英某和李某用于非法交易的柴油和所获得的非法利益应该分别予以没收和追缴。

关联理论

治安管理处罚适用于扰乱公共秩序,妨害公共安全,侵犯人身权利、财产权利,妨害社会管理,具有社会危害性,尚不够刑事处罚的行为,即违反治安管理行为。该行为具有以下几个特征：

(一)具有一定的社会危害性

这是违反治安管理行为最基本的特征。行为的社会危害性，是指行为具有威胁和侵害我国社会主义社会关系和社会秩序的性质。某一行为之所以被认定为违反治安管理行为，从根本上说就是因为它对社会造成了一定程度的危害。即对《治安管理处罚法》或者其他有关治安管理的法律、行政法规、规章所保护的社会关系和社会秩序造成了威胁或者侵害。违反治安管理行为是多种多样的，不同的违反治安管理行为有不同的危害内容。具体到某一个违反治安管理行为的社会危害内容，是由该行为所侵犯的具体社会关系或者社会秩序的性质所决定的。

(二)具有违法性

这是违反治安管理行为的法律特征，是评价违反治安管理行为的法律标准。这里所讲的"具有违法性"，是指行为人不遵守治安管理法律规范的要求，实施了治安管理法律规范禁止的行为，或者拒不实施治安管理法律规范命令实施的行为，违反了治安管理法律义务。行为的违法性和社会危害性具有内在联系。凡是具有社会危害性的行为，也必然具有违法性。治安管理规范之所以要将某一行为认定为违反治安管理行为，就是因为该行为具有一定的社会危害性，超出了社会的容忍度。而在治安管理规范确立后，衡量某一行为是否具有一定的社会危害性并应受到治安管理处罚，最直观的外在标准就是看其是否违反了治安管理法律规范。

(三)尚不够刑事处罚

这是违反治安管理行为区别于犯罪的特征。依照《刑法》第十三条的规定，一切危害国家主权、领土完整和安全，分裂国家、颠覆人民民主专政的政权和推翻社会主义制度，破坏社会秩序和经济秩序，侵犯国有财产或者劳动群众集体所有的财产，侵犯公民私人所有的财产，侵犯公民的人身权利、民主权利和其他权利，以及其他危害社会的行为，依照法律应当受刑罚处罚的，都是犯罪，但是情节显著轻微危害不大的，不认为是犯罪。《刑法》规定的犯罪包括十大类：危害国家安全罪，危害公共安全罪，破坏社会主义市场经济秩序罪，侵犯公民人身权利、民主权利罪，侵犯财产罪，妨害社会管理秩序罪，危害国防利益罪，贪污贿赂罪，渎职罪和军人违反职责罪。其中，危害公共安全罪、侵犯公民人身权利、民主权利罪、侵犯财产罪、妨害社会管理秩序罪四大类罪中很多犯罪涉及治安管理，有一些犯罪本身就是严重地违反治安管理的行为。对扰乱公共秩序、妨害公共安全、侵犯人身权利和财产权利、妨害社会管理，具有社会危害性，构成犯罪的行为，应当依法追究刑事责任;尚不够刑事处罚的,应当作为违反治安管理行为,依法给予治安管理处罚。

(四)应受治安管理处罚

这是指违反治安管理行为应当受到治安管理处罚的特征。这一特征包含三层意思:一是治安管理处罚是违反治安管理行为的必然后果,某一行为一旦被认定是违反治安管理行为,国家就要将治安管理处罚加诸行为人。通过治安管理处罚,以满足社会惩治违反治安管理行为人的要求,也防止行为人重新违反治安管理,同时警戒社会上的不稳定分子;二是意味着治安管理处罚只能加诸违反治安管理行为,而不能对其他行政违法行为或犯罪适用治安管理处罚,否则将失去治安管理处罚的合理性、严肃性和有效性;三是只有应受治安管理处罚的行政违法行为才是违反治安管理行为。要认定某一行为是违反治安管理行为,仅具备上述三个特征是不够的,同时还必须具备"应受治安管理处罚"这一特征。因为,并不是所有"违反法律、危害社会、尚不够刑事处罚"的行为都是违反治安管理的行为。只有违反了《治安管理处罚法》或者其他有关治安管理的法律、行政法规、规章,应当给予治安管理处罚的危害社会、尚不够刑事处罚的行为,才是违反治安管理行为。

关联法条

《中华人民共和国治安管理处罚法》(节录)(中华人民共和国第十届全国人民代表大会常务委员会第十七次会议于2005年8月28日通过　中华人民共和国主席令第38号公布　自2006年3月1日起施行)

第二条　扰乱公共秩序,妨害公共安全,侵犯人身权利、财产权利,妨害社会管理,具有社会危害性,依照《中华人民共和国刑法》的规定构成犯罪的,依法追究刑事责任;尚不够刑事处罚的,由公安机关依照本法给予治安管理处罚。

第十九条　违反治安管理有下列情形之一的,减轻处罚或者不予处罚:

(一)情节特别轻微的;

(二)主动消除或者减轻违法后果,并取得被侵害人谅解的;

(三)出于他人胁迫或者诱骗的;

(四)主动投案,向公安机关如实陈述自己的违法行为的;

(五)有立功表现的。

第三十条　违反国家规定,制造、买卖、储存、运输、邮寄、携带、使用、提供、处置爆炸性、毒害性、放射性、腐蚀性物质或者传染病病原体等危险物质的,处十日以上十五日以下拘留;情节较轻的,处五日以上十日以下拘留。

《中华人民共和国刑法》(节录)(中华人民共和国第五届全国人民代表大会第二次会议于1979年7月1日通过 中华人民共和国第八届全国人民代表大会第五次会议修订 1997年3月14日中华人民共和国主席令第八十三号公布 自1997年10月1日起施行)

第二百二十五条 违反国家规定,有下列非法经营行为之一,扰乱市场秩序,情节严重的,处五年以下有期徒刑或者拘役,并处或者单处违法所得一倍以上五倍以下罚金;情节特别严重的,处五年以上有期徒刑,并处违法所得一倍以上五倍以下罚金或者没收财产:

(一)未经许可经营法律、行政法规规定的专营、专卖物品或者其他限制买卖的物品的;

(二)买卖进出口许可证、进出口原产地证明以及其他法律、行政法规规定的经营许可证或者批准文件的;

(三)未经国家有关主管部门批准,非法经营证券、期货或者保险业务的;

(四)其他严重扰乱市场秩序的非法经营行为。

《最高人民检察院、公安部关于经济犯罪案件追诉标准的规定》(节录)(2001年4月30日发布)

七十、非法经营案(《刑法》第二百二十五条)

从事其他非法经营活动,涉嫌下列情形之一的,应予追诉:

1. 个人非法经营数额在五万元以上,或者违法所得数额在一万元以上的;

2. 单位非法经营数额在五十万元以上,或者违法所得数额在十万元以上的。

《关于严格查禁非法运输、储存、买卖成品油的通知》(节录)(海关总署、发展改革委、公安部、商务部、工商总局、国务院法制办 于2003年12月16日开始施行)

近一个时期以来,走私成品油的情况在部分地区屡有发生,一些单位和个人非法运输、储存、买卖走私成品油,严重破坏了正常的成品油进出口秩序,冲击了国内的成品油市场。为保障我国石化工业的健康发展,维护规范有序的成品油进出口秩序,严厉打击非法运输、储存、买卖走私成品油的活动,根据国务院第十五次常务会议精神,并经国务院批准,海关总署、发展改革委、公安部、商务部、工商总局、国务院法制办现就严格查禁非法运输、储存、买卖成品油的有关事宜通知如下:

一、任何单位和个人运输、储存、买卖成品油,应当经过有关主管部门的批准,并具备合法、齐全的经营手续。

二、各执法部门查获的走私成品油案件,应按缉私体制的规定移交海关统一处理。

三、任何单位和个人在内海、领海、界河、界湖和海关附近沿海沿边规定地区运输、储存、买卖成品油无合法、齐全手续的,由海关、公安(边防)、工商行政管理部门依照本通知的规定,对无合法、齐全手续的成品油依法予以没收,不得罚款放行。

四、海关、公安(边防)、工商行政管理部门没收的无合法、齐全手续的成品油,应按规定变卖给中国石油天然气集团公司、中国石油化工集团公司所属的石油批发企业,变卖价格不得低于同类油品国内煤油厂出厂价格,变卖所得款按规定上缴国库。

三、侵犯人身权利、财产权利的行为和处罚

◇ 22 扰乱公共场所与殴打他人行为辨析

——郑某殴打他人案

案情概要

2009年1月28日11时30分,某客渡经理童某在A县分洪管理局升降机管理所码头维持上下船秩序。违法行为人郑某乘坐一辆别克牌白色商务车到码头接过渡过来的旅客。当时,该车停到了码头的通道口上,堵塞了上下船车辆旅客的通道。被害人童某就跟坐在该车副驾驶座位上的郑某讲,将车往码头上移一下,郑某没有理会。当渡船靠岸时,车辆旅客相继要下船,童某又跟该车的司机讲"下客的人比较多,麻烦把车子挪一下。"郑某不但不听从管理,反而上前骂道"我就是不移,你么意思",说着对童某拳打脚踢,将童某打倒在地,渡船船员过来阻止郑某的殴打,并把童某拉到了渡船上,郑某仍追着打,童某拿出手机要报警,郑某说:"你还敢报警,老子打死你",上前将童某的手机打到了江里,后被船员及旅客拉开。经医生诊断证明,童某多处软组织挫伤。

问题聚集

该案发生后,长江航运公安局某分局立即对该案进行了调查,但对案件的定性上出现了分歧。有意见认为应以扰乱公共场所秩序对郑某进行处罚,有意见认为应以殴打他人的违法行为进行处罚,还有意见认为应对两种违法行为进行处罚。违法行为人堵塞渡口上下船通道,不听从渡口管理人员的管理,在警告和要求纠正无效的情况下,故意违反渡口公共行为规则,应构成扰乱公共场所秩序,而公然殴打渡口秩序管理人员的行为显然又构成殴打他人。但殴打他人行为能否视为扰乱公共场所秩序的抗拒工作人员维护秩序的方法行为,两者为牵连关系还是吸收关系或是实际的两个违法行为。

本案述评

(一)扰乱公共场所秩序行为的认定

扰乱公共场所秩序的违反治安管理行为,是指扰乱车站、港口、码头、机场、商场、公园、展览馆或者其他公共场所秩序,尚不构成刑事处罚标准的行为。其行为具有以下特征:

1. 行为主体的特征

本行为的主体是达到责任年龄且具有责任能力的公民。单位不能构成本行为的主体。根据《中华人民共和国治安管理处罚法》(以下简称《治安管理处罚法》)第十二条的规定:"不满十四周岁的人违反治安管理的,不予处罚,但是应当责令其监护人严加管教"。由此可以看出,我国公民承担行政责任是以十四周岁作为最低年龄,且必须具有一定的辨别和控制自己行为和意志的能力。

2. 行为客体的特征

本行为侵犯的客体是公共场所秩序。公共场所秩序是指保证公众安全地顺利出入、使用公共场所所规定的公共行为规则。根据《治安管理处罚法》第二十三条第二项所列举的公共场所主要有:车站、港口、码头、机场、商场、公园、展览馆或者其他公共场所等。公共场所具有公共性的特点,凡为不特定的多数人随时出入、停留、使用的场所,皆可以认定为公共场所。在本案中,公安县分洪管理局升降机管理所码头属于治安管理法所列举的公共场所的范围。

3. 行为主观方面的特征

本行为的主观方面只能是故意。行为人扰乱公共场所秩序的目的,一般是制造事端,给有关部门、机关维持正常秩序施加压力。

4. 行为客观方面的特征

本行为在客观方面表现为扰乱公共场所秩序的行为。这些行为只是影响了公共场所功能的正常发挥,情节轻微,没有造成严重后果,尚未构成刑事犯罪,应受治安行政处罚的行为。通常表现为下列行为[1]:

(1)由于非法集会、游行、示威或静坐活动,扰乱了车站、港口、码头、机场、商场、公园、展览馆或者其他公共场所的秩序,影响了这些场所的正常工作和活动的行为。

---

[1] 余凌云主编:《治安管理处罚法的具体适用问题》。北京:中国人民公安大学出版社,2006年版,第109页。

(2)非法摊贩争夺地盘、争拉顾客,营运司机争拉乘客、堵塞道路通道,不遵守排队秩序、起哄抢占电影院位置,或者由于其他原因,引起争吵,不听劝阻,破坏公共场所秩序的行为。

(3)倒买倒卖入场券、车船票,倒买倒卖伪造的入场券、车船票,使用过期的、无效的或者假入场券、车船票进入车站、港口、码头、机场或者文娱场所的行为。

(4)违反有关特定公共场所的规定,私自携带易燃、易爆、易腐蚀品,管制刀具、枪支、炸药、爆炸品等其他违禁危险品进出公共场所的行为。

(5)在公共场所拥挤、起哄、喧闹、滋事;在人群集中的地方大声叫骂、口出污言秽语的行为。

(6)强行闯入会场、影剧院、展览会等公共场所;叫骂、围攻、殴打在公共场所维护秩序的治安管理工作人员等扰乱公共场所秩序的行为。

(7)在交通要道上较长时间停留,堆积物品或设置障碍物,堵塞出入通道,阻断交通,毁损公共交通设施,造成交通堵塞、秩序混乱的行为。

(二)郑某行为的认定

通过以上对扰乱公共场所秩序行为的构成要件的分析,我们不难发现"叫骂、围攻、殴打在公共场所维护秩序的治安管理工作人员"是构成扰乱公共场所秩序客观方面特征行为之一,此时,殴打他人行为成为扰乱公共场所秩序的抗拒工作人员维护秩序的方法行为,两个行为构成牵连关系。行政法中也存在着牵连行为理论。牵连违法行为是指行为人实施某个行为已构成违法,并且实施该违法行为的手段方式或结果也构成违法,从而构成的两个或两个以上的违法行为。对于牵连行为原则上是择一重处罚。但案例中,扰乱公共场所秩序行为更为严重,因此殴打在公共场所维持秩序的工作人员,造成公共秩序混乱的,以扰乱公共场所秩序给予处罚。那么在公共场所殴打维持秩序的工作人员都构成扰乱公共场所秩序?这要看该行为的实际侵害的后果,如果殴打行为客观造成公共秩序的混乱,应按照扰乱公共场所秩序给予处罚,如果仅仅侵犯的是他人的人身权利,未对公共秩序造成影响,显然应按照殴打他人行为予以处理。

回到案例中,郑某不服从码头维持秩序工作人员管理,实施了殴打工作人员的行为,考虑到码头乘客下船的危险性,此时实施殴打行为,已对码头正常的秩序造成较大的损害,因而郑某殴打他人的行为,对码头公共秩序造成了影响,应以扰乱公共场所秩序对郑某进行处罚。

另外本案中,郑某扰乱公共场所秩序后,当被害人童某准备打电话报警时,郑某将其手机扔到江中,此行为已构成故意损毁财物行为,也应依据《治安管理处罚法》相关条款对其进行处理。

关联理论

牵连犯理论是刑法罪数理论中的一个重要概念,一般认为牵连犯是指以实施某一犯罪为目的,而其犯罪的方法行为或者结果行为又触犯了其他罪名的情况。刑法理论认为牵连犯是处断上的一罪,因而实行从一重罪处断的原则。也就是说,对牵连犯应当采用吸收的原则,按照数行为所触犯的罪名中最重的罪论处。由于行政法与刑法毕竟有所不同,对于刑法上的理论也就不能照抄照搬,原决定即是依据该理论所作出的,因而略显不妥。

其实与刑法中的牵连犯理论相对应,行政法中也存在着牵连违反行为理论。牵连违法行为是指行为人实施某个行为已构成违法,并且实施该违法行为的手段方式或结果也构成违法,从而构成的两个或两个以上的违法行为。相应的,牵连违法行为的要件有:

(1)行为人实施了两个或两个以上的违法行为;

(2)行为人的违法行为触犯了数个不同的法律规范或条文;

(3)行为人的违法行为之间具有牵连关系。牵连违法行为的本质为牵连关系。

关联法条

《中华人民共和国治安管理处罚法》(节录)(中华人民共和国第十届全国人民代表大会常务委员会第十七次会议于2005年8月28日通过　自2006年3月1日起施行)

第二十三条　有下列行为之一的,处警告或者二百元以下罚款;情节较重的,处五日以上十日以下拘留,可以并处五百元以下罚款:

(一)扰乱机关、团体、企业、事业单位秩序,致使工作、生产、营业、医疗、教学、科研不能正常进行,尚未造成严重损失的;

(二)扰乱车站、港口、码头、机场、商场、公园、展览馆或者其他公共场所秩序的;

(三)扰乱公共汽车、电车、火车、船舶、航空器或者其他公共交通工具上的秩序的;

(四)非法拦截或者强登、扒乘机动车、船舶、航空器以及其他交通工具,影响交通工具正常行驶的;

(五)破坏依法进行的选举秩序的。

聚众实施前款行为的,对首要分子处十日以上十五日以下拘留,可以并处一千元以下罚款。

第四十三条 殴打他人的，或者故意伤害他人身体的，处五日以上十日以下拘留，并处二百元以上五百元以下罚款；情节较轻的，处五日以下拘留或者五百元以下罚款。

有下列情形之一的，处十日以上十五日以下拘留，并处五百元以上一千元以下罚款：

（一）结伙殴打、伤害他人的；

（二）殴打、伤害残疾人、孕妇、不满十四周岁的人或者六十周岁以上的人的；

（三）多次殴打、伤害他人或者一次殴打、伤害多人的。

第四十九条 盗窃、诈骗、哄抢、抢夺、敲诈勒索或者故意损毁公私财物的，处五日以上十日以下拘留，可以并处五百元以下罚款；情节较重的，处十日以上十五日以下拘留，可以并处一千元以下罚款。

◇ 23 盗窃与敲诈勒索行为认定及处理

——李某敲诈勒索案

案情概要

2008年4月22日,违法行为人李某在某港口停车场将场内的一部轿车前后车牌用螺丝刀拆走后藏匿,然后把事先写好的纸条放在汽车雨刮器上夹住,纸条上要求车主汇200元钱到某银行账户并在纸条上留有联系电话。车主把200元钱汇到指定的银行账户后,车主与李某联系,李某告诉车主车牌藏在停车场某广告牌的夹缝中,车主在广告牌后找回了车牌。后李某被长航公安局某分局抓获。该分局以敲诈勒索依据《中华人民共和国治安管理处罚法》(以下简称《治安管理处罚法》)第四十九条对李某处以治安拘留8日。

问题聚焦

本案案情并不复杂,争议的焦点主要集中在两个方面:

第一,对李某行为的性质认定上出现了两种不同的意见。即李某的行为是一般的违法行为还是犯罪行为,即罪与非罪的问题。

第二,李某的行为是盗窃行为还是敲诈勒索行为。即此行为与彼行为的认定问题。认定李某该行为属于盗窃还是敲诈勒索?

本案述评

(一)李某的行为属于违法行为,应受到《治安管理处罚法》的处罚

李某的行为没有达到刑事处罚的数额及情节标准,只是一般的治安违法行为。在认定敲诈勒索行为与敲诈勒索罪的界限时,要注意敲诈勒索公私财物,只有数额较大的,才构成犯罪。

敲诈勒索行为[1],是指行为人以非法占有为目的,以威胁或者要挟的方法,强行索取少量公私财物,尚不构刑事处罚的行为。本行为侵犯的客体是

[1] 参见国务院法制办公室政法司编著:《〈中华人民共和国治安管理处罚法〉执法必备》。北京:法律出版社,2005年版,第169页。

复杂客体,即不仅侵犯了公私财物的所有权,还侵犯了他人的人身权利或者其他权益。侵犯的对象是公私财物。本行为在客观方面表现为行为人采用威胁、要挟的方法,迫使被侵害人交出财物,数额较小的行为。采用威胁、要挟的方法,是指对被侵害人及其近亲属实施杀害、伤害相威胁,或者以公开被侵害人的隐私和不正当行为、毁坏被侵害人名誉相要挟,或者利用被侵害人的困境相要挟等。迫使被侵害人交出财物,是指由于行为人实施了威胁或者要挟的方法,造成被侵害人精神恐惧,不得已交出财物。敲诈勒索的方式可以是口头的,也可以是书面的,还可以通过第三者转达。本行为在主观方面是故意,行为人具有非法强索他人财物的目的。如果不是为了非法占有财物,而是债权人对债务人使用威胁语言以催促偿还债务的,不构成敲诈勒索行为。

判定敲诈勒索罪是根据《中华人民共和国刑法》(以下简称《刑法》)第二百七十四条的规定,敲诈勒索公私财物,数额较大的,处三年以下有期徒刑、拘役或者管制;数额巨大或者有其他严重情节的,处三年以上十年以下有期徒刑。敲诈勒索公私财物,数额较大的,因此,敲诈勒索公私财物,只有数额较大的,才构成犯罪。且根据《最高人民法院关于敲诈勒索罪数额认定标准问题的规定》,根据《刑法》第二百七十四条的规定,现对敲诈勒索罪数额认定标准规定如下:①敲诈勒索公私财物“数额较大”,以一千元至三千元为起点;②敲诈勒索公私财物“数额巨大”,以一万元至三万元为起点。各省、自治区、直辖市高级人民法院可以根据本地区实际情况,在上述数额幅度内,研究确定本地区执行的敲诈勒索罪“数额较大”、“数额巨大”的具体数额标准,并报最高人民法院备案。

具体在本案中,李某是要求车主汇 200 元钱到某银行账户后,才告诉车主车牌藏在停车场某广告牌的夹缝中。因此,李某侵犯的对象是数额为 200 元人民币,没有达到敲诈勒索罪所规定的最低数额起点 1 000 元,不构成敲诈勒索罪,属于违法行为,应当按照《治安管理处罚法》的相关规定给予李某治安管理处罚。

盗窃行为,是指以非法占有为目的,秘密窃取公私财物,数额较小、情节轻微尚不够刑事处罚的行为。本行为侵犯的客体是公私财物的所有权。侵犯的对象是国家、集体或者个人的财物。本行为侵犯的对象是公私财物。本行为在客观方面表现为秘密窃取少量公私财物的行为,秘密窃取就是行为人采用不易被财物所有人、保管人或者其他人发现的方法,将公私财物非法占有的行为。本行为的主观方面是故意,并且具有将公私财物秘密非法占有的目的,行为人如果没有非法占有公私财物的目的,如将他人的财物误认为是自己的而占有的，或者明知是他人财物不问自取，用后立即归还的，不属于盗窃行为。至于是归自己所有还是归第三者占有，甚至归集体非法占有，都不影响本行为的定性。

根据《刑法》的规定，盗窃罪是指以非法占有为目的，秘密窃取公私财物数额较大或者多次盗窃公私财物的行为。《刑法》第二百六十四条规定，盗窃公私财物，数额较大或者多次盗窃的，处三年以下有期徒刑、拘役或者管制，并处或者单处罚金；数额巨大或者有其他严重情节的，处三年以上十年以下有期徒刑，并处罚金；数额特别巨大或者有其他特别严重情节的，处十年以上有期徒刑或者无期徒刑，并处罚金或者没收财产；有下列情形之一的，处无期徒刑或者死刑，并处没收财产：①盗窃金融机构，数额特别巨大的；②盗窃珍贵文物，情节严重的。

因此如何判定是盗窃行为还是盗窃罪，即罪与非罪的界限主要在于以下两个方面：

(1)窃取次数的多少。根据《最高人民法院关于审理盗窃案件具体应用法律若干问题的解释》第4条的规定，对于一年内入户盗窃或者在公共场所扒窃三次以上的，应当认定为“多次盗窃”，以盗窃罪定罪处罚。具体在本案中，案情显示犯罪嫌疑人李某只是初次实施违法行为，因此从这种角度看，李某不符合盗窃罪所应具备的多次盗窃公私财物的要素。

(2)窃取数额的大小。盗窃数额，是指行为人窃取的公私财物的数额。根据《最高人民法院关于审理盗窃案件具体应用法律若干问题的解释》第三条的规定，盗窃公私财物“数额较大”、“数额巨大”、“数额特别巨大”的标准如下：①个人盗窃公私财物价值人民币五百元至二千元以上的，为“数额较大”。②个人盗窃公私财物价值人民币五千元至二万元以上的，为“数额巨大”。③个人盗窃公私财物价值人民币三万元至十万元以上的，为“数额特别巨大”。各省、自治区、直辖市高级人民法院可根据本地区经济发展状况，并考虑社会治安状况，在前款规定的数额幅度内，分别确定本地区执行的“数额较大”、“数额巨大”、“数额特别巨大”的标准。同时在《最高人民法院、最高人民检察院关于当前办理盗窃案件中具体应用法律的若干问题的解答》中又具体细化了盗窃罪的认定标准，规定盗窃公私财物数额较大，是构成盗窃罪的重要条件，盗窃活动的具体情节，也是定罪的根据之一。对于有些小偷小摸行为的，或者本人因受灾生活困难，偶尔偷窃财物的，或者被胁迫参加盗窃活动，没有分赃或获赃甚微的，可以不作为盗窃罪处理，必要时，由主管机关予以适当处罚。本案的李某不符合盗窃罪的构成要件，因此不应认定为盗窃罪，应当按照违法行为由行政机关进行处理。

同时根据《最高人民法院关于审理诈骗案件具体应用法律的若干问题的解释》规定:盗窃公私财物接近"数额较大"的起点,具有下列情形之一的,可以追究刑事责任:①以破坏性手段盗窃造成公私财产损失的;②盗窃残疾人、孤寡老人或者丧失劳动能力人的财物的;③造成严重后果或者具有其他恶劣情节的。本案中,李某的行为并未达到以上的规定,因此不应对其追究刑事责任,应按照《治安管理处罚法》以一般的治安违法行为对李某进行处罚。

(二)李某的违法行为构成敲诈勒索行为,应按照《治安管理处罚法》对其进行处罚

违法行为人李某,在某港口停车场将场内的一部轿车前后车牌用螺丝刀拆走后藏匿,然后把事先写好的纸条放在汽车雨刮器上夹住,纸条上要求车主汇 200 元钱到某银行账户才予以归还牌照,已构成敲诈勒索行为,应当按照《治安管理处罚法》第四十九条的规定对其进行处罚。

首先,李某符合敲诈勒索行为所应当具有的主体要件,即李某是达到责任年龄且具有责任能力的公民。亦即李某年满 18 周岁,且精神和智力情况正常。其次,在敲诈勒索行为构成的客观方面,李某的行为已不仅仅是窃取车主的牌照,而是以牌照向车主要挟财物,要求车主汇款 200 元,这种行为符合敲诈勒索行为的基本特征,即行为人使用威胁或者要挟的方法勒索财物。再次,在敲诈勒索行为构成的主观方面,李某表现为直接故意,即李某具有非法向车主强索 200 元款项的目的。因此,李某的违法行为构成敲诈勒索行为,应当根据《治安管理处罚法》第四十九条的规定进行处罚:"盗窃、诈骗、哄抢、抢夺、敲诈勒索或者故意损毁公私财物的,处五日以上十日以下拘留,可以并处五百元以下罚款;情节较重的,处十日以上十五日以下拘留,可以并处一千元以下罚款。"

关联理论

(一)敲诈勒索行为与敲诈勒索罪的区别

敲诈勒索行为[1],是指行为人以非法占有为目的,以威胁或者要挟的方法,强行索取少量公私财物,尚不构刑事处罚的行为。敲诈勒索行为,必须符合以下条件:

(1)行为人必须使用威胁、要挟或者其他方法勒索财物,逼使被侵害人

---

[1] 参见国务院法制办公室政法司编著:《〈中华人民共和国治安管理处罚法〉执法必备》。北京:法律出版社,2005 年版,第 169 页。

交出财物，这是敲诈勒索的本质特征，也是与盗窃和抢夺等行为的主要区别。威胁或者要挟，是指通过对公私财物所有人、保管人及其亲属实行精神上的强制，使其在心理上产生恐惧或者压力，不得已而交出财物，或者以公开被侵害人的隐私和不正当行为、毁坏被侵害人名誉相要挟，或者利用被侵害人的困境相要挟等，迫使被侵害人交出财物，威胁或者要挟的内容可能涉及被侵害人诸多方面，可以是书面的，也可以是口头的，还可以通过第三者转达；可以是明示，也可以是暗示。

(2)本行为的主体是达到责任年龄且具有责任能力的公民。公民的责任年龄和责任能力依《治安管理处罚法》第十二条至第十五条的规定确定。

(3)本行为侵犯的客体是复杂客体，即不仅侵犯了公私财物的所有权，还侵犯了他人的人身权利或者其他权益。

(4)本行为在主观方面表现为直接故意，且必须具有非法强索他人财物的目的。如果不是为了非法占有财物，而是债权人对债务人使用威胁语言以催促偿还债务的，不构成敲诈勒索行为。

敲诈勒索罪，根据《刑法》第二百七十四条的规定，敲诈勒索公私财物，数额较大的，处三年以下有期徒刑、拘役或者管制；数额巨大或者有其他严重情节的，处三年以上十年以下有期徒刑。敲诈勒索公私财物，数额较大的，因此，敲诈勒索公私财物，只有数额较大的，才构成犯罪。且根据《最高人民法院关于敲诈勒索罪数额认定标准问题的规定》，根据《刑法》第二白七十四条的规定，现对敲诈勒索罪数额认定标准规定如下：①敲诈勒索公私财物"数额较大"，以一千元至三千元为起点；②敲诈勒索公私财物"数额巨大"，以一万元至三万元为起点。各省、自治区、直辖市高级人民法院可以根据本地区实际情况，在上述数额幅度内，研究确定本地区执行的敲诈勒索罪"数额较大"、"数额巨大"的具体数额标准，并报最高人民法院备案。

(二)盗窃行为与盗窃罪的区别

盗窃行为，是指以非法占有为目的，偶尔秘密窃取公私财物，数额较小、情节轻微尚不够刑事处罚的行为。根据《刑法》的规定，盗窃罪是指以非法占有为目的，秘密窃取公私财物数额较大或者多次盗窃公私财物的行为。因此罪与非罪的界限主要在于以下两个方面：

(1)窃取次数的多少。根据《最高人民法院关于审理盗窃案件具体应用法律若干问题的解释》第4条的规定，对于一年内入户盗窃或者在公共场所扒窃三次以上的，应当认定为"多次盗窃"，以盗窃罪定罪处罚。

(2)窃取数额的大小。盗窃数额，是指行为人窃取的公私财物的数额。根据《最高人民法院关于审理盗窃案件具体应用法律若干问题的解释》第三条的规定,盗窃公私财物"数额较大"、"数额巨大"、"数额特别巨大"的标准如下:①个人盗窃公私财物价值人民币五百元至二千元以上的,为"数额较大"。②个人盗窃公私财物价值人民币五千元至二万元以上的,为"数额巨大"。③个人盗窃公私财物价值人民币三万元至十万元以上的,为"数额特别巨大"。各省、自治区、直辖市高级人民法院可根据本地区经济发展状况,并考虑社会治安状况,在前款规定的数额幅度内,分别确定本地区执行的"数额较大"、"数额巨大"、"数额特别巨大"的标准。同时在《最高人民法院、最高人民检察院关于当前办理盗窃案件中具体应用法律的若干问题的解答》中又具体细化了盗窃罪的认定标准,规定盗窃公私财物数额较大,是构成盗窃罪的重要条件,盗窃活动的具体情节,也是定罪的根据之一。对于有些小偷小摸行为的,或者本人因受灾生活困难,偶尔偷窃财物的,或者被胁迫参加盗窃活动,没有分赃或获赃甚微的,可以不作为盗窃罪处理,必要时,由主管机关予以适当处罚。同时根据《最高人民法院关于审理诈骗案件具体应用法律的若干问题的解释》规定:盗窃公私财物接近"数额较大"的起点,具有下列情形之一的,可以追究刑事责任:①以破坏性手段盗窃造成公私财产损失的;②盗窃残疾人、孤寡老人或者丧失劳动能力人的财物的;③造成严重后果或者具有其他恶劣情节的。

关联法条

《中华人民共和国治安管理处罚法》(节录)(中华人民共和国第十届全国人民代表大会常务委员会第十七次会议于2005年8月28日通过 自2006年3月1日起施行)

第十二条 已满十四周岁不满十八周岁的人违反治安管理的,从轻或者减轻处罚;不满十四周岁的人违反治安管理的,不予处罚,但是应当责令其监护人严加管教。

第十三条 精神病人在不能辨认或者不能控制自己行为的时候违反治安管理的,不予处罚,但是应当责令其监护人严加看管和治疗。间歇性的精神病人在精神正常的时候违反治安管理的,应当给予处罚。

第十四条 盲人或者又聋又哑的人违反治安管理的,可以从轻、减轻或者不予处罚。

第十五条 醉酒的人违反治安管理的,应当给予处罚。

醉酒的人在醉酒状态中,对本人有危险或者对他人的人身、财产或者公共安全有威胁的,应当对其采取保护性措施约束至酒醒。

第二十一条 违反治安管理行为人有下列情形之一,依照本法应当给

予行政拘留处罚的,不执行行政拘留处罚:

(一)已满十四周岁不满十六周岁的;

(二)已满十六周岁不满十八周岁,初次违反治安管理的;

(三)七十周岁以上的;

(四)怀孕或者哺乳自己不满一周岁婴儿的。

第四十九条 盗窃、诈骗、哄抢、抢夺、敲诈勒索或者故意损毁公私财物的,处五日以上十日以下拘留,可以并处五百元以下罚款;情节较重的,处十日以上十五日以下拘留,可以并处一千元以下罚款。

《中华人民共和国刑法》(节录)(中华人民共和国第五届全国人民代表大会第二次会议于1979年7月1日通过　中华人民共和国第八届全国人民代表大会第五次会议修订　1997年3月14日中华人民共和国主席令第八十三号公布　自1997年10月1日起施行)

第二百六十四条 盗窃公私财物,数额较大或者多次盗窃的,处三年以下有期徒刑、拘役或者管制,并处或者单处罚金;数额巨大或者有其他严重情节的,处三年以上十年以下有期徒刑,并处罚金;数额特别巨大或者有其他特别严重情节的,处十年以上有期徒刑或者无期徒刑,并处罚金或者没收财产;有下列情形之一的,处无期徒刑或者死刑,并处没收财产:

(一)盗窃金融机构,数额特别巨大的;

(二)盗窃珍贵文物,情节严重的。

第二百七十四条 敲诈勒索公私财物,数额较大的,处三年以下有期徒刑、拘役或者管制;数额巨大或者有其他严重情节的,处三年以上十年以下有期徒刑。

《最高人民法院关于审理盗窃案件具体应用法律若干问题的解释》(节录)(1997年11月4日最高人民法院审判委员会第942次会议通过　自1998年3月17日起施行)

第一条 根据《中华人民共和国刑法》第二百六十四条的规定,以非法占有为目的,秘密窃取公私财物数额较大或者多次盗窃公私财物的行为,构成盗窃罪。

(一)盗窃数额,是指行为人窃取的公私财物的数额。

(二)盗窃未遂,情节严重,如以数额巨大的财物或者国家珍贵文物等为盗窃目标的,应当定罪处罚。

(三)盗窃的公私财物,包括电力、煤气、天然气等。

(四)偷拿自己家的财物或者近亲属的财物,一般可不按犯罪处理;对确有追究刑事责任必要的,处罚时也应与在社会上作案的有所区别。

第三条 盗窃公私财物“数额较大”、“数额巨大”、“数额特别巨大”的标准如下：

（一）个人盗窃公私财物价值人民币五百元至二千元以上的，为“数额较大”。

（二）个人盗窃公私财物价值人民币五千元至二万元以上的，为“数额巨大”。

（三）个人盗窃公私财物价值人民币三万元至十万元以上的，为“数额特别巨大”。

各省、自治区、直辖市高级人民法院可根据本地区经济发展状况，并考虑社会治安状况，在前款规定的数额幅度内，分别确定本地区执行的“数额较大”、“数额巨大”、“数额特别巨大”的标准。

第五条 被盗物品的数额，按照下列方法计算：

（一）被盗物品的价格，应当以被盗物品价格的有效证明确定。对于不能确定的，应当区别情况，根据作案当时、当地的同类物品的价格，并按照下列核价方法，以人民币分别计算：

1. 流通领域的商品，按市场零售价的中等价格计算；属于国家定价的，按国家定价计算；属于国家指导价的，按指导价的最高限价计算。

2. 生产领域的产品，成品按本项之 1 规定的方法计算；半成品比照成品价格折算。

3. 单位和公民的生产资料、生活资料等物品，原则上按购进价计算，但作案当时市场价高于原购进价的，按当时市场价的中等价格计算。

4. 农副产品，按农贸市场同类产品的中等价格计算。

5. 进出口货物、物品，按本项之 1 规定的方法计算。

6. 金、银、珠宝等制作的工艺品，按国有商店零售价格计算；国有商店没有出售的，按国家主管部门核定的价格计算。

黄金、白银按国家定价计算。

7. 外币，按被盗当日国家外汇管理局公布的外汇卖出价计算。

8. 不属于馆藏三级以上的一般文物，包括古玩、古书画等，按国有文物商店的一般零售价计算，或者按国家文物主管部门核定的价格计算。

9. 以牟利为目的，盗接他人通信线路、复制他人电信码号的，盗窃数额按当地邮电部门规定的电话初装费、移动电话入网费计算；销赃数额高于电话初装费、移动电话入网费的，盗窃数额按销赃数额计算。移动电话的销赃数额，按减去裸机成本价格计算。

10. 明知是盗接他人通信线路、复制他人电信码号的电信设备、设施而使用的,盗窃数额按合法用户为其支付的电话费计算。盗窃数额无法直接确认的,应当以合法用户的电信设备、设施被盗接、复制后的月缴费额减去被复制前6个月的平均电话费推算;合法用户使用电信设备、设施不足6个月的,按实际使用的月平均电话费推算。

11.盗接他人通信线路后自己使用的,盗窃数额按本项之10的规定计算;复制他人电信码号后自己使用的,盗窃数额按本项之9、10规定的盗窃数额累计计算。

(二)有价支付凭证、有价证券、有价票证,按下列方法计算:

1.不记名、不挂失的有价支付凭证、有价证券、有价票证,不论能否即时兑现,均按票面数额和案发时应得的孳息、奖金或者奖品等可得收益一并计算。股票按被盗当日证券交易所公布的该种股票成交的平均价格计算。

2.记名的有价支付凭证、有价证券、有价票证,如果票面价值已定并能即时兑现的,如活期存折、已到期的定期存折和已填上金额的支票,以及不需证明手续即可提取货物的提货单等,按票面数额和案发时应得的利息或者可提货物的价值计算。如果票面价值未定,但已经兑现的,按实际兑现的财物价值计算;尚未兑现的,可作为定罪量刑的情节。

不能即时兑现的记名有价支付凭证、有价证券、有价票证或者能即时兑现的有价支付凭证、有价证券、有价票证已被销毁、丢弃,而失主可以通过挂失、补领、补办手续等方式避免实际损失的,票面数额不作为定罪量刑的标准,但可作为定罪量刑的情节。

(三)邮票、纪念币等收藏品、纪念品,按国家有关部门核定的价格计算。

(四)同种类的大宗被盗物品,失主以多种价格购进,能够分清的,分别计算;难以分清的,应当按此类物品的中等价格计算。

(五)被盗物品已被销赃、挥霍、丢弃、毁坏的,无法追缴或者几经转手,最初形态被破坏的,应当根据失主、证人的陈述、证言和提供的有效凭证以及被告人的供述,按本条第(一)项规定的核价方法,确定原被盗物品的价值。

(六)失主以明显低于被盗当时、当地市场零售价购进的物品,应当按本条第(一)项规定的核价方法计算。

(七)销赃数额高于按本解释计算的盗窃数额的,盗窃数额按销赃数额计算。

(八)盗窃违禁品,按盗窃罪处理的,不计数额,根据情节轻重量刑。

(九)被盗物品价格不明或者价格难以确定的,应当按国家计划委员会、最高人民法院、最高人民检察院、公安部《扣押、追缴、没收物品估价管理办法》的规定,委托指定的估价机构估价。

(十)对已陈旧、残损或者使用过的被盗物品,应当结合作案当时、当地同类物品的价格和被盗时的残旧程度,按本条第(九)项的规定办理。

(十一)残次品,按主管部门核定的价格计算;废品,按物资回收利用部门的收购价格计算;假、劣物品,有价值的,按本条第(九)项的规定办理,以实际价值计算。

(十二)多次盗窃构成犯罪,依法应当追诉的,或者最后一次盗窃构成犯罪,前次盗窃行为在一年以内的,应当累计其盗窃数额。

(十三)盗窃行为给失主造成的损失大于盗窃数额的,损失数额可作为量刑的情节。

第六条 审理盗窃案件,应当根据案件的具体情形认定盗窃罪的情节:

(一)盗窃公私财物接近"数额较大"的起点,具有下列情形之一的,可以追究刑事责任:

1. 以破坏性手段盗窃造成公私财产损失的;
2. 盗窃残疾人、孤寡老人或者丧失劳动能力人的财物的;
3. 造成严重后果或者具有其他恶劣情节的。

(二)盗窃公私财物虽已达到"数额较大"的起点,但情节轻微,并具有下列情形之一的,可不作为犯罪处理:

1. 已满十六周岁不满十八周岁的未成年人作案的;
2. 全部退赃、退赔的;
3. 主动投案的;
4. 被胁迫参加盗窃活动,没有分赃或者获赃较少的;
5. 其他情节轻微、危害不大的。

(三)盗窃数额达到"数额较大"或者"数额巨大"的起点,并具有下列情形之一的,可以分别认定为"其他严重情节"或者"其他特别严重情节";

1. 犯罪集团的首要分子或者共同犯罪中情节严重的主犯;
2. 盗窃金融机构的;
3. 流窜作案危害严重的;
4. 累犯;
5. 导致被害人死亡、精神失常或者其他严重后果的;
6. 盗窃救灾、抢险、防汛、优抚、扶贫、移民、救济、医疗款物,造成严重后果的;
7. 盗窃生产资料,严重影响生产的;
8. 造成其他重大损失的。

《最高人民法院关于敲诈勒索罪数额认定标准问题的规定》(2000 年 4 月 28 日最高人民法院审判委员会第 1113 次会议通过　自 2000 年 5 月 18 日起施行)

根据《刑法》第二百七十四条的规定,现对敲诈勒索罪数额认定标准规定如下:

一、敲诈勒索公私财物"数额较大",以一千元至三千元为起点;

二、敲诈勒索公私财物"数额巨大",以一万元至三万元为起点。

各省、自治区、直辖市高级人民法院可以根据本地区实际情况,在上述数额幅度内,研究确定本地区执行的敲诈勒索罪"数额较大"、"数额巨大"的具体数额标准,并报最高人民法院备案。

◇ 24 故意损毁公私财物行为的认定及处理

——重庆市某县水域“5·19”机动船舶撞击案

案情概要

2009年5月21日，长江航运公安局某分局派出所接到某县地方海事处报告：5月19日，客渡船“××7号”（以下简称农船）在长江某水域距干线200米处担水河停靠点故意撞击另一客渡船“××011号”（以下简称库船），请公安机关查处。接报后，某派出所迅速开展调查。

5月19日晨5时50分许，库船载客8人开至担水河停靠点，6时左右，该船船头抵坡靠稳上客时，农船从其右侧用船头故意撞击其船首右侧，将库船前柱、护栏杆和救生圈撞坏（造成经济损失大约几百元），库船上两位旅客摔到，其中一名小学生左肋第三骨骨折，构成轻微伤（法医意见）。据农船驾驶员敖某陈述：库船航线不允许在担水河停靠载客，但库船违规在此载客。此情况农船已向各职能主管部门反映多次，均无人管理。5月19日清晨6时许，农船要停靠担水河点时，发现库船又在此停靠准备上客，敖某觉得非常愤怒，认为库船抢了他的生意，为抢客和制造一点事端引起主管部门重视，敖某在明知自己船上载有10余名乘客，库船上有乘客多名并正在上客的情况下，故意用船头撞击库船船首右侧，撞击前，敖某为防止发生大的交通事故，采取了松车和拉双倒车的措施，认为凭自己二十余年的驾船经验，利用本船的惯性撞击库船不至于产生大的损失，结果造成上述危害后果。事后敖某还称：就是要撞，撞了才有人来解决事情。以上事实有敖某本人的陈述和农船上多名乘客的陈述证明。5月31日，某县地方海事处出具《内河交通事故调查结论书》，称库船直接经济损失为2 960.82元。

问题聚焦

本案事实经过清楚，案件的争议主要在对敖某行为的定性上。本案主要是客渡船“××7号”的驾驶员敖某故意撞击另一客渡船“××011号”，从而导致两位旅客摔倒（其中一名小学生左肋第三骨骨折，构成轻微伤），并造成被撞船只直接经济损失。争议的焦点主要在以下两个方面：

（一）敖某的行为定性问题

第一种意见是敖某的行为在主观上没有危害公共安全的故意，在撞击前他预见到后果，采取了措施，没有造成严重后果，主观过错是过于自信的过失，不应该立案追究其刑事责任。由地方海事处对其进行行政处罚。

第二种意见是敖某的行为在主观上是放任危害结果发生的间接故意，他预见到危害后果，采取措施只是为了防止发生大的损失事故，其他后果他是采取放任的态度，是一种间接故意的过错，应该以危险方法危害公共安全为由立案侦查，追究其刑事责任。

第三种意见是敖某的行为在主观上没有危害公共安全的故意，在撞击前他预见到后果，采取了措施，没有造成严重后果，主观过错是过于自信的过失，不应该立案追究其刑事责任。但其行为对库船造成了2 900余元的直接经济损失，应按照《中华人民共和国治安管理处罚法》（以下简称《治安管理处罚法》）第四十九条规定以故意损毁公私财物行为为由对敖某进行治安处罚。

对驾驶员敖某的行为进行定性，关键在于认清其实施撞击行为时的主观方面，是危害公共安全的故意还是表现为过失。对此，分别有以下两种意见：

第一种意见认为，敖某的行为在主观上没有危害公共安全的故意，在撞击前他预见到后果，采取了措施，没有造成严重后果，主观过错是过于自信的过失。

第二种意见认为，敖某的行为在主观上是放任危害结果发生的间接故意，他预见到危害后果，采取措施只是为了防止发生大的损失事故，对于其他后果他是采取放任的态度，是一种间接故意的过错。

（二）对敖某的行为如何处罚

对于敖某的行为，是按照《中华人民共和国刑法》（以下简称《刑法》）追究其以危险方法危害公共安全的刑事责任，还是依照《治安管理处罚法》对敖某进行治安处罚，不同的行为定性，会导致不同的处罚结果。

第一，如果根据《刑法》，敖某构成以危险方法危害公共安全罪的，应当移交检察院进行立案侦查，追究其刑事责任。

第二，如果不构成犯罪，应按照《治安管理处罚法》第四十九条规定以故意损毁财物为由对敖某进行治安处罚，并对相关人员的人身损害进行补偿及经济损失进行赔偿。

本案述评

敖某构成故意损毁公私财物的行为,应当按照《治安管理处罚法》第四十九条的规定对其进行治安管理处罚。

故意损毁公私财物的行为,是指行为人出于泄私愤、报私仇等动机,故意损坏公私财物的完整性,故意使公私财物丧失部分以致全部价值或使用价值,情节轻微,尚未构成刑事处罚的行为。构成故意损毁公私财物的行为需具备以下四大要件:

1. 行为的主体

本行为的主体为达到责任年龄且具有责任能力的公民个人。本案中敖某符合这一要件。

2. 行为的客体

本行为侵犯的客体是公私财物的所有权。本行为的对象可以是各种形式的公私财物,包括生产资料、生活资料;动产、不动产等。在本案中,敖某将库船前柱、护栏杆和救生圈撞坏(造成经济损失大约几百元),侵犯了公私财物的所有权,而库船上两位旅客摔倒,其中一名小学生左肋第三骨骨折构成轻微伤,是故意毁损公私财物的牵连结果。

3. 行为的主观方面

本行为在主观方面表现为故意。目的不是非法获取财物,而是将财物毁坏。动机各种各样,一般是出于个人报复或者妒忌等心理。在本案中,敖某觉得非常愤怒,认为库船抢了他的生意,为抢客和制造一点事端引起主管部门重视,敖某在明知自己船上载有10余名乘客,库船上有乘客多名并正在上客的情况下,故意用农船船头撞击库船船首右侧,这足以证明违法行为人敖某主观心态是故意。

4. 行为的客观方面

本行为在客观方面表现为毁坏或者损坏公私财物的行为。毁坏是用砸烂、烧掉、淹没等方法,使公私财物的效用或者价值完全丧失,如砸毁机器、烧毁花草、摔死宠物等行为。损坏是用打砸、撕毁、污染、拆除等方法,使公私财物的效用或价值部分丧失,如打坏门窗、撕坏被褥等。损毁财物的方法是多种多样的,但如果使用放火、投毒等危险方法来损毁财物,事实上危害公共安全的,应以妨碍公共安全的行为论处;反之,虽然行为人实施了上述方法,但是行为本身没有危害公共安全,也不可能危害公共安全,就只能定性为损毁公私财物的行为。

在本案中，违法行为人敖某故意将其驾驶的农船从其右侧用船头故意撞击库船首右侧，将库船前柱、护栏杆和救生圈撞坏，撞击前，敖某为防止发生大的交通事故，采取了松车和拉双倒车的措施，认为凭自己二十余年的驾船经验，利用本船的惯性撞击库船不至于产生大的损失，结果造成经济损失大约几百元，库船上两位旅客摔倒，其中一名小学生左肋第三骨骨折，构成轻微伤（法医意见）的危害后果。敖某的这种危害行为只是毁坏或者损坏公私财物的行为，因此，符合故意损毁公私财物行为客观方面的要素。

综上所述，违法行为人敖某的行为构成故意损毁公私财物行为。

敖某的行为造成库船上两位旅客摔倒，其中一名小学生左肋第三骨骨折，构成轻微伤，属于故意损毁公私财物行为的牵连结果，作为加重的结果可以在进行治安管理处罚时加重处罚，而不构成其他违法行为另行进行处罚。

违法行为人敖某主观上是想制造些事端，才故意用船头撞击库船船首右侧，撞击前，敖某为防止发生大的交通事故，采取了松车和拉双倒车的措施，认为凭自己二十余年的驾船经验，利用本船的惯性撞击库船不至于产生大的损失，正是由于他的这种撞击库船的行为才导致库船上两位旅客摔倒，其中一名小学生左肋第三骨骨折，构成轻微伤，因此可以看出，敖某造成他人人身损害只是由于他主观上侵害公私财物的行为所引起的牵连结果，在处罚时可以按照故意损毁公私财物行为的加重结果进行处罚。

关联理论

（一）故意损毁公私财物行为与故意毁坏公私财物罪的区分

损毁少量公私财物、没有其他严重情节的，构成故意损毁公私财物的行为。否则可能构成故意毁坏公私财物罪。

1. 少量公私财物[1]

现行刑法、司法解释以及《治安管理处罚法》都没有给故意损毁财物的认定规定上限数额，这样在司法和治安实践中各地标准有很大差异。一般说来，故意损毁公私财物的行为，把握的少量公私财物的数额，应在本地区盗窃行为上限数额以下较为适宜。

2. 情节严重

应根据具体案情，从行为人的行为动机、手段、对象、后果、作案次数、频

[1] 余凌云主编：《治安管理处罚法的具体适用问题》。北京：中国人民公安大学出版社，2006年版，第364页。

率、社会影响,以及行为人行为后的认识态度等方面,综合分析,全面衡量。一般说来,具有动机卑鄙,手段恶劣,毁坏抢险、救灾、医疗必需品和其他重要物品,产生关联损失、多次作案、聚众作案或教唆未成年人作案、事后嫁祸他人等情况,属于情节严重,应当以故意毁坏财物罪定罪处罚。具有损坏财物价值不大、危害较轻、有赔偿可能等情节的,应视为情节较轻的行为,以构成损坏公私财物的违法行为给予治安管理处罚。

《刑法》第二百七十五条规定了故意毁坏财物罪,即"故意毁坏公私财物,数额较大或者有其他严重情节的,处三年以下有期徒刑、拘役或者罚金;数额巨大或者有其他特别严重情节的,处三年以上七年以下有期徒刑。"

(二)故意损毁公私财物行为与妨害公共安全行为的区分

妨害公共安全行为是行为人实施了妨害公共安全,情节轻微,尚不够刑事处罚的行为。所谓公共安全,指的是不特定的多数人的生命健康、正常的生产、生活、工作安全和公私财产安全。这里所说的不特定多数人的人身和财产安全,是指行为人所侵害的对象不是其事先确定的某一个人、某几个人或某项、某几项财产的安全,而是事先无法确定的多数人的人身和财产安全。如果行为人侵害的是事先确定的即特定的人身和财产,则属于《治安管理处罚法》侵犯人身权利、财产权利的行为。构成妨害公共安全行为需具有以下要件:

1. 行为的主体要件

本行为的主体既包括自然人,也包括单位。

2. 行为的客体要件

本行为侵犯的客体是社会的公共安全。这种行为可能造成的损失,主要是人身伤害和财产的损害。这同侵犯人身权利行为或侵犯财产行为有相同之处。它们的根本区别在于,前者可能遭受损害的对象是不特定的人,而后者是以特定的个人和特定范围的公私财物为侵犯对象。

3. 行为的主观方面

本行为的主观方面既可以由故意构成,也可以由过失构成。不论行为人出于哪一种主观心理状态,都可以构成此行为。但是在裁决处罚时,要考虑不同的情节和动机。

4. 行为的客观方面

本行为的客观方面表现为实施了治安管理法律法规规定的各种妨害公共安全的行为。主要表现为以下行为:非法携带、存放枪支、弹药或者有其他违反枪支管理规定行为,尚不够刑事处罚的;违反爆炸、剧毒、易燃、放射性等危险物品管理规定,生产、储存、运输、使用危险物品,尚未造成严重后果的;非法制造、贩卖、携带匕首、三棱刀、弹簧刀或者其他管制刀具的;经营旅馆、饭店、影剧院、娱乐场、运动场、展览馆或者其他供群众聚集的场所,违反安全规定,经公安机关通知不加改正的;组织群众集会或者文化、娱乐、体育、展览、展销等群众性活动,不采取相应的安全措施,经公安机关通知不加改正的;违反渡船、渡口安全规定,经公安机关通知不加改正的;不听劝阻抢登渡船,造成渡船超载或者强迫渡船驾驶员违反安全规定,冒险航行,尚不够刑事处罚的;在铁路、公路、水域航道、堤坝上,挖掘坑穴,放置障碍物,损毁、移动指示标志,可能影响交通运输安全,尚不够刑事处罚的;设置、使用民用射击场,不符合安全规定的;未经批准,安装、使用电网的,或者安装、使用电网不符合安全规定,尚未造成严重后果的;在车辆、行人通行的地方施工,对沟井坎穴不设覆盖物、标志、防围的,或者故意损毁、移动覆盖物、标志、防围的。

值得注意的是,是否足以发生重大损害结果或仅是可能发生这种结果,是区分危害公共安全罪与妨害公共安全行为的重要标志。

(三)扰乱公共汽车、电车、火车、船舶、航空器或者其他公共交通工具秩序的行为

扰乱公共汽车、电车、火车、船舶、航空器或者其他公共交通工具秩序的行为,是指行为人实施了扰乱上述公共交通工具上的秩序的行为,影响了这些公共交通工具的运输安全,以及所载乘客生命、财产的安全,造成了一定的后果,但是尚未达到严重的程度的违反治安法律法规的行为。构成本行为需具备以下要件:

1. 行为的主体要件

本行为的主体是达到责任年龄,具有责任能力的自然人。

2. 行为的客体要件

本行为侵犯的客体是公共交通工具秩序。所谓交通秩序,是指交通工具与行人在交通线路上安全顺利通行的交通正常状态。它是依靠交通规则维持的,公共场所与交通线路皆具有人员聚集量大、流动量大的特征,如果这种秩序受到破坏,就会出现混乱状态。

3. 行为的主观方面要件

本行为的行为人在主观上是故意的心态。

4. 行为的客观方面要件

扰乱公共汽车、电车、火车、船舶、航空器或者其他公共交通工具上的秩序的行为通常包括:

无票登乘公共车(船、飞机)或持假票、过期票登乘公共车(船、飞机),不主动补票，企图逃票的行为；强行登乘公共车（船、飞机），无理要求公共车（船、飞机）临时停靠或者改变行驶路线等，不听解释、劝阻的行为；在公共交通工具内敲打、损坏车内设施的行为；在公共交通工具内故意影响驾驶员的驾驶，不听售票员或者乘务员的合理安排，影响其服务的行为；违反国家有关法律法规的规定，私自携带易燃、易爆、易腐蚀等危险品，或者携带管制刀具等违禁物品乘坐公共车（船、飞机）的行为；违反有关规定拒绝托运，超标、超重携带行李、物品，不按规定摆放物品威胁其他乘客安全或挤占其他乘客行李位，不听乘务员安排的行为；不按车票注明座位就坐，抢占、多占其他乘客座位等侵犯其他乘客利益的行为，不听劝告的；在公共交通工具内违反规定吸烟、赌博、观看淫秽音像制品、实施下流淫荡行为等不符善良道德风尚的行为；在公共交通工具内吵闹、叫骂、打架等，劝阻无效，影响交通工具内部安定秩序的行为。

（四）应当注意区分以危险方法危害公共安全罪与过失以危险方法危害公共安全罪的界限

以危险方法危害公共安全罪，是指故意以放火、决水、爆炸、投毒以外的并与之相当的危险方法，足以危害公共安全的行为。

1. 客体要件

本罪侵犯的客体是社会公共安全，即不特定多数人的生命、健康或者大量公私财产的安全。如果行为人用危险方法侵害了特定的对象，不危及公共安全，对不特定多数人的生命、健康或大量公私财产的安全并无威胁，就不构成本罪。

2. 客观方面要件

本罪在客观方面表现为以其他危险方法危害公共安全的行为。所谓其他危险方法，是指放火、决水、爆炸、投毒之外的，但与上述危险方法相当的危害公共安全的犯罪方法。这里的其他危险方法包括两层含义：

（1）其他危险方法，是指放火、决水、爆炸、投毒以外的危险方法；

（2）其他危险方法应理解为与放火、决水、爆炸、投毒的危险性相当的、足以危害公共安全的方法，即这种危险方法一经实施就可能造成或造成不特定多数人的伤亡或重大公私财产的毁损。因此，司法实践中，对以“其他危险方法”危害公共安全罪的认定，既不能作无限制的扩大解释，也不能任意扩大其适用的范围。也就是说，本法规定的其他危险方法是有限制的，而不是无所不包的。只有行为人实施危害公共安全的行为所采用的危险方法与放火、决水、爆炸、投毒的危险性相当，且行为的社会危害性达到相当严重的程度，才能以危险方法危害公共安全罪论处。

3. 主观方面要件

本罪在主观方面表现为犯罪的故意或者过失,包括直接故意、间接故意或者过于自信的过失、疏忽大意的过失。即行为人明知其实施的危险方法会危害公共安全,会发生危及不特定多数人的生命、健康或公私财产安全的严重后果,并且希望或者放任这种结果发生;或者行为人对其使用其他危险方法可能发生的危害公共安全的严重结果已经预见,但轻信能够避免,或者应当预见这种严重结果可能发生,因为疏忽大意而没有预见,以致发生了这种严重结果。这两种过失对发生危害公共安全的严重后果均持否定态度,既不希望,也不放任其发生。实践中这种案件除少数对危害公共安全的后果持希望态度,由直接故意构成外,大多持放任态度,属于间接故意。同时,对间接故意实施的与出于过于自信过失构成的上述犯罪比较难以区分。二者行为人对其行为可能造成的危害公共安全的严重后果均已预见(尽管认识程度不同),而且都不希望结果发生。但前者虽不希望却未采取避免结果发生的任何措施,而是心存侥幸任其发生。危害结果发生与否均不违背行为人的意愿。后者行为人则采取一定的措施,或者相信具有可能防止结果发生的主、客观条件,只是过高地估计和轻信了这些条件,才使得危害结果未能避免,发生这种危害结果违背行为人的意愿。实施这种犯罪的目的和动机多种多样。如为报复泄愤而驾驶汽车向人群冲撞,为防盗而私架电网等。不论行为人出于直接故意或间接故意,基于何种个人目的和动机,都不影响本罪的成立。

关于两者的区别主要体现在以下几个方面:

(1)在客观上都表现为使用其他危险方法危害公共安全的行为。但前者必须发生致人重伤、死亡或者使公私财产遭受重大损失的严重后果,才构成犯罪;后者只要实施危害公共安全的行为,即使尚未造成严重后果,也构成犯罪。

(2)在主观上,前者由故意构成;后者则出于过失。在实践中,对间接故意实施的与出于过于自信过失构成的上述犯罪比较难以区分。二者行为人对其行为可能造成的危害公共安全的严重后果均已预见(尽管认识程度不同),而且都不希望结果发生。但前者虽不希望却未采取避免结果发生的任何措施,而是心存侥幸任其发生。危害结果发生与否均不违背行为人的意愿。后者行为人则采取一定的措施,或者相信具有可能防止结果发生的主、客观条件,只是过高地估计和轻信了这些条件,才使得危害结果未能避免,发生这种危害结果违背行为人的意愿。

(五)关于犯罪主观方面的区分

犯罪主观方面,是指犯罪主体对自己所实施犯罪行为及其危害结果所持的心理态度。包括罪过(故意、过失)、犯罪的动机和目的等因素。故意犯罪,应当负刑事责任。过失犯罪,法律有规定的才负刑事责任。

1. 犯罪故意

犯罪故意,是指明知自己的行为会发生危害社会的结果,并且希望或者放任这种结果发生的心理状态。

犯罪的故意分为直接故意和间接故意。直接故意,是指行为人明知自己的行为会发生危害社会的结果,并且希望这种结果发生的心理态度。间接故意,是指行为人明知自己的行为可能发生危害社会的结果,并且放任这种结果发生的心理态度。

2. 犯罪过失

犯罪过失,是指行为人应当预见自己的行为可能发生危害社会的结果,因为疏忽大意而没有预见,或者已经预见而轻信能够避免,以致发生这种结果的一种心理态度。犯罪的过失分为过于自信的过失和疏忽大意的过失。

疏忽大意的过失,是指行为人应当预见到自己的行为可能发生危害社会的结果,因为疏忽大意而没有预见,以致发生这种结果的心理态度。①没有预见到,是指行为人在行为当时没有想到自己的行为可能发生危害结果的无认识状态,属无认识过失。②应当预见,是行为人在行为时负有预见到行为可能发生危害结果的义务并且有能力预见。

过于自信的过失,是指行为人预见到自己的行为可能发生危害社会的结果,但轻信能够避免,以致发生这种结果的心理态度。①有认识。②避免义务与避免能力。③过于自信——轻率。

3. 过于自信过失与间接故意的区别

首先,在认识因素方面,两者认识的程度不同。间接故意是明知危害结果发生的可能性,即行为人对其行为可能发生的危害结果有比较清楚、现实的认识;而过于自信的过失是预见危害结果发生的可能性,即行为人对其行为可能发生的危害结果虽然有一定的认识,但是这种认识一般比较模糊,特别是对这种危害结果的现实性,行为人往往认识不足。

其次,在意志因素方面,两者也有着重要区别。间接故意是放任危害结果的发生,行为人虽然不希望危害结果发生,但也并不反对危害结果发生,即危害结果的发生并不完全违背行为人的本意。因此,行为人对危害结果的发生,既没有采取任何防范措施,也不会依靠任何条件去防止该危害结果的发生,而是对此听之任之,采取无所谓的态度。过于自信的过失是不仅不希望危害结果发生，而且希望避免危害结果的发生，即结果的发生违背行为人的意志。在预见到自己的行为可能发生危害结果的情况下，行为人之所以实施其行为，是因为考虑到凭借一定的主客观条件可以避免危害结果的发生，比如熟练的技术、丰富的经验、他人的行为以及自然力方面等有利的因素，并且行为人往往会基于自己的认识，采取一定的措施防止危害结果发生。

关联法条

《中华人民共和国治安管理处罚法》(节录)(由中华人民共和国第十届全国人民代表大会常务委员会第十七次会议于2005年8月28日通过　自2006年3月1日起施行)

第二十三条　有下列行为之一的，处警告或者二百元以下罚款；情节较重的，处五日以上十日以下拘留，可以并处五百元以下罚款：

(一)扰乱机关、团体、企业、事业单位秩序，致使工作、生产、营业、医疗、教学、科研不能正常进行，尚未造成严重损失的；

(二)扰乱车站、港口、码头、机场、商场、公园、展览馆或者其他公共场所秩序的；

(三)扰乱公共汽车、电车、火车、船舶、航空器或者其他公共交通工具上的秩序的；

(四)非法拦截或者强登、扒乘机动车、船舶、航空器以及其他交通工具，影响交通工具正常行驶的；

(五)破坏依法进行的选举秩序的。

聚众实施前款行为的，对首要分子处十日以上十五日以下拘留，可以并处一千元以下罚款。

第三十条　违反国家规定，制造、买卖、储存、运输、邮寄、携带、使用、提供、处置爆炸性、毒害性、放射性、腐蚀性物质或者传染病病原体等危险物质的，处十日以上十五日以下拘留；情节较轻的，处五日以上十日以下拘留。

第三十一条　爆炸性、毒害性、放射性、腐蚀性物质或者传染病病原体等危险物质被盗、被抢或者丢失，未按规定报告的，处五日以下拘留；故意隐瞒不报的，处五日以上十日以下拘留。

第三十二条　非法携带枪支、弹药或者弩、匕首等国家规定的管制器具的，处五日以下拘留，可以并处五百元以下罚款；情节较轻的，处警告或者二百元以下罚款。

非法携带枪支、弹药或者弩、匕首等国家规定的管制器具进入公共场所或者公共交通工具的，处五日以上十日以下拘留，可以并处五百元以下罚款。

第三十三条 有下列行为之一的，处十日以上十五日以下拘留：

（一）盗窃、损毁油气管道设施、电力电信设施、广播电视设施、水利防汛工程设施或者水文监测、测量、气象测报、环境监测、地质监测、地震监测等公共设施的；

（二）移动、损毁国家边境的界碑、界桩以及其他边境标志、边境设施或者领土、领海标志设施的；

（三）非法进行影响国（边）界线走向的活动或者修建有碍国（边）境管理的设施的。

第三十四条 盗窃、损坏、擅自移动使用中的航空设施，或者强行进入航空器驾驶舱的，处十日以上十五日以下拘留。

在使用中的航空器上使用可能影响导航系统正常功能的器具、工具，不听劝阻的，处五日以下拘留或者五百元以下罚款。

第三十五条 有下列行为之一的，处五日以上十日以下拘留，可以并处五百元以下罚款；情节较轻的，处五日以下拘留或者五百元以下罚款：

（一）盗窃、损毁或者擅自移动铁路设施、设备、机车车辆配件或者安全标志的；

（二）在铁路线路上放置障碍物，或者故意向列车投掷物品的；

（三）在铁路线路、桥梁、涵洞处挖掘坑穴、采石取沙的；

（四）在铁路线路上私设道口或者平交过道的。

第三十六条 擅自进入铁路防护网或者火车来临时在铁路线路上行走坐卧、抢越铁路，影响行车安全的，处警告或者二百元以下罚款。

第三十七条 有下列行为之一的，处五日以下拘留或者五百元以下罚款；情节严重的，处五日以上十日以下拘留，可以并处五百元以下罚款：

（一）未经批准，安装、使用电网的，或者安装、使用电网不符合安全规定的；

（二）在车辆、行人通行的地方施工，对沟井坎穴不设覆盖物、防围和警示标志的，或者故意损毁、移动覆盖物、防围和警示标志的；

（三）盗窃、损毁路面井盖、照明等公共设施的。

第三十八条 举办文化、体育等大型群众性活动，违反有关规定，有发生安全事故危险的，责令停止活动，立即疏散；对组织者处五日以上十日以下拘留，并处二百元以上五百元以下罚款；情节较轻的，处五日以下拘留或者五百元以下罚款。

第三十九条 旅馆、饭店、影剧院、娱乐场、运动场、展览馆或者其他供社会公众活动的场所的经营管理人员，违反安全规定，致使该场所有发生安全事故危险，经公安机关责令改正，拒不改正的，处五日以下拘留。

第四十三条 殴打他人的，或者故意伤害他人身体的，处五日以上十日以下拘留，并处二百元以上五百元以下罚款；情节较轻的，处五日以下拘留或者五百元以下罚款。

有下列情形之一的，处十日以上十五日以下拘留，并处五百元以上一千元以下罚款：

（一）结伙殴打、伤害他人的；

（二）殴打、伤害残疾人、孕妇、不满十四周岁的人或者六十周岁以上的人的；

（三）多次殴打、伤害他人或者一次殴打、伤害多人的。

第四十九条 盗窃、诈骗、哄抢、抢夺、敲诈勒索或者故意损毁公私财物的，处五日以上十日以下拘留，可以并处五百元以下罚款；情节较重的，处十日以上十五日以下拘留，可以并处一千元以下罚款。

《中华人民共和国刑法》（节录）（中华人民共和国第五届全国人民代表大会第二次会议于1979年7月1日通过 中华人民共和国第八届全国人民代表大会第五次会议修订 1997年3月14日中华人民共和国主席令第八十二号公布 自1997年10月1日起施行）

第十三条 一切危害国家主权、领土完整和安全，分裂国家、颠覆人民民主专政的政权和推翻社会主义制度，破坏社会秩序和经济秩序，侵犯国有财产或者劳动群众集体所有的财产，侵犯公民私人所有的财产，侵犯公民的人身权利、民主权利和其他权利，以及其他危害社会的行为，依照法律应当受刑罚处罚的，都是犯罪，但是情节显著轻微危害不大的，不认为是犯罪。

第十四条 明知自己的行为会发生危害社会的结果，并且希望或者放任这种结果发生，因而构成犯罪的，是故意犯罪。

故意犯罪，应当负刑事责任。

第十五条 应当预见自己的行为可能发生危害社会的结果，因为疏忽大意而没有预见，或者已经预见而轻信能够避免，以致发生这种结果的，是过失犯罪。

过失犯罪，法律有规定的才负刑事责任。

第三十六条 由于犯罪行为而使被害人遭受经济损失的，对犯罪分子除依法给予刑事处罚外，并应根据情况判处赔偿经济损失。

承担民事赔偿责任的犯罪分子，同时被判处罚金，其财产不足以全部支付的,或者被判处没收财产的,应当先承担对被害人的民事赔偿责任。

第一百一十四条 放火、决水、爆炸、投毒或者以其他危险方法破坏工厂、矿场、油田、港口、河流、水源、仓库、住宅、森林、农场、谷场、牧场、重要管道、公共建筑物或者其他公私财产,危害公共安全,尚未造成严重后果的,处三年以上十年以下有期徒刑。

第一百一十五条 放火、决水、爆炸、投毒或者以其他危险方法致人重伤、死亡或者使公私财产遭受重大损失的,处十年以上有期徒刑、无期徒刑或者死刑。

过失犯前款罪的,处三年以上七年以下有期徒刑;情节较轻的,处三年以下有期徒刑或者拘役。

第一百一十六条 破坏火车、汽车、电车、船只、航空器,足以使火车、汽车、电车、船只、航空器发生倾覆、毁坏危险,尚未造成严重后果的,处三年以上十年以下有期徒刑。

第一百一十九条 破坏交通工具、交通设施、电力设备、燃气设备、易燃易爆设备,造成严重后果的,处十年以上有期徒刑、无期徒刑或者死刑。

过失犯前款罪的,处三年以上七年以下有期徒刑;情节较轻的,处三年以下有期徒刑或者拘役。

◇ 25 抢夺与敲诈勒索行为罪与非罪区分

——段某、方某、李某、吴某抢夺、敲诈勒索案

案情概要

2006年5月9日12时30分许，违法行为人方某伙同段某、李某、吴某四人在某市客运码头预谋抢夺出租车司机曹某钱物未遂后，又于同日15时20分窜至某市港口集团11码头砂站处马路上，由吴某故意制造从车上摔下的假象，与其他人趁机敲诈勒索出租车司机李某某的钱物，司机报警，方某四人被公安机关当场抓获。

处理结果：违法行为人方某、段某、李某、吴某四人的行为已经构成抢夺和敲诈勒索的治安违法事实。根据《中华人民共和国治安管理处罚法》（以下简称《治安管理处罚法》）第十六条、第十七条第一款、第四十九条规定，公安机关决定给予方某治安拘留二十天、段某治安拘留二十天、李某治安拘留十四天、吴某治安拘留十天的处罚。

问题聚焦

本案的基本事实在于违法行为人方某伙同段某、李某、吴某四人对在某市客运码头预谋抢夺出租车司机曹某钱物未遂后，四人又于同日对出租车司机李某某实施了敲诈勒索行为。本案的焦点在于对方某等四人的行为界定，是已构成犯罪？还是仅仅违反《治安管理处罚法》？若是违法，是仅按敲诈勒索这一违法行为处罚？还是按抢夺行为与敲诈勒索行为合并处罚？

本案述评

首先本案应当界定的是，方某等四人的行为是违法行为但不足以按抢夺罪（未遂）与敲诈勒索罪处罚。抢夺罪是指以非法占有为目的，公然夺取数额较大的公私财物的行为。敲诈勒索罪，是指以非法占有为目的，对被害人使用威胁或要挟的方法，强行索要公私财物的行为。根据《中华人民共和国刑法》第二百六十七条规定："抢夺公私财物，数额较大的，处三年以下有期徒刑、拘役或者管制，并处或者单处罚金；数额巨大或者有其他严重情节的，处三年以上十年以下有期徒刑，并处罚金；数额特别巨大或者有其他特

别严重情节的，处十年以上有期徒刑或者无期徒刑，并处罚金或者没收财产。”第二百七十四条规定：“敲诈勒索公私财物，数额较大的，处三年以下有期徒刑、拘役或者管制；数额巨大或者有其他严重情节的，处三年以上十年以下有期徒刑。”也即抢夺罪与敲诈勒索罪都属于结果犯，得出现“数额较大”的抢夺或敲诈勒索结果才能构成犯罪。而根据2002年7月20日的《最高人民法院关于审理抢夺刑事案件具体应用法律若干问题的解释》(后简称《抢劫解释》)第一条规定，抢夺公私财物“数额较大”的下限为人民币五百元。2000年5月12日的《最高人民法院关于敲诈勒索罪数额认定标准问题的规定》规定敲诈勒索的数额下限为一千元。而就本案的基本事实来看，抢夺行为未遂因此无所谓数额的问题，而敲诈勒索的数额并不明朗，且最终由于出租车司机的报警而未能实现。所以，就全案而言，方某等四人的行为并未构成严重的刑事危害性，而只是一起性质比较恶劣的治安案件，理当按照《治安管理处罚法》论处。另外，尽管方某等四名违法行为人抢夺出租车司机曹某钱物的行为未遂，但实质上已作出违法预备以及前期的实施行为，同样已经违反了《治安管理处罚法》，结果有没有实现只是一种在处理时考虑的裁量情节。因此，基于方某等四人结伙两次违法的事实，以及他们在行为中的不同作用，根据《治安管理处罚法》第十六条、第十七条第一款、第四十九条规定，给予方某治安拘留二十天、段某治安拘留二十天、李某治安拘留十四天、吴某治安拘留十天的处罚，是适当的。

关联理论

本案主要关涉的是违法行为与犯罪行为的区分理论，以及共同违法行为理论。就犯罪而言，其需具备两大特性：①严重的社会危害性。如果行为对社会没有危害，或者对社会的危害程度轻微，那么就不构成犯罪。就本案而言，根据主客观因素考量方某等四人的行为并未达到社会危害性严重的程度。②得具有刑事违法性，也即违反了刑法条文所包含的刑法规范。而本案在危害结果上并不符合刑法规范的规定。另外根据共同违法行为理论，违法行为人的行为应按其共同所实施的行为界定，但应根据违法行为人在违法行为中所起的作用，分别处罚。

(一)抢劫与抢夺

抢劫罪是指以非法占有为目的，以暴力、胁迫或者其他方法，强行劫取公私财物的行为。抢夺罪是指以非法占有为目的，公然夺取数额较大的公私财物的行为。二者的区别主要是：①客观行为不相同。抢劫罪表现为当场使用暴力、胁迫或其他强制方法，强行劫取公私财物，而抢夺罪表现为趁人不备公然夺取数额较大的财物，使他人来不及反抗。②客体不完全相同。抢劫罪不但侵犯了他人的财产权利，还侵犯了他人的人身权利，而抢夺罪则一般只侵犯了财产权利；③犯罪后果要求不同。抢劫罪对财物的数额没有要求，而构成抢夺罪要求抢夺的财物数额较大。根据司法解释，抢夺公私财物价值人民币 500 ~ 2 000 元以上的，为“数额较大”。④主观故意的内容不同。抢劫罪是希望或准备以武力或类似性质的力量迫使被害人失去财物，是希望在被害人不能反抗或无法反抗的情况下取得财物，而抢夺罪是以突然取得财物的故意实施的，是希望通过趁被害人不备而取得财物，而不是希望通过武力威吓迫使被害人失去财物。

一般情况下，抢劫罪与抢夺罪之间的区别是比较明显的，通过以上四个方面就基本可以作出认定。但是，由于实际生活的复杂性，一些案件呈现出交织性，因此，需要结合实践中的实际情况和特殊情形予以认定，并从中归纳出具有一般区分意义的、便于操作的标准。

(1)行为人利用被害人不能反抗或不能有效反抗的状态实施夺取财物的行为。如趁火车、汽车开动时夺取他人的手表、提包等财物；利用他人处于醉酒状态，虽然想反抗但无力反抗或不能有效反抗而夺取其财物的行为。笔者认为，由于行为人仅仅利用了被害人不能反抗或不能有效反抗的状态实施夺财行为，并且所利用的状态并非行为人造成，因而以抢夺罪论处符合法律规定。如果被害人不能反抗或不能有效反抗的状态是行为人造成的，则应以抢劫罪论处。

(2)飞车抢夺行为，即行为人骑摩托车猛力夺取行人财物并迅速逃走的情形。

一般认为，应根据抢夺罪与抢劫罪各自的特征分别解决这类案件的定性：①如果行为人一下子就抢走了财物，或者未抢走财物就开车逃离，应以抢夺罪论处；②如果行为人抢的是一老人，在抢夺时，用力过猛造成老人倒地死亡或伤害，则应作为抢夺罪的从重情节在量刑上从重处罚；③如果行为人抢夺财物时被害人不撒手，行为人利用机动车辆行进的力量强行拖拽，而致被害人倒地死亡的，应认为是抢夺过程中遇反抗而转化为直接以暴力作为手段取得财物，很明显，应认定为抢劫罪。④采取飞车行抢的方式作案，但其主观故意及客观行为却已超出了抢夺罪的范畴。比如，行为人驾驶车辆逼挤被害人或者将被害人逼至空旷区域，使其产生精神上的恐惧，不敢反抗，当场劫取财物的；或者驾驶机动车、非机动车辆，撞击或强行逼倒被害人以排除其反抗，乘机夺取财物的；或者驾驶车辆强抢财物时，因被害人不放手而借助高速行驶的机动车产生的冲力，采取强拉硬拽方法使被害人不能抗拒或无力抗拒而劫取财物的,等等。在上述情形中,行为人的暴力行为不仅指向被害人的财物,还直接指向被害人人身,对其产生人身上和精神上的强制,使其不敢、不能或无法反抗,从而劫取被害人财物,不但严重侵害了公私财物所有权,还同时侵害被害人的人身权益,其行为完全符合抢劫罪的构成要件,应以抢劫罪定罪处罚。

(3)携带凶器抢夺的。根据司法解释,“携带凶器抢夺的”是指行为人随身携带枪支、爆炸物、管制刀具等国家禁止个人携带的器械进行抢夺或者为了实施犯罪而携带其他器械进行抢夺的行为。有学者在理解这里的凶器时认为,必须是具备“较易致人死伤的效能”,笔者不敢苟同。例如,携带仿真手枪或者匕首,其不具有致人死伤的效能,但是其足以使人不敢反抗。因此,这里的凶器应该做较为宽泛的解释。“携带”应该理解为为犯罪事先准备或者携带,以备使用。这里有以下几个问题:

①少数民族基于风俗和习惯佩带管制刀具,实施抢夺的。

②基于职业习惯而携带被划分为凶器的器具实施抢夺行为的。

在认定“携带凶器抢夺”时,应当着重考虑携带凶器的原因和目的,如果并非是出于抢夺取财的目的而携带,则不能认定为抢劫。如果在抢夺过程中,故意将凶器显露或者临时使用凶器威胁,则应该认定为抢劫。

还有人对于这种转化犯罪在认定时,必须以构成抢夺罪为前提。笔者认为,携带凶器抢夺的,并非要以构成抢夺罪为前提,即并非要以所得财物数额较大为前提。从立法上看,并未规定为“携带凶器犯抢夺罪的”,而是“携带凶器抢夺的”。其次,之所以规定为抢劫罪,是因为这种行为的严重性与抢劫罪相等,直接威胁到被害人的人身安全。

综上所述,在区分抢劫罪与抢夺罪时,应当从以下方面入手。

(1)主观方面。如前所述,抢劫罪是希望或准备以武力或类似性质的力量迫使被害人失去财物,是希望在被害人不能反抗或无法反抗的情况下取得财物,而抢夺罪是以突然取得财物的故意实施的,是希望通过趁被害人不备而取得财物,而不是希望通过武力威吓迫使被害人失去财物。

(2)客观方面。抢劫主要是使用暴力或者类似强力,使得被害人不能、不敢反抗而得到财物,而抢夺则主要是依靠“出其不意”、依靠一种速度使得被害人来不及反应或反抗而取得财物。

(3)携带凶器进行抢夺的,也要从主观和客观方面统一起来认定。主观上携带凶器是为了可以或者可能在行为过程中使用或者依靠,客观上使用的仍然是抢夺行为。否则,就直接构成抢劫罪了。

关联法条

《中华人民共和国治安管理处罚法》(节录)(中华人民共和国第十届全国人民代表大会常务委员会第十七次会议于2005年8月28日通过　自2006年3月1日起施行)

第十六条　有两种以上违反治安管理行为的,分别决定,合并执行。行政拘留处罚合并执行的,最长不超过二十日。

第十七条　共同违反治安管理的,根据违反治安管理行为人在违反治安管理行为中所起的作用,分别处罚。

教唆、胁迫、诱骗他人违反治安管理的,按照其教唆、胁迫、诱骗的行为处罚。

第四十九条　盗窃、诈骗、哄抢、抢夺、敲诈勒索或者故意损毁公私财物的,处五日以上十日以下拘留,可以并处五百元以下罚款;情节较重的,处十日以上十五日以下拘留,可以并处一千元以下罚款。

《中华人民共和国刑法》(节录)(中华人民共和国第五届全国人民代表大会第二次会议于1979年7月1日通过　中华人民共和国第八届全国人民代表大会第五次会议修订　1997年3月14日中华人民共和国主席令第八十三号公布　自1997年10月1日起施行)

第二百六十七条　抢夺公私财物,数额较大的,处三年以下有期徒刑、拘役或者管制,并处或者单处罚金;数额巨大或者有其他严重情节的,处三年以上十年以下有期徒刑,并处罚金;数额特别巨大或者有其他特别严重情节的,处十年以上有期徒刑或者无期徒刑,并处罚金或者没收财产。

第二百七十四条　敲诈勒索公私财物,数额较大的,处三年以下有期徒刑、拘役或者管制;数额巨大或者有其他严重情节的,处三年以上十年以下有期徒刑。

《最高人民法院关于抢劫、抢夺刑事案件适用法律若干问题的意见》

(二)关于"在公共交通工具上抢劫"的认定

公共交通工具承载的旅客具有不特定多数人的特点。根据《抢劫解释》第二条规定,"在公共交通工具上抢劫"主要是指在从事旅客运输的各种公共汽车、大、中型出租车、火车、船只、飞机等正在运营中的机动公共交通工具上对旅客、司售、乘务人员实施的抢劫。在未运营中的大、中型公共交通工具上针对司售、乘务人员抢劫的,或者在小型出租车上抢劫的,不属于"在公共交通工具上抢劫"。

（三）关于“多次抢劫”的认定

《刑法》第二百六十三条第（四）项中的“多次抢劫”是指抢劫三次以上。

对于“多次”的认定，应以行为人实施的每一次抢劫行为均已构成犯罪为前提，综合考虑犯罪故意的产生、犯罪行为实施的时间、地点等因素，客观分析、认定。对于行为人基于一个犯意实施犯罪的，如在同一地点同时对在场的多人实施抢劫的；或基于同一犯意在同一地点实施连续抢劫犯罪的，如在同一地点连续地对途经此地的多人进行抢劫的；或在一次犯罪中对一栋居民楼房中的几户居民连续实施入户抢劫的，一般应认定为一次犯罪。

（五）关于转化抢劫的认定

行为人实施盗窃、诈骗、抢夺行为，未达到“数额较大”，为窝藏赃物、抗拒抓捕或者毁灭罪证当场使用暴力或者以暴力相威胁，情节较轻、危害不大的，一般不以犯罪论处；但具有下列情节之一的，可依照刑法第二百六十九条的规定，以抢劫罪定罪处罚：

（1）盗窃、诈骗、抢夺接近“数额较大”标准的；

（2）入户或在公共交通工具上盗窃、诈骗、抢夺后在户外或交通工具外实施上述行为的；

（3）使用暴力致人轻微伤以上后果的；

（4）使用凶器或以凶器相威胁的；

（5）具有其他严重情节的。

（六）关于抢劫犯罪数额的计算

抢劫信用卡后使用、消费的，其实际使用、消费的数额为抢劫数额；抢劫信用卡后未实际使用、消费的，不计数额，根据情节轻重量刑。所抢信用卡数额巨大，但未实际使用、消费或者实际使用、消费的数额未达到巨大标准的，不适用“抢劫数额巨大”的法定刑。

为抢劫其他财物，劫取机动车辆当作犯罪工具或者逃跑工具使用的，被劫取机动车辆的价值计入抢劫数额；为实施抢劫以外的其他犯罪劫取机动车辆的，以抢劫罪和实施的其他犯罪实行数罪并罚。

抢劫存折、机动车辆的数额计算，参照执行《关于审理盗窃案件具体应用法律若干问题的解释》的相关规定。

（七）驾驶机动车、非机动车夺取他人财物行为的定性

对于驾驶机动车、非机动车（以下简称“驾驶车辆”）夺取他人财物的，一般以抢夺罪从重处罚。但具有下列情形之一，应当以抢劫罪定罪处罚：

（1）驾驶车辆，逼挤、撞击或强行逼倒他人以排除他人反抗，乘机夺取财物的；

(2)驾驶车辆强抢财物时,因被害人不放手而采取强拉硬拽方法劫取财物的;

(3)行为人明知其驾驶车辆强行夺取他人财物的手段会造成他人伤亡的后果,仍然强行夺取并放任造成财物持有人轻伤以上后果的。

◇ 26 故意伤害与殴打他人行为区分

——朱某殴打他人案

案情概要

2007年2月1日,某派出所受理了一起殴打他人案件:当日上午9时许,一青年男子朱某在路过某菜市场时捡到了一把生锈的弹簧刀,就顺便到路边的一家早点店扯了一把餐巾纸擦拭,结果被该店服务员谩骂。朱某自感没面子,随即冲上去用拳脚殴打该服务员吴某,致使吴某多处软组织挫伤。闻讯赶来的该店负责人陶某急忙上前拦腰抱住朱某,朱某为了挣脱陶某搂抱,随手就用捡来的弹簧刀扎了陶某左胸部一下,致使陶某受伤住院。事后,被害人陶某拒绝提供诊断证明或者拒绝进行伤情鉴定,朱某也主动赔偿了其全部医疗费用。

此案在案件定性过程中发生分歧:

一种观点认为:该案应定性为殴打他人。《中华人民共和国治安管理处罚法》(以下简称《治安管理处罚法》)第四十三条第一款规定了殴打他人和故意伤害两种侵害他人身体的违法情形。《治安管理处罚法释义与实务指南》对该条文的释义:故意伤害情形的立法原意是为了解决原《治安管理处罚条例》无法处罚那些以殴打以外的其他方式故意伤害他人身体的行为,如机械撞击、电击、放射性物质、激光等手段,故意伤害情形都必须是以外力直接作用于他人身体组织和器官,致使他人身体组织和器官的正常功能受到破坏。殴打他人是指行为人公然实施损害他人身体健康的打人行为。行为方式一般采用拳打脚踢,或者使用棍棒等器具殴打他人。刀叉也应属于器具的一种。朱某违法行为的动机也只是为了解一时气愤,先用拳脚殴打吴某,为了挣脱陶某的搂抱,才用刀扎了一下陶某,其用刀扎陶某的情形与故意伤害情形所要求的以外力直接作用于他人身体组织和器官不同。且朱某用刀扎了一下陶某的行为,是殴打吴某行为的继续行为,整个行为的目的均是殴打他人,不存在有故意伤害的动机。另根据《公安机关办理行政案件程序规定》第六十八条、第六十九条规定,被侵害人拒绝提供诊断证明或者拒绝进行伤情鉴定,公安机关可根据已经认定的事实作出处罚决定。故本案应以殴打他人定性处罚。

另一种观点:该案应定性为故意伤害。朱某用刀扎陶某的行为导致了陶某的身体组织正常功能受到破坏,该行为就是故意伤害。另外,朱某用刀扎伤陶某的危害后果,远远重于殴打吴某的危害后果,应以较重的结果定性故意伤害。如果陶某只是一点皮外划伤,吴某的伤情远比陶某严重的话,则可以考虑以殴打他人定性。

问题聚焦

本案首先必须明确的是,究竟存在几个违法行为?一个还是两个?

而出现争议的点在于对朱某用弹簧刀刺伤陶某的行为的定性,是应当定性为殴打他人?还是已构成故意伤害?

本案述评

本案中,对吴某的殴打行为应认定为殴打他人,对陶某的伤害行为应认定为故意伤害他人。第二种意见对于刺伤陶某行为的认定是准确的,但是本案是由两个独立的违法行为构成的。所以第二种意见从整体上看也不正确。

首先应当明确,在本案中朱某存在用拳脚殴打服务员吴某与用捡来的弹簧刀扎陶某左胸部这两个行为。那么这是否意味着,因为这两个行为发生的相继性而在定性时将其一概而论呢?根据行政违法行为的构成来分析,显然这里存在两个独立的违法行为。关键就在于,对吴某的殴打行为作为一种独立的违法行为,无法被相继的对陶某的伤害行为所吸收,即两个伤害并不是同一个违法行为的不同组成部分,而是各自独立。

虽然朱某殴打吴某的行为和为了挣脱陶某而用弹簧刀扎其左胸的行为在时间上存在连续性,但是,陶某出现之前,朱某已经完成了对吴某的“殴打”行为。《治安管理处罚法》对于“殴打他人”这种违法行为的认定不要求该行为的损害结果,即属于行为犯,一旦实施殴打的行为,即构成“殴打他人”。所以,对吴某的殴打行为是一个独立的已完成的违法行为。对于陶某的伤害行为不符合通常意义上对“殴打”的判断,这也是造成对于《治安管理处罚法》第四十三条理解困难的原因,这一点下文将详述。不过,可以肯定的是,对陶某的伤害行为是独立于殴打吴某的另一个违法行为。比如说,假设从一开始朱某即同时对吴某和陶某进行拳脚殴打,那么显然这是一个完整的违法行为,虽然有两个受害者,但是只存在一个“殴打行为”。这里的疑问在于,假如陶某出现后,不是将朱某抱住,而是与朱某也扭打起来,是否也构成一个独立的违法行为呢？这就涉及下文要分析的对陶某的刀刺行为的性质的认定。

根据我国《治安管理处罚法》第四十三条第一款规定："殴打他人的，或者故意伤害他人身体的，处五日以上十日以下拘留，并处二百元以上五百元以下罚款；情节较轻的，处五日以下拘留或者五百元以下罚款。"也即《治安管理处罚法》区分了殴打他人和故意伤害两种侵害他人身体的违法情形。这一点是没有疑问的。《治安管理处罚法释义与实务指南》一书对该条规定作了进一步的解释："故意伤害情形的立法原意是为了解决原《治安管理处罚条例》无法处罚那些以殴打以外的其他方式故意伤害他人身体的行为，如机械撞击、电击、放射性物质、激光等手段，故意伤害情形都必须是以外力直接作用于他人身体组织和器官，致使他人身体组织和器官的正常功能受到破坏。"这里可能存在一个理解上的困惑，即如果某个违法行为不能按照"殴打他人"来定性，那么是不是必须符合使用"机械撞击、电击、放射性物质、激光等手段"才能被认定为故意伤害？

殴打他人属于传统上的违法行为，与刑法上的"自然犯"观念类似，这里可以认为殴打行为是从手段、情节、事由等方面经由常识就可以判断的、容易为社会公众所理解的违法行为。殴打行为从本质上也是一种伤害行为，但是保留了独立的"殴打他人"这一违法行为的原因有两个：一个就是传统因素，已经在社会上形成认知的习惯；第二个原因就是，相对于其他可能的造成伤害的行为，殴打他人更侧重的不是结果上的判断，而是行为过程或违法手段的判断，即"殴打"突出的是使用拳脚或某些器具进行击打的动作或过程，即便没有造成严重的伤害结果，但如果存在情节严重、甚至社会影响极坏的"殴打行为"，例如群殴、械斗，那么也有立法予以处罚的必要性。

从这个角度讲，《治安管理处罚法》在原来的《治安管理处罚条例》的基础上新增了"故意伤害他人身体"这一条目，就是因为需要从立法上区别出不同于一般"殴打他人"行为的违法行为。这里解释"故意伤害他人身体"的时候，就应当从几个方面入手：

首先，这里的行为不同于传统上所认知的"殴打"，殴打也可以说是打架，起因一般是民事纠纷或临时起意的肢体冲突，行为人的主观方面主要是要通过物理上的击打"教训对方"或"发泄自身的愤怒"，而对于具体的伤害结果没有明确的认知或者追求，即便是大规模的械斗，所预谋的也主要是击打行为本身，并不是预谋具体的伤害结果，尽管可能存在抽象的伤害结果的认知。所以，构成"故意伤害他人身体"，必须是手段上不属于通常所认知的"殴打"的手段、方法，主观上也不同于"泄愤、争强好胜"等。《治安管理处罚法释义与实务指南》所列举的“机械撞击、电击”等手段显然不是完全列举，而仅仅提示可能的非传统击打手段的可能性，在解释上，凡是非传统的手段都有可能符合“故意伤害”。

其次，“故意伤害他人身体”相对于“殴打他人”的一个重要转变就是，强调了对于行为结果的认定，即“伤害了他人身体”。也就是说，行为过程本身不再是认定违法的关键。实际上，如果严格按照字面意思来理解，“故意伤害”根本不限定行为方式，或者说只要造成了伤害结果，而此结果又可以从因果链上归责于行为人，那么就可以认定存在这一违法行为。

综上可知，《治安管理处罚法》区分故意伤害，不仅仅只是“解决原《治安管理处罚条例》无法处罚那些以殴打以外的其他方式故意伤害他人身体的行为”，更重要的是，它突出强调了行为的“故意”性，以及对相对方的“伤害性”。故意伤害在程度上应当是比殴打行为更进一步，它通常是指破坏他人的肢体、器官、组织的完整性和正常机能的行为，只要满足“故意”与“伤害”的双重特性，其应当按故意伤害论处，而不能仅仅限定于“必须是以外力直接作用于他人身体组织和器官，致使他人身体组织和器官的正常功能受到破坏。”

在本案中，朱某一时激愤对吴某实施了殴打行为，且并未对吴某身体器官的正常功能产生严重危害，将其定性为“殴打他人”，这是毋庸置疑的。但是，其用弹簧刀刺陶某的行为无论是在主观，或是客观上都已产生了新的转移，若仍将其定位为殴打他人显然是值得推敲的。一方面，从主观上讲，朱某作为一个正常人，其应当明晓用弹簧刀刺人可能会造成的危害后果，但是其仍然放任这种结果的发生而刺向陶某的胸部，这至少是一种间接故意。况且，陶某拦腰抱住朱某只是为了避免事态的恶化与扩大，并未对其造成危害或危害的威胁，其挣脱陶某的搂抱完全可以采取其他方式，而不至于上升到用刀具对陶某进行伤害，就此意义上而言，朱某的主观恶意已然超越了殴打他人的范畴。另一方面，人体的胸部既是一个重要的部位，也是一个脆弱地带，朱某用弹簧刀扎了陶某左胸部，不能不说是对陶某健康和身体器官功能之完整性的一种严重的侵害；并且，陶某亦因此伤害而住院，显然已对陶某器官的正常功能造成了客观上的现实损害。因此基于主客观方面的考量，朱某的行为已然构成故意伤害。《公安机关办理行政案件程序规定》第六十八、六十九条规定的“被侵害人拒绝提供诊断证明或者拒绝进行伤情鉴定，公安机关可根据已经认定的事实作出处罚决定”，也并不能构成朱某故意伤害行为的反证，毕竟，根据朱某在主客观方面的情势已可认定其已构成故意伤害，陶某拒绝鉴定并不能作为案件定性的必要条件。而朱某积极承担陶某的住院费用，只能作为对其酌定减轻处罚的一个情节，而跟案件的定性并没有太大的关联。所以，朱某的违法行为已构成故意伤害，并非只是殴打他人。

关联理论

刑事法律的解释适用过程中，文义解释存在诸多局限性：第一，某些在条文中使用的词汇、概念和表达方式，在社会生活当中有其传统的、通常的认知，一般的社会经验和大众的事实判断甚至价值判断也融会在某些约定俗成的语言表达上，因此理解这类“约定俗成”的术语，需要充分把握社会背景、生活常识，比如说本案中的“殴打”；第二，立法语言本身具有不同于社会生活语言的特质，那就是创制规范的过程中，立法机关“实证地”赋予某法律概念以特定的含义，但是该意义与社会生活中使用该语汇时所表达的意义会有出入，此时就不能僵化地死抠字面的概念本身，而应当回到立法者的目的上来把握，因为上升到刑事立法政策和社会治理目标的层面来理解，可以充分的呈现法律概念背后的完整、真实的含义，例如本案中对于新增“故意伤害他人身体”的理解，只有在和传统的“殴打他人”条款相对应的语境中才能准确理解，于是就必须从立法机关新增该条款的目的上来寻找依据。

本案还关涉到行政违法行为的构成理论。该理论认为，一个行政违法行为的成立需要满足几个要件：违法主体要件、客体要件、主观方面要件以及客观方面要件。可以说，该理论是对犯罪构成理论的借鉴，也即有些学者所指出的行政法与刑法的对接问题。通常而言，构成行政违法的主体须是十四周岁以上具有完全或限制行政责任能力的公民；须侵犯了行政法所保护的法益；须在主观方面有故意或过失；在客观方面须有实施违反行政法规定的行为。

结合到本案，朱某是具有完全行政责任能力的公民，其侵犯了行政法所保护的公民的人身权益，并且在主观方面具有故意的罪过，客观方面实施了伤害行为，因而完全符合故意伤害的违法构成，理当按照故意伤害的定性进行处罚。

关联法条

《中华人民共和国治安管理处罚法》（节录）（中华人民共和国第十届全国人民代表大会常务委员会第十七次会议于2005年8月28日通过　自2006年3月1日起施行）

第四十三条　殴打他人的，或者故意伤害他人身体的，处五日以上十日以下拘留,并处二百元以上五百元以下罚款;情节较轻的,处五日以下拘留或者五百元以下罚款。

第十六条 有两种以上违反治安管理行为的,分别决定,合并执行。行政拘留处罚合并执行的,最长不超过二十日。

《公安机关办理行政案件程序规定》(2006年3月29日公安部部长办公会议通过 自发布之日起施行)

第六十八条 人身伤害案件具有下列情形之一的,公安机关应当进行伤情鉴定:

(一)受伤程度较重,可能构成轻伤以上伤害程度的;

(二)被侵害人要求作伤情鉴定的;

(三)违法嫌疑人、被侵害人对伤害程度有争议的;

(四)其他应当作伤情鉴定的情形。

第六十九条 对需进行伤情鉴定的案件,被侵害人拒绝提供诊断证明或者拒绝进行伤情鉴定的,公安机关应当将有关情况记录在案,并可以根据已认定的事实作出处理决定。

经公安机关通知,被侵害人无正当理由逾期不作伤情鉴定的,视为拒绝鉴定。

四、妨害社会管理的行为和处罚

◇ 27 对收购有赃物嫌疑物品的行为如何处罚

——水上废旧金属收购案

案情概要

长江某水域水上、岸上收购废旧金属的案件十分突出。有的船舶在水上登出广告,明示本船为收购船。由于获利丰厚,使盗窃废旧金属案件频发。近年来长航公安部门以水上收购行为未经行政许可为据对收购船定性处理。方法是:按照《废旧金属收购业治安管理办法》,对当事人予以罚款处罚,然后依照《中华人民共和国治安管理处罚法》(以下简称《治安管理处罚法》)第十一条之规定,对船上废旧金属予以收缴。2009年4月,地方省级公安机关取消了对废旧物资收购的行政许可,对此行为的管辖权变更为工商局。对此,部分水上派出所适用《治安管理处罚法》第五十九条第(三)项的规定,以收购有赃物嫌疑的物品对水上收购废旧金属案件进行处理,然后按照《治安管理处罚法》第十一条之规定收缴废旧金属。

问题聚焦

本案涉及了收购废旧金属的行政许可、查获程序以及处理方式等问题,具有较强的现实意义,对其中的焦点问题加以总结,主要涉及如下两个方面:

(1)按照《中华人民共和国行政许可法》(以下简称《行政许可法》)和某市相关规定,水上无证收购废旧金属的案件管辖已经变更为工商局,公安机关应该以何种理由介入对水上收购废旧金属案件的管理?

(2)按照《治安管理处罚法》第五十九条以收购有赃物嫌疑的物品处理,赃物嫌疑如何界定?船上赃物与非赃物混在一起又如何计算?

本案述评

(一)公安机关享有对收购废旧金属案件的管辖权

本案中,长航公安机关对收购废旧金属行为的处理历经了一个转变,即从对废旧金属收购行为的行政许可转变为一种监控、监督。

在地方省级公安机关取消对废旧物质收购的行政许可之前，长航公安机关对于未经行政许可的水上收购行为是按照无证收购予以处理的，笔者认为，此种做法符合当时的相关规定。由于废旧金属收购业容易被违法犯罪人员利用进行销赃，国家曾经把废旧金属收购行业作为特种行业进行管理，对废旧金属收购业实行开业审批制度和专项收购制度。公安部《废旧金属收购业治安管理办法》第四条的规定："收购生产性废旧金属的企业，应当经其业务主管部门审查同意，向所在地县级人民政府公安机关申请核发特种行业许可证，并向同级工商行政管理部门申请登记，领取特种行业许可证和营业执照后，方准开业。"《上海市废旧金属收购管理规定》第九条也明确规定了"生产性废旧金属收购许可证由上海市公安局规定统一的式样"，均表明了公安机关对废旧金属收购行为享有行政许可权❶。对于未经行政许可的水上废旧金属收购行为，按照《废旧金属收购业治安管理办法》第十三条第一款之规定，对相关企业和个人，没收所收购的物品，并处以相应的罚款。本案中长航公安机关对于未经行政许可的三无船舶进行罚款并收缴废旧金属符合当时的规定。

随着行政许可法的深入实施，国务院《关于取消第一批行政审批项目的决定》❷取消了设立生产性废旧金属收购企业的特种行业许可。（在2009年某省政府制定的《某省再生资源回收管理办法》第五条也规定了某省公安机关在处理废旧金属回收时的职权，即"负责指导再生资源回收活动的治安管理，对强买强卖、黑恶势力介入、收购和贩卖赃物等违法犯罪行为进行依法整治和查处"。）在这一系列的法律文件中，取消了公安机关对废旧金属的特种行业行政许可。在此阶段，公安部制定的《废旧金属收购业治安管理办法》第十三条已经失效。但需要指出的是，虽然公安机关取消了对该行业的特种行业管理，但仍需要通过日常监督检查和事后依法处罚等方式加强对该行业的治安管理工作。《治安管理处罚法》把违反废旧金属收购业的行为增加为违反治安管理的行为，有利于打击利用废旧金属收购业进行违法犯罪的活动。因此，尽管公安机关不具备行政许可权，但公安机关有权依照《治安管理处罚法》对涉嫌收购赃物的行为进行处理。其处理的出发点不再

❶ 行政许可，是指行政主体根据行政相对方的申请，经依法审查，通过颁发许可证、执照等形式，赋予或确认行政相对方从事某种活动的法律资格或法律权利的一种具体行政行为。

❷ 在该决定的第一百一十一条中，将《废旧金属收购业治安管理办法》中设立的对生产性废旧金属收购企业的特种行业许可取消。

是基于维护此种行业的准入制度和经营秩序，而是因为此类行为已经对社会秩序的安定与安全造成了侵害。因此，本案中的公安机关在取消对废旧金属行业的行政许可后，依照《治安管理处罚法》的规定对收购赃物的行为进行处罚具有合法性。

（二）赃物性质与数额的界定

1. 赃物性质的认定

公安机关依照《治安管理处罚法》第五十九条第三款对涉嫌收购赃物的行为进行处理时往往会存在判断上的难题，这既是因为赃物存在形态的多样性，也是因为缺乏详尽的法律规定来对赃物的性质进行判断。由于具有赃物嫌疑的物品属于典型的不确定法律概念，根本的解决方式在于有权机关对赃物的内涵进行解释。在这种具有法律效力的解释暂时缺位的情况下，我们也试图对赃物的若干属性予以解读。

从物理属性上看，赃物是一种财物。《法学辞典》解释为“犯罪分子用抢劫、抢夺、盗窃、诈骗、敲诈勒索、贪污、受贿、走私、投机倒把等非法手段取得的金钱和物质”；《中华人民共和国刑法》（以下简称《刑法》）规定为“犯罪分子违法所得的一切财物”。赃物具有两个方面的主要特征：一个方面是具有证据价值和经济价值的双重属性。赃物与案件真实情况的发生、发展有着客观内在的联系，因而对案件具有证据价值；同时，赃物也具有民法上物的特征，即人们能够支配的具有经济价值的物质实体和自然力，民法上的物基本上也可以成为赃物，其特征没有因为诉讼而发生改变。另一方面赃物必须是行为人采用违法犯罪手段所获取的财物，它既不同于作案工具，也不是行为人的个人合法财产，更不是违禁品。在实践中，认定赃物时必须将其范围严格限定在行为人采用违法犯罪手段所获取的财物之内，不得与行为人其他财产相混淆。

在我国的法律体系中，对于一物品是否属于赃物必须由人民法院来认定。因此，公安机关在执法过程中，对于某一财物是否是赃物不能直接判断，而是只能判断其是否具有赃物嫌疑，即《治安管理处罚法》第五十九条第三款之规定。在有关的规章中[1]，对于具有赃物嫌疑的物品一般是先初步认定，后查证。如果无法查证的，应予以退还。因此，在判断废旧金属是否属于具有赃物嫌疑的物品时，也应遵循先初步审查后查明的程序。

首先是初步判断是否具有赃物属性。由于对废旧金属是否具有赃物属性的审查具有很强的刑侦属性，因此，笔者对此问题只能从一般的角度谈几

[1] 如《废旧金属收购业治安管理办法》第十条规定。

点意见。在废旧金属收购中,可能会具有赃物嫌疑的情况主要有如下这些情况:一是收购者个人持有的相关工业成品金属属于禁止流通的,如铁路、油田、供电、电信通讯、矿山、水利、测量和城市公用设施等专用器材,或者属于有毒、有害物品的;二是以特别低的价格收购废旧金属的;三是无证据证明废旧金属合法来源的;四是人为将金属成品变为废品并以低价卖出的;五是收购的时间不合常理的等等情形。对于这些情况公安机关可以先认定其具有赃物嫌疑,予以暂扣并开具给收购者相关的凭证。然后在特定的期限内责令收购人提供合法的证明,对废旧金属的正当性予以查明。如果收购者无法提供其合法性证明,公安机关可以按照《治安管理处罚法》第五十九条对收购者予以行政处罚,并按照第十一条对赃物予以处理。如果收购者有充足证据证明其收购的废旧金属具备合法性,公安机关应当予以退还。

2. 对收购有赃物嫌疑的物品的数额认定

《刑法》第三百一十二条规定:"明知是犯罪所得的赃物而予以窝藏、转移、收购或者代为销售的,处3年以下有期徒刑、拘役或者管制,并处或者单处罚金。"此规定是对收购赃物行为构成犯罪的一种认定,需要指出的是,对赃物数额的认定是适用徐行犯理论的,可以对赃物数额予以累加。所谓徐行犯是指行为人基于概括的犯罪故意,在一段时间内连续实施数个性质相同的违法行为,每个违法行为单独都不构成犯罪,但数个违法行为总和在一起就构成犯罪的犯罪形态。作为犯罪形态的一种,徐行犯对决定行为罪与非罪有着重要的意义。其特点是:①构成徐行犯在主观上是基于一个犯罪故意,且该犯罪故意既可是预谋故意也可是突发故意。②客观上实施了数个行为并且单独不能定罪。是数个在刑法上无独立意义的自然举动或危害行为呈连续进行状态。③徐行犯的犯罪对象必须是同一的。④徐行犯虽然没有总则性刑法规范的明文规定,但存在着分则性刑法规范将其规定为一罪和处断上将其作为一罪的两种情形。⑤徐行犯是单纯一罪,必须按一罪论处,并应在法定刑幅度内选择与犯罪情节相适应的刑罚。

涉嫌收购赃物案件的性质是行政案件,笔者认为不能适用徐行犯理论,将具有赃物嫌疑的物品数量累加。首先,赃物性质的认定与赃物数额的认定,以及后续的犯罪构成判断,必须由人民法院依法进行。对于经司法程序认定的赃物数额可以累加。而具有赃物嫌疑的物品,由于此物品的最终属性尚未决定,因此不能对其数额简单相加,以达到被刑事追诉的目的[1]。其

---

[1] 如果每次收赃行为的赃物性质已经确定,而每次数额较少的,可以适用徐行犯理论,对数额予以累加。如果仅仅是具有赃物嫌疑,则不适合累加。

次，治安管理处罚法对涉嫌收购赃物的行为进行处罚，其目的是在于惩戒收购行为的不规范性，即因其不具备合法的证明文件要受到治安管理处罚，数额的大小对其受行政处罚并无太大意义。总之，对于赃物数额的累加，必须以确定赃物的性质为前提，即该物品确属赃物。如果仅在行政处罚程序中，具有赃物嫌疑物品的累加不会改变案件的行政属性。

关联理论

(一)行政许可的概念和特征

行政许可，是指行政主体根据行政相对方的申请，经依法审查，通过颁发许可证、执照等形式，赋予或确认行政相对方从事某种活动的法律资格或法律权利的一种具体行政行为。

行政许可的特征主要有以下几个方面：

(1)行政许可是依申请的行政行为。行政相对方针对特定的事项向行政主体提出申请，是行政主体实施行政许可行为的前提条件。无申请则无许可。

(2)行政许可的内容是国家一般禁止的活动。行政许可以一般禁止为前提，以个别解禁为内容。即在国家一般禁止的前提下，对符合特定条件的行政相对方解除禁止使其享有特定的资格或权利，能够实施某项特定的行为。

(3)行政许可是行政主体赋予行政相对方某种法律资格或法律权利的具体行政行为。行政许可是针对特定的人、特定的事作出的具有授益性的一种具体行政行为。

(4)行政许可是一种外部行政行为。行政许可是行政机关针对行政相对方的一种管理行为，是行政机关依法管理经济和社会事务的一种外部行为。行政机关审批其他行政机关或者其直接管理的事业单位的人事、财务、外事等事项的内部管理行为不属于行政许可。

(5)行政许可是一种要式行政行为。行政许可必须遵循一定的法定形式，即应当是明示的书面许可，应当有正规的文书、印章等予以认可和证明。实践中最常见的行政许可的形式就是许可证和执照。

(二)徐行犯的构成要件

徐行犯，是指行为人基于概括的犯罪故意，在一段时间内连续实施数个性质相同的违法行为，每个违法行为单独都不构成犯罪，但数个违法行为总和在一起就构成犯罪的犯罪形态。作为犯罪形态的一种，徐行犯对决定行为罪与非罪有着重要的意义。

从定义可以看出,徐行犯的成立必须具备以下几个条件:

(1)主观上行为人必须是基于概括的犯罪故意。所谓概括的犯罪故意,是指行为人没有明确具体的犯罪计划,但是行为人的行为都出于同一个犯罪意向,行为的目的和动机是相同的。如行为人多次贪污,每次2 000~3 000元,行为人非法占有的目的是相同的,其主观心理状态就是概括的贪污故意。概括的犯罪故意是判断徐行犯主观恶性的基础,没有概括的犯罪故意,就不能将行为人的行为总和起来进行刑法上的评价,也就无所谓罪与非罪的问题。过失的违法行为不能构成徐行犯。

(2)客观上行为人实施了数个性质相同的违法行为。符合徐行犯构成条件的行为必须是有法律评价的行为,它具有以下三个要素:①违法性,也就是说行为侵害了法律所保护的社会关系,因而在法律上是否定的评价。这里所说的法律,是狭义上的法律,仅指由全国人民代表大会及其常务委员会制定的法律。②同质性,徐行犯的行为侵害的社会关系是相同,在法律上的评价是相同的,如果行为超出必要的度,构成犯罪,则所触犯的是同一罪名。如果行为人数个违法行为的法律性质不同,则不构成徐行犯。③时间性,法律对行为人多长时间内实施的数个违法行为才构成徐行犯,没有明确的规定。但不能据此得出结论,认为徐行犯的构成条件没有时间限制。这里的时间性,是指在一段时间内,行为人多次、反复地实施同一种违法行为,具有相对集中性。如果行为人仅是偶尔实施违法行为,不应认定为徐行犯;行为人的行为如果受到刑事追诉,那么追诉前的违法行为也不能认定为徐行犯。

(3)行为人实施的每个行为单独均不符合犯罪构成要件。徐行犯实施犯罪行为时,主观上一般都十分明了自己行为的性质,在行为的度上刻意规避刑法的有关规定,以期逃避制裁。因此,徐行犯的单个违法行为,在法律上虽然都是否定的评价,但是在客观要件上都不符合刑法规定的要求,均不能独立构成犯罪。这使其得以与连续犯区别开来。

关联法条

《废旧金属收购业治安管理办法》(节录)(1994年1月25日公安部令第16号发布)

第三条 生产性废旧金属,按照国务院有关规定由有权经营生产性废旧金属收购业的企业收购。收购废旧金属的其他企业和个体工商户只能收购非生产性废旧金属,不得收购生产性废旧金属。

第四条 收购生产性废旧金属的企业,应当经其业务主管部门审查同意,向所在地县级人民政府公安机关申请核发特种行业许可证,并向同级工商行政管理部门申请登记,领取特种行业许可证和营业执照后,方准开业。收购非生产性废旧金属的企业和个体工商户,应当向所在地县级人民政府工商行政管理部门申请登记,领取营业执照,并向同级公安机关备案后,方准开业。

第五条 收购废旧金属的企业应当有固定的经营场所。收购废旧金属的个体工商户应当有所在地常住户口或者暂住户口。

第六条 收购废旧金属的企业和个体工商户有关闭、歇业、合并、迁移、改变名称、变更法定代表人等情形之一时,应当在十五日前向原发证的公安机关申请办理注销、变更手续或者向原备案的公安机关办理注销、变更的备案手续,并向工商行政管理部门办理注销、变更登记。

第八条 收购废旧金属的企业在收购生产性废旧金属是,应当查验出售单位开具的证明,对出售单位的名称和经办人的姓名、住址、身份证号码以及物品的名称、数量、规格、新旧程序等如实进行登记。

第十条 收购废旧金属的企业和个体工商户发现有出售公安机关通报寻查的赃物或者有赃物嫌疑的物品的,应当立即报告公安机关。公安机关对赃物或者有赃物嫌疑的物品应当予以扣留,并开付收据。有赃物嫌疑的物品经查明不是赃物的,应当及时退还;赃物或者有赃物嫌疑的物品经查明确属赃物的,依照国家有关规定处理。

《中华人民共和国治安管理处罚法》(节录)(中华人民共和国第十届全国人民代表大会常务委员会第十七次会议于2005年8月28日通过 自2006年3月1日起施行)

第五十九条 有下列行为之一的,处五百元以上一千元以下罚款;情节严重的,处五日以上十日以下拘留,并处五百元以上一千元以下罚款:

(一)典当业工作人员承接典当的物品,不查验有关证明、不履行登记手续,或者明知是违法犯罪嫌疑人、赃物,不向公安机关报告的;

(二)违反国家规定,收购铁路、油田、供电、电信、矿山、水利、测量和城市公用设施等废旧专用器材的;

(三)收购公安机关通报寻查的赃物或者有赃物嫌疑的物品的;

(四)收购国家禁止收购的其他物品的。

第六十条 有下列行为之一的,处五日以上十日以下拘留,并处二百元以上五百元以下罚款:

(一)隐藏、转移、变卖或者损毁行政执法机关依法扣押、查封、冻结的财物的;

(二)伪造、隐匿、毁灭证据或者提供虚假证言、谎报案情,影响行政执法机关依法办案的；

（三）明知是赃物而窝藏、转移或者代为销售的；

（四）被依法执行管制、剥夺政治权利或者在缓刑、保外就医等监外执行中的罪犯或者被依法采取刑事强制措施的人，有违反法律、行政法规和国务院公安部门有关监督管理规定的行为。

◇ 28 非法种植毒品原植物行为认定及处罚

——非法种植毒品原植物案

案情概要

2009年5月11日16时许，长江航运公安局某分局某派出所民警在工作中发现某县港务局大楼三楼平台处种植有毒品原植物罂粟，该所民警当场对非法种植现场进行了检查固定。经调查，2009年1月至2009年5月期间，某县居民李某、宋某夫妇，出于好奇在一“麻辣烫”摊位上要来一些罂粟种子种在自家宿舍大楼三楼平台处，用来观赏和食用，共种植罂粟一百一十四株，但果实尚未成熟。在案件办理过程中，李、宋夫妇已将罂粟自行铲除。长江航运公安局某分局某派出所根据《中华人民共和国治安管理处罚法》(以下简称《治安管理处罚法》)第七十一条之规定，对李某、宋某的行为已构成非法种植毒品原植物行为进行了相应的处罚。

问题聚焦

长江航运公安机关在对本案的处理上，主要有三个值得关注的焦点：

(1)对李某和宋某行为的认定上，是按照《治安管理处罚法》的规定以非法种植毒品原植物行为进行处罚？还是按照《中华人民共和国刑法》(以下简称《刑法》)相关的规定以非法种植毒品原植物罪进行处罚？

(2)李某和宋某种植罂粟是用来观赏和食用，并非是以牟利为目的，主观方面的心态是否会影响对违法行为人非法种植毒品原植物行为的认定？

(3)李某和宋某在案件办理过程中以及果实尚未成熟的情况下，将罂粟自行铲除，那么这种行为应当如何进行裁量处罚？

本案述评

(一)李某和宋某的行为是违反治安管理处罚法规定的非法种植毒品原植物的行为

非法种植毒品原植物行为，是指违反国家规定私自种植罂粟不满500株或者其他少量毒品原植物，尚不够刑事处罚的行为。构成这种违法行为须具备以下四大特征：

（1）本行为的主体是达到责任年龄，具有责任能力的自然人。本案中李某和宋某都是60年代出生，达到法定的责任年龄18周岁，且精神、智力状况正常，具有完全的责任能力。

（2）本行为侵犯的客体是国家对毒品原植物种植的管制。罂粟、大麻等毒品原植物可以制成鸦片、大麻、吗啡、海洛因等毒品，这些毒品严重危害人们的身体健康，并且引发很多社会问题。[1] 1981年8月，国务院发出《关于重申禁绝鸦片烟毒的通知》规定，除国家指定国营农场按照严格计划种植少量药用罂粟外，其他任何单位和个人一律不准种植罂粟。对私自种植的罂粟，必须立即铲除，就地销毁，并追缴已经收获的鸦片和种子。今后发现私种罂粟的，应当从严惩处。

在本案中，李某夫妇出于好奇在一"麻辣烫"摊位上要来一些罂粟种子种在自家宿舍大楼三楼平台处，用来观赏和食用，共种植罂粟一百一十四株，属于私自种植罂粟等毒品原植物的违法行为，违反了国家对毒品原植物种植的管制。

（3）本行为在客观方面表现为非法种植罂粟不满500株或者其他少量毒品原植物。①根据《治安管理处罚法》第七十一条的规定，非法种植罂粟不满500株或者其他少量毒品原植物的，施以治安处罚。按照现行刑法的规定，种植罂粟500株以上不满3 000株或者其他毒品原植物数量较人的，经公安机关处理后又种植的，以及抗拒铲除的，这三种情形构成犯罪。②"非法种植"，是指违反国家有关毒品原植物管理的规定，私自种植罂粟等毒品原植物。种植，包括播种、移苗、栽植、施肥、灌溉、收获等一系列行为这是从播种到收获的全过程，无论行为人是实施此过程中的任何一个行为，还是几个或者全部行为，无论是行为人自己实施，还是雇用他人实施，无论是在自己的地里种植，还是在荒山野地种植，均可视为种植行为。[2] ③"毒品原植物"，是指较高含量的麻醉性植物碱的植物，能够用来提炼、加工鸦片、海洛因、吗啡、可卡因等毒品的植物，它本身并不是毒品，而是提炼加工毒品必不可少的自然原料。如罂粟、大麻、古柯等。有一点要明确，罂粟、大麻、古柯等在植物学中是个属概念，其下列有许多种植物。例如，罂粟属就有50多个种，其中可提取咖啡因的主要是鸦片罂粟一种，其他多为观赏性植物。所

---

[1] 参见柯良栋等主编：《治安管理处罚法释义与实务指南》。北京：中国人民公安大学出版社，2005年版，第415～416页。

[2] 余凌云主编：《治安管理处罚法的具体适用问题》。北京：中国人民公安大学出版社，2006年版，第489页。

以,根据有关国际禁毒公约的规定,作为毒品原植物的罂粟是指催眠性罂粟科的植物;大麻是指大麻属的任何一种植物;古柯是指红木属的任何一种植物。行为人种植毒品原植物情节必须轻微,尚不够刑事处罚,即行为人种植的罂粟不满500株,大麻不满5 000株,并且经公安机关处理后没有再行种植或者没有抗拒铲除行为的。

在本案中,李某和宋某共种植罂粟一百一十四株,且果实尚未成熟。在案件办理过程中,李、宋夫妇已将罂粟自行铲除,可以看出,李、宋二人非法种植罂粟不满500株,且情节轻微,尚不够刑事处罚。

(4)本行为在主观方面是故意,即明知是国家禁止种植的毒品原植物而私自种植,而不一定是为了牟利,不论行为人的目的是牟利还是满足个人享用,均构成本行为。如果行为人确实不知道是毒品原植物而予以种植的,则不构成本行为。

本案的违法行为人李某和宋某明知是毒品原植物罂粟,为了观赏和食用,私自种植一百一十四株,其主观上是故意的心态,因此不论其目的是否是牟利,仍构成非法种植毒品原植物行为。

(二)不论主观目的,只要明知是制造毒品的原植物,而非法种植就构成犯罪

非法种植毒品原植物行为在主观方面表现为故意,但不一定是为了牟利。即行为人明知是制造毒品的原植物而非法种植,不论其目的是牟利还是满足个人享用,均构成本行为。如果行为人确实不知道是毒品原植物而予以种植的,则不构成本行为。

(三)对李某和宋某处罚裁量情况

根据《治安管理处罚法》第七十一条第二款的规定:"有前款第一项行为,在成熟前自行铲除的,不予处罚。"综合案例中李某和宋某夫妇在民警发现罂粟(未成熟)后就主动将其铲除,且李某和宋某夫妇种植的数量较少,因此,应不予处罚。

关联理论

(一)非法种植罂粟或者其他少量毒品原植物的行为与非法种植原植物罪的区分

非法种植毒品原植物行为,是指违反国家规定私自种植罂粟不满500株或者其他少量毒品原植物,尚不够刑事处罚的行为。构成这种违法行为须具备以下四大特征:

(1)本行为的主体是达到责任年龄,具有责任能力的自然人。

(2)本行为侵犯的客体是国家对毒品原植物种植的管制。罂粟、大麻等毒品原植物可以制成鸦片、大麻、吗啡、海洛因等毒品,这些毒品严重危害人们的身体健康,并且引发很多社会问题[1]。1981年8月,国务院发出《关于重申禁绝鸦片烟毒的通知》规定,除国家指定国营农场按照严格计划种植少量药用罂粟外,其他任何单位和个人一律不准种植罂粟。对私自种植的罂粟,必须立即铲除,就地销毁,并追缴已经收获的鸦片和种子。今后发现私种罂粟的,应当从严惩处。1982年中共中央、国务院发出《关于禁绝鸦片烟毒问题的紧急通知》,1987年国务院颁发了《麻醉药品管理办法》,1988年公安部、卫生部又发布《关于查禁非法私种罂粟的通知》,这一系列的法规、法令和通知足以显示国家对非法种植、买卖、运输、携带、持有鸦片、罂粟等毒品原植物行为的严厉禁止。

(3)本行为在客观方面表现为非法种植罂粟不满500株或者其他少量毒品原植物。①"非法种植",是指违反国家有关毒品原植物管理的规定,私自种植罂粟等毒品原植物。种植,包括播种、移苗、栽植、施肥、灌溉、收获等一系列行为这是从播种到收获的全过程,无论行为人是实施此过程中的任何一个行为,还是几个或者全部行为,无论是行为人自己实施,还是雇用他人实施,无论是在自己的地里种植,还是在荒山野地种植,均可视为种植行为[2]。②"毒品原植物",是指较高含量的麻醉性植物碱的植物,能够用来提炼、加工鸦片、海洛因、吗啡、可卡因等毒品的植物,它本身并不是毒品,而是提炼加工毒品必不可少的自然原料,如罂粟、大麻、古柯等。有一点要明确,罂粟、大麻、古柯等在植物学中是个属概念,其下列有许多种植物。例如,罂粟属就有50多个种,其中可提取咖啡因的主要是鸦片罂粟一种,其他多为观赏性植物。所以,根据有关国际禁毒公约的规定,作为毒品原植物的罂粟是指催眠性罂粟科的植物;大麻是指大麻属的任何一种植物;古柯是指红木属的任何一种植物。行为人种植毒品原植物情节必须轻微,尚不够刑事处罚,即行为人种植的罂粟不满500株,大麻不满5 000株,并且经公安机关处理后没有再行种植或者没有抗拒铲除行为的。

(4)本行为在主观方面是故意,即明知是国家禁止种植的毒品原植物而

---

[1] 参见柯良栋等主编:《治安管理处罚法释义与实务指南》。北京:中国人民公安大学出版社,2005年版,第415~416页。

[2] 余凌云主编:《治安管理处罚法的具体适用问题》。北京:中国人民公安大学出版社,2006年版,第489页。

私自种植,而不一定是为了牟利,不论行为人的目的是牟利还是满足个人享用,均构成本行为。如果行为人确实不知道是毒品原植物而予以种植的,不构成本行为。

非法种植毒品原植物罪,是指明知是罂粟、大麻、古柯树等毒品原植物而非法种植且数量较大,或者经公安机关处理后又种植,或者抗拒铲除的行为。向明知是非法种植毒品原植物的人出售较大数量毒品原植物种子的,以非法种植毒品原植物罪论处。因此,根据《刑法》第三百五十一条的规定,严重的法定情节包括三种情形,只要具备其中之一,就可构成非法种植毒品原植物罪[1]:

第一,非法种植罂粟500株以上或者其他毒品原植物数量较大。

第二,经公安机关处理后又种植的。这是针对行为人不思悔改,具有较大的人身危险性和社会危害性而确立的罪与非罪的标准。符合这一情节的,即使非法种植罂粟不满500株或者其他毒品原植物数量较小,也可构成犯罪。还应明确,只有前次种植行为是经过公安机关处理的,再次种植才能构成犯罪,对于经其他机关处理的,因其不符合法律要求,故即使再次种植,只要后一次未达到犯罪要求的数量,就不能以犯罪论处。

第三,抗拒铲除的。说明行为人态度顽固,故意阻挠国家禁毒法律的实施,故应予严惩。符合这一情节,即使所种没有达到犯罪要求的数量,也可以构成犯罪。

(二)对《治安管理处罚法》第七十一条规定的非法种植毒品原植物行为的具体理解

(1)该条对这种行为规定了拘留和罚款两种处罚,这里可以明确的是,罚款既可以单处,也可以并处。一般说来,对于情节较轻的,可以单处罚款,情节严重的,则宜于拘留和罚款并处。

(2)不论给予何种处罚,都应当同时采取铲除其所种植的罂粟等毒品原植物的强制措施;不能只给予处罚,而不铲除毒品原植物。否则,违法行为人就会继续利用其所种植的毒品原植物去危害他人的健康以获取不法经济利益。

(3)对非法种植罂粟500株以上或者毒品原植物数量较大;或经公安机关处理后又种植的;或抗拒铲除的,应依法追究刑事责任。如非法种植了罂粟或者其他毒品原植物,在收获前自动铲除的,免除处罚。

---

[1] 参见余凌云主编:《治安管理处罚法的具体适用问题》。北京:中国人民公安大学出版社,2006年版,第491~492页。

关联法条

《中华人民共和国治安管理处罚法》（节录）（由中华人民共和国第十届全国人民代表大会常务委员会第十七次会议于2005年8月28日通过　自2006年3月1日起施行）

第十二条　已满十四周岁不满十八周岁的人违反治安管理的，从轻或者减轻处罚；不满十四周岁的人违反治安管理的，不予处罚，但是应当责令其监护人严加管教。

第十三条　精神病人在不能辨认或者不能控制自己行为的时候违反治安管理的，不予处罚，但是应当责令其监护人严加看管和治疗。间歇性的精神病人在精神正常的时候违反治安管理的，应当给予处罚。

第七十一条　有下列行为之一的，处十日以上十五日以下拘留，可以并处三千元以下罚款；情节较轻的，处五日以下拘留或者五百元以下罚款：

（一）非法种植罂粟不满五百株或者其他少量毒品原植物的；

（二）非法买卖、运输、携带、持有少量未经灭活的罂粟等毒品原植物种子或者幼苗的；

（三）非法运输、买卖、储存、使用少量罂粟壳的。

有前款第一项行为，在成熟前自行铲除的，不予处罚。

《中华人民共和国刑法》（节录）（中华人民共和国第五届人民代表大会第二次会议于1979年7月1日通过　中华人民共和国第八届全国人民代表大会第五次会议修订　1997年3月14日中华人民共和国主席令第八十三号公布　自1997年10月1日起施行）

第三百五十一条　非法种植罂粟、大麻等毒品原植物的，一律强制铲除。有下列情形之一的，处五年以下有期徒刑、拘役或者管制，并处罚金：

（一）种植罂粟五百株以上不满三千株或者其他毒品原植物数量较大的；

（二）经公安机关处理后又种植的；

（三）抗拒铲除的。

非法种植罂粟三千株以上或者其他毒品原植物数量大的，处五年以上有期徒刑，并处罚金或者没收财产。

非法种植罂粟或者其他毒品原植物，在收获前自动铲除的，可以免除处罚。

《麻醉药品管理办法》（节录）（1987年11月28日国务院国发[1987]

103号文件发布　自发布之日起施行）

第三条　麻醉药品包括：阿片类、可卡因类、大麻类、合成麻醉药类及卫生部指定的其他易成瘾癖的药品、药用原植物及其制剂。

第四条　国家严格管制麻醉药品原植物的种植和麻醉药品的生产、供应、进出口，非医疗，教学，科研需要一律不得使用麻醉药品。

第五条　麻醉药品原植物的种植单位，必须经卫生部会同农牧渔业部、国家医药管理局审查批准，并抄报公安部。麻醉药品的生产单位，必须经卫生部会同国家医药管理局审查批准。未经批准的任何单位和个人，一律不得从事麻醉药品的生产活动。

第六条　麻醉药品原植物的年度种植计划由卫生部会同农牧渔业部审查批准，麻醉药品的年度生产计划由卫生部会同国家医药管理局审查批准并联合下达执行，种植和生产单位不得擅自改变计划。对成品、半成品、罂粟壳及种子等，种植或生产单位必须有专人负责，严加保管，严禁自行销售和使用。

第七条　麻醉药品的生产，要加强质量管理，产品质量必须符合国家药品标准。

第八条　麻醉药品新品种的研究试制，必须由研究单位编制计划，报经卫生部审定批准后，方可进行，研究试制完毕后按有关新药审批的办法办理并要严格试制品的保管与使用手续，防止流失。

第九条　麻醉药品的供应必须根据医疗、教学和科研的需要，有计划地进行。全国麻醉药品的供应计划由国家医药管理局指定的部门提出，报卫生部、国家医药管理局审查批准后下达执行。

第十条　麻醉药品经营单位的设置由各省、自治区、直辖市卫生行政部门会同医药管理部门提出，报卫生部、国家医药管理局审核批准，经营单位只能按规定限量供应经卫生行政部门批准的使用单位；不得向其他单位和个人供应。

第十一条　药用罂粟壳的供应业务由国家医药管理局及各省、自治区、直辖市的医药管理部门指定的经营单位办理，其他单位一律不准经营。罂粟壳的分配必须根据卫生部和国家医药管理局共同审查批准的计划调拨。罂粟壳可供医疗单位配方使用和由县以上卫生行政部门指定的经营单位凭盖有医疗单位公章的医生处方配方使用，不准零售。药品生产企业为配制中成药所需罂粟壳计划，由所在省、自治区、直辖市医药管理部门审核后，报卫生行政部门核定下达执行。

第三十条　凡违反本办法的规定，有下列行为之一者，可由当地卫生行政部门没收全部麻醉药品和非法收入，并视其情节轻重给予非法所得的金额五至十倍的罚款，停业整顿，吊销《药品生产企业许可证》、《药品经营企业许可证》、《制剂许可证》的处罚：

（一）擅自生产麻醉药品或者改变生产计划，增加麻醉药品品种的；

（二）擅自经营麻醉药品和罂粟壳的；

（三）向未经批准的单位或者个人供应麻醉药品或者超限量供应的；

（四）擅自配制和出售麻醉药品制剂的；

（五）未经批准擅自进口、出口麻醉药品的；

（六）擅自安排麻醉药品新药临床，不经批准就投入产的。

第三十二条 违反本办法规定，擅自种植罂粟壳，或者非法吸食麻醉药品的，由公安机关依照治安管理处罚条例或有关规定给予处罚。

第三十三条 违反本办法的规定，制造、运输、贩卖麻醉药品和罂粟壳，构成犯罪的，由司法机关依法追究其刑事责任。

《国务院关于重申严禁鸦片烟毒的通知》（国务院 1981 年 8 月 27 日颁布　自 1981 年 8 月 27 日起施行）

1950 年 2 月 24 日，前政务院发布《关于严禁鸦片烟毒的通令》后，在全国范围内开展了大规模的查禁鸦片烟毒的斗争，成效卓著，仅用三年左右时间，旧社会遗留下来的烟毒流害就基本禁绝。但是，近些年来，由于国内外种种原因，在少数边境地区和一些历史上烟毒流行的地方，私种罂粟，制造、贩卖和吸食鸦片等毒品的情况又不断发生，特别是从国外走私贩运的鸦片大量流入内地，情况日趋严重。为了保护人民健康，维护社会治安，保障四化建设，国务院重申：对于私种罂粟和吸食鸦片的，必须限期铲除和戒绝；对于制造、贩卖、偷运鸦片和其他毒品的违法犯罪活动必须坚决打击，依法严惩。

一、凡有烟毒流行的省、市、自治区人民政府，接到本通知后，应当迅速弄清情况，研究对策，采取有力措施，组织公安、海关、民政、卫生、医药和工商行政管理等部门，抓紧时机，密切配合，切实搞好查禁烟毒工作。同时，要教育群众自觉遵守国家严禁烟毒的政策法令，发动和依靠群众，同制造、贩卖、偷运烟毒和私种罂粟、吸食鸦片的违法行为作斗争。

二、坚决打击制造、贩卖、偷运鸦片等毒品的犯罪活动。公安部门要加强对制造、贩卖和偷运鸦片等毒品案件的侦破工作。边境地区的公安、海关、边防和工商行政管理部门，要在当地人民政府统一领导下，加强对偷运鸦片等毒品的查缉工作，发现鸦片等毒品，一律没收。对制造、贩卖和偷运鸦片等毒品的犯罪分子必须依法严惩。发现开设的地下烟馆，必须立即取缔。

对于鸦片等毒品的吸食者，应当由公安、民政、卫生等部门组织强制戒除。

三、除国家指定国营农场按照严格计划种植少量药用罂粟外，其他任何单位或个人一律不准种植罂粟。对私自种植的罂粟，必须立即铲除，就地销毁，并追缴已经收获的鸦片和种子。今后发现私种罂粟的，应当从严惩处。

四、卫生、农业、医药、化工等部门要认真执行国务院颁发的关于麻醉药品管理有关规定，采取有效措施，切实加强药政管理，严禁非法销售和非法使用麻醉药品。违者，要严肃处理；情节严重者，要依法惩处。

五、各级公安、海关、边防、工商行政管理等部门查获的鸦片等毒品和罂粟种子，没收后一律上缴省、市、自治区医药管理局（总公司），统一上缴国家医药管理总局，任何单位和个人都不得隐瞒私分或挪用。违者，要从严惩处。

国家医药管理总局对收缴的鸦片等毒品单独保管，变价后，上缴中央财政。

以上各项，请结合本地区的具体情况，认真贯彻执行。

《公安部　卫生部关于严禁非法种植罂粟的通知》（公安部/卫生部于1988年3月26日颁布　自1988年3月26日起施行）

各省、自治区、直辖市公安、卫生厅、局：

近几年来，各地公安、卫生等部门在当地党委和政府的统一领导下，互相配合，在禁毒方面做了大量工作，但私种罂粟、吸食毒品的问题仍禁而不绝，并呈蔓延趋势……为了防止烟毒在我国重新泛滥，作好今年铲除罂粟的工作，现通知如下：

一、私种罂粟历来为国家所严禁，各地公安、卫生部门都要将本地私种罂粟的情况摸清并如实向党委、政府报告，采取有力措施查禁。要根据南方、北方不同的种植季节，切实组织足够的力量，深入农村、山区检查、督促铲除罂粟的工作，不能贻误收割季节。对已种植的，要责令本人铲除或强行铲除。对留存的罂粟种子和已收获的大烟果要全部收缴。对私种罂粟者，公安机关按照《治安管理处罚条例》第三十一条的规定，视其情节，处十五日以下拘留，单处或并处三千元以下罚款；构成犯罪的，依法追究刑事责任。

二、各级卫生部门要按照国务院1987年11月28日发布的《麻醉药品管理办法》（国发[1987]103号文件）第十一条的规定，切实加强对罂粟壳供应、使用的管理，保证医疗使用，杜绝流弊。对一些擅自收购和出售罂粟壳的医药供应单位要严肃处理，情节严重的，要配合司法机关依法追究单位负责人的法律责任。对在农贸市场上非法出售罂粟种子和罂粟壳或私自买卖的,也要依法从严处理。

三、要根据《国务院关于重申严禁鸦片烟毒的通知》(国发[1981]127 号文件)精神,会同有关部门进一步宣传政府关于严禁鸦片烟毒的规定。要使基层的干部、群众都知道任何单位、集体和个人都不得以任何借口私种罂粟,或者私自收购、出售罂粟种子以及制作、吸食鸦片。各地查禁私种罂粟的工作情况请及时报告。

◇ 29 无证船舶江上采砂行为的法律适用及涉案物品处理

——在水域航道上挖掘坑穴案

案情概要

2009年10月28日5时40分,长江航运公安局某分局某派出所三名民警驾驶长江巡警12-01艇巡逻至辖区某油锚地水域时,发现一艘采砂船与一艘运砂船绑靠一起,正在进行非法采砂活动,运砂船上已装有偷采的江砂约600余吨。民警随即登船检查,照相固定证据,并当场制作了检查笔录。

长江航运公安局某分局某派出所以"在水域航道上放置障碍物、挖掘坑穴"为案由受案,并进行询问查证。

经查:2009年10月28日凌晨1时许,无名采砂船船主王某伙同帮工徐某(无船员适任证书)驾驶采砂船与陈某驾驶的"××航108号"运砂船绑靠在一起,并锚泊于某油锚地水域主航道上,占用船舶航道从事非法采砂活动,影响了水上交通安全。5时40分被某分局某派出所水上巡逻民警当场查获,并缴获其偷采的江沙650吨。

某分局根据《中华人民共和国治安管理处罚法》(以下简称《治安管理处罚法》)第六十四条第(二)项规定,以无证驾驶机动船舶给予徐某治安罚款800元的处罚;根据《江苏省水上治安管理办法》第二十九条第(六)项、第三十条第(一)项规定,以在水域航道上挖掘坑穴为由,分别给予陈某、王某、徐某警告并处罚款200元的处罚;根据《公安机关办理行政案件程序规定》第一百六十条第三款规定,追缴运砂船上偷采的江沙650吨。追缴后根据《公安机关办理行政案件程序规定》第一百六十二条第(二)项规定,委托相关单位(具有经营江沙资质的正规企业)将江沙变卖,所得款项上缴国库。

问题聚焦

本案的事实经过比较清晰,主要是长航公安机关查获王某、陈某、徐某的非法采砂行为,对其危害水上治安秩序,影响水上交通安全的行为进行处罚的问题。但在涉及处罚的事由、处罚的法律依据、是否构成重复处罚等问题上存有如下争议：

(1)本案中，对陈某、王某、徐某的违法行为进行处罚的法律依据为何不适用作为上位法的具有法律效力的《治安管理处罚法》，而适用作为下位法的以政府规章形式出现的《江苏省水上治安管理办法》？

(2)本案中，某分局根据《治安管理处罚法》第六十四条第(二)项规定，以无证驾驶机动船舶给予徐某治安罚款800元的处罚；根据《江苏省水上治安管理办法》第二十九条第(六)项、第三十条第(一)项规定，以在水域航道上挖掘坑穴为由，给予徐某警告并处罚款200元的处罚。由此可知，某分局分别给予徐某罚款800元、200元的处罚，是否违背了《行政处罚法》第二十四条"对当事人的同一个违法行为，不得给予两次以上罚款的行政处罚"的规定，即"一事不再罚原则"？

(3)偷采的江砂是从陈某的运砂船上缴获的，却是王某采砂船偷采的，准备卖给陈某，因采砂尚未结束，陈某还未将现金支付给王某，江砂以谁的名义扣押？又以谁的名义追缴？

(4)偷采的江砂能否以违法所得的财物进行追缴？

本案述评

(一)关于处罚适用的法律依据问题

根据《长江河道采砂管理条例》第三条第三款规定，沿江县级以上地方人民政府水行政主管部门依照本条例的规定，具体负责本行政区域内长江采砂的管理和监督检查工作。由此可知，公安机关对非法采砂行为是无管辖权的。但在长江水域无秩序、无节制的占用船舶航道大肆非法采砂(实质上就是在江底挖砂)，严重影响了长江河床、堤坝的稳定，船舶航行的安全，对于这种情形，原《中华人民共和国治安管理处罚条例》第二十条第(八)项规定："在铁路、公路、水域航道、堤坝上，挖掘坑穴，放置障碍物，毁损、移动指示标志，可能影响交通运输安全，尚不够刑事处罚的。处十五日以下拘留、二百元以下罚款或者警告"。从其规定来看，公安机关对上述条款所列内容具有管辖权。但经过修改的2006年3月1日施行的《中华人民共和国治安管理处罚法》中却将此条款取消。与此同时，对于这类案件真正适用于公安机关的国家法律法规很少，在无上位法可适用的前提下，所以本案适用江苏省省政府规章即《江苏省水上治安管理办法》对三人的违法行为予以处罚。

(二)某分局分别给予徐某罚款800元、200元的处罚是否违反了一事不再罚原则

要想解答这个问题，需要正确认识一事不再罚原则。

1. 一事不再罚的理解

所谓一事不再罚是指同一行政主体对违法行为人的同一个违法行为不得以同一事实和同一依据，给予两次以上的行政处罚，不同行政主体对违法行为人的同一个违法行为不得给予两次以上罚款的行政处罚，也就是说，行为人的一个行为无论是违反一规范，还是数个规范，受一个行政主体管辖，还是数个行政主体管辖，可以给予两次以上的行政处罚，但如果是罚款，则罚款只能一次，另一次处罚可以是吊销营业执照或其他许可证，也可以是责令停产停业，还可以是没收等，只是不能再次罚款。由此可以看出，行政处罚法规定一事不再罚的范围是有限的，仅仅限制的是两次以上罚款的行政处罚，而不限制其他行政处罚种类的第二次或多次适用。

具体来讲，该原则包括如下三层含义：

(1)对当事人的同一个违法行为，不得给予两次以上罚款的行政处罚。

(2)违法行为构成犯罪的，行政机关必须将案件移送司法机关，依法追究刑事责任，行政机关不再予以处罚。

(3)违法行为构成犯罪，人民法院判处拘役或者有期徒刑时，行政机关已经给予当事人行政拘留的，应当依法折抵相应刑期；人民法院判处罚金时，行政机关已经给予当事人罚款处罚的，应当折抵相应罚金。

在本案中，判断某分局对徐某的两次罚款是否违反了一事不再罚原则，关键在于认定徐某的违法行为是"一事"还是"多事"？即徐某所从事的行为是一个违法行为还是两个违法行为。所以我们首先要明确对"一事"的理解。

2. 对"一事"的正确理解

"一事"在行政处罚中的理解应是一个违法行为或同一违法行为，而对"一事"的正确理解有助于一事不再罚原则的正确适用。从以下几个方面把握对"一事"的理解：

(1)在违法构成上界定。一事在构成要件上，只符合一个违法行为的特征，如果符合两个及以上违法行为的构成，则不属一事。

(2)对连续违法行为的界定。连续违法行为指出于同一违法故意，连续实施数个独立的、符合数个违法构成的同一性质的违法行为，触犯同一法律规范规定的行为。对连续行为以行政机关发现并处罚为界限来界定是否属于"一事"。行政机关发现违法行为连同以前数次连续行为，界定在"一事"范围内。

(3)对继续行为的界定。继续行为指某种违法行为从开始到终止前，在时间上一直处于继续状态。对继续行为,不分时间长短,都界定为"一事"。

(4)对牵连行为的界定。牵连行为指出于一个违法目的,而违法方式或结果又牵连地构成其他违法,对牵连行为也宜界定为"一事"作出处罚。

从本案来看,从违法构成上分析,徐某无证驾驶机动船舶从事非法采砂,影响水上交通安全的行为符合两个违法行为——无证驾驶机动船舶和影响水上交通安全行为的特征,应将其认定为"两事",即实施了两个违法行为,分别触犯了《治安管理处罚法》第六十四条第(二)项、《江苏省水上治安管理办法》第二十九条第(六)项、第三十条第(一)项之规定,应该依据规定对其分别进行处罚,南京分局根据不同的法律规定对其分别处以罚款800元和200元的处罚决定,是符合行政合法性原则的,并没有违反一事不再罚原则。

(三)关于偷采的江砂的所有人的界定问题

为有效解决执法实践中无法分清违法所得和非法财物所有人的,《公安机关办理行政案件程序规定》第一百六十条第四款规定,多名违法行为人共同实施违法行为,违法所得或者非法财物无法分清所有人的,作为共同违法所得或者非法财物予以处理。

本案即是这种情形,偷采的江砂是从陈某的运砂船上缴获的,却是王某采砂船偷采的,准备卖给陈某,因采砂尚未结束,陈某还未将现金支付给王某,也就是说交易尚未完成,并没有产生违法所得,所以可将偷采的江砂认定为共同非法财物,由公安机关予以追缴。

(四)偷采的江砂能否以违法所得的财物进行追缴

在本案中,江砂是作为非法财物被公安机关予以收缴,还是作为"违法所得的财物"被公安机关予以追缴?

根据《公安机关办理行政案件程序规定》第一百六十条第一款规定,公安机关在办理行政案件中查获的下列物品应当依法予以收缴:①毒品、淫秽物品等违禁品;②赌具和赌资;③吸食、注射毒品的器具;④伪造、变造的公文、证件、证明文件、票证、印章等;⑤倒卖的有价票证;⑥直接用于实施违法行为的本人所有的工具;⑦其他法律、法规规定可以收缴的非法财物。

根据此规定,江砂显然不在上述列举的范围之内,将其认定为违法所得的财物更为妥当。《公安机关办理行政案件程序规定》第一百六十条第三款规定,违法所得的财物应当依法予以追缴或者没收。

违法所得,是指违法行为人因实施违法行为所得的赃款、赃物和其他非法利益。公安机关在办理行政案件过程中,除对非法财物依法予以收缴外,还应将其违法所得依法予以追缴。将违法行为人通过违法行为获得的利益予以追缴,也是对违法行为予以打击的有效手段;否则,对违法行为人难以起到有效打击作用,在一定程度上可能会放纵违法行为人。

在本案中,陈某、王某、徐某在实施偷采江砂的过程中被发现,买卖江砂的交易行为并未实质进行,没有产生违法所得,只能将江砂作为三人实施违法行为所获得的非法利益予以追缴。

关联理论

(一)行政管辖权

1. 概念

行政管辖权是行政主体之间就某一行政事务的首次处置所作的权限划分。这种权限划分主要发生在纵向的同性质行政主体之间、横向的不同性质行政主体之间。对于行政主体来说,它是明确了某一行政事务应当由哪一个行政主体首次处置的问题。对于行政相对人来说,它可以确定受理处置行政事务的行政主体。虽然行政管辖权不涉及行政事务的实体性处置,但它关系到行政主体能否公正、有效地处理行政事务。因此,现代法治国家都相当重视行政管辖权的法律化。

行政权限划分的理论基础应当是权力能力的有限性,即任何国家权力有效行使的一个基本前提是划定权力主体适当的管辖权。一个什么都管辖的权力,结果往往是什么都管不了,也管不好。行政管辖权的现实基础是行政主体以层级制构建了一个重叠式的行政机构体系,作为国家行政权运作的组织架构。这种重叠式的行政机构体系形成了几个行政主体同时都可以管辖某一行政事务的状况。如果行政主体的管辖权不作必要的权限划分,则可能会形成行政主体之间行政管辖权的争议,从而影响行政权的有效行使。因此,行政管辖权作为行政程序法上一个重要的法律制度是确保行政权有效行使的重要前提。

2. 法律特征

(1)内部性。行政管辖权的内部性是指行政管辖权的法律效力范围限于行政主体系统之内,不涉及行政相对人的实体权利。行政管辖权的内部性包含如下内容:

①行政管辖权是行政主体系统内行政事务处理的一种权限分配。行政权限的合理分配是行政主体有效行使行政权的前提,只有当行政主体根据其自身的能力承担相当的行政权限时,行政权的有效行使才能实现。因为,行政主体(作为复数)构成了一个纵横关系复杂的机构系统,而这个复杂的

机构系统面临着广泛的、复杂的、多变的行政事务，只有在行政主体与行政事务之间划出一个个清晰、对应的管辖关系，才能使行政主体有效地管理行政事务。

②行政相对人之间或者行政主体和行政相对人之间不得通过协议变更行政管辖权。行政管辖权是法律根据有关原则对行政权限所作的权力划分，具有法定性，因此，行政相对人不能通过自己的意思表示改变行政管辖权。

(2)排他性。行政管辖权的排他性是指任何一项行政事务只能由一个行政主体行使管辖权，从而确保行政主体行使行政职权的有效性。行政管辖权的排他性包含如下内容：

①行政主体对某一行政事务行使管辖权后，就排除了其他任何机关对该行政事务同时行使管辖权，因此，行政管辖权的排他性又可以称之为独占性。行政管辖权这种排他性的法理基础是防止多个行政主体对同一行政事务作出互相矛盾的行政决定，从而丧失了行政决定的可执行性。

②如行政主体受理了不属自己管辖的行政事务，应当移送至有管辖权的机关。这要求行政主体对已经受理的行政事务，经审查如认为不属于自己管辖范围的，应当移送至有管辖权的行政主体，不得退回行政相对人。因为行政主体受理了不属于自己管辖的行政事务，因其行政权限的原因难以正确、有效地作出处理决定。行政主体如不顾没有行政管辖权的法律依据行使行政职权，可能会损害行政相对人的合法权益。

③行政主体不得对同一行政事务行使两次以上的管辖权。这可以分两种情况：其一是同一行政主体对同一行政事务不得行使两次以上的管辖权；其二是不同的行政主体对同一行政事务行使两次以上的管辖权。禁止重复行使行政管辖权的法理基础是防止行政主体利用行政管辖权加重行政相对人的不利负担。

(3)程序性。行政管辖权的程序性是指行政管辖权只是解决某一行政事务应当由哪一级中的哪一个行政主体处理的问题，因此行政管辖权是行政主体的行政程序权力。行政管辖权的程序性具有如下内容：

①行政管辖权不处理行政相对人的实体权利。我们知道，行政管辖权是指哪个行政主体有资格管辖某一行政事务，因此它只解决行政主体管辖某一行政事务的主体资格问题。对于行政相对人的实体权利处置必须根据相应的行政实体法。虽然行政相对人依法可以对行政主体的行政管辖权提出异议，但不是因为行政主体处置了其实体权利，而是他认为行政主体无权处理其行政法上的实体权利。

②行政主体有时超越行政管辖权并不必然导致行政行为无效。由于行

政管辖权并不处置行政相对人的实体权利，因此，一个超越行政管辖权的行政主体作出了与一个有管辖权的行政主体相同的行政决定，如果通过法定程序由有行政管辖权的行政主体加以追认的话，该行政行为应当仍然有效。另外，基于紧急情况无行政管辖权的行政主体作出的行政决定，也应当视为超越行政管辖权无效原则的例外。

③对行政管辖权可以作出统一的规定。既然行政管辖权是一个程序性权力，各行政主体在行政管辖权上必然具有许多共性，这些共性构成了对行政管辖权作出统一规定的法律实证基础。许多国家在行政程序法典中对行政管辖权作出的规定，都是基于这一法律理由。

（二）收缴、追缴和扣押、没收的区分

公安机关在办理行政案件时，除依法可以收缴、追缴外，还可以依法采取扣押措施。

收缴，是指将违反治安管理行为人实施违反治安管理行为的非法财物收回并上缴到公安机关。追缴，是指将违反治安管理行为因实施违反治安管理行为所得的赃款、赃物和非法利益追回，并上缴到公安机关。扣押，是指公安机关在调查、检查过程中，发现与案件有关的需要作为证据的物品，依法强行扣留到公安机关的强制措施。

扣押与收缴、追缴一样，都是公安机关对涉案财物采取的行政强制措施，都不属于行政处罚。相对人对上述措施不服，均可依法申请行政复议或者提起行政诉讼。但是三者又存在区别：扣押是临时性的措施，一般都有期限限制，公安机关扣押财物后，经过调查核实，如证实该财物属于非法财物或者违法所得，公安机关可以依法收缴或者追缴；如证实该财物不属于非法财物或者违法所得，则应当退还被侵害人，而不得收缴或者追缴。收缴和追缴是对涉案财物处置的措施，没有期限限制，公安机关只有对经过调查核实，确实属于违法行为的违法所得或者非法财物的，才能依法予以收缴或者追缴。

公安机关在办理行政案件时，可以依法没收违法行为人的违法所得和非法财物。行政处罚法直接将“没收违法所得、没收非法财物”作为行政处罚，其他法律、法规中也有类似的规定，三者的适用对象相同。其主要区别在于性质不同，没收属于行政处罚，收缴、追缴属于行政强制措施。另外，在具体适用程序上，没收作为行政处罚应当适用《行政处罚法》的程序，应当制作公安行政处罚决定书，并应当依法履行告知程序，而收缴、追缴作为一种强制措施，如果是单独使用的，只出具“收缴/追缴物品清单”即可，其本身就起到决定书的作用。如与其他行政处罚一起作出时，虽然也应当出具“收缴/追缴物品清单”，但这时的清单只能是对公安行政处罚决定书的补充，公安机关应当在公安行政处罚决定书中注明收缴、追缴情况,并附相应的“收缴/追缴物品清单”入卷。

关联法条

《中华人民共和国治安管理处罚法》(节录)(中华人民共和国第十届全国人民代表大会常务委员会第十七次会议于2005年8月28日通过 中华人民共和国主席令第38号公布 自2006年3月1日起施行)

第六十四条 有下列行为之一的,处五百元以上一千元以下罚款;情节严重的,处十日以上十五日以下拘留,并处五百元以上一千元以下罚款:

(一)偷开他人机动车的;

(二)未取得驾驶证驾驶或者偷开他人航空器、机动船舶的。

《公安机关办理行政案件程序规定》(节录)(中华人民共和国公安部部长办公会议于2006年3月29日通过 公安部部长第88号令公布 自公布之日起施行)

第一百五十九条 公安机关在作出行政处罚决定时,对涉案财物应当一并作出处理。

第一百六十条 公安机关在办理行政案件中查获的下列物品应当依法予以收缴:

(一)毒品、淫秽物品等违禁品;

(二)赌具和赌资;

(三)吸食、注射毒品的器具;

(四)伪造、变造的公文、证件、证明文件、票证、印章等;

(五)倒卖的有价票证;

(六)直接用于实施违法行为的本人所有的工具;

(七)其他法律、法规规定可以收缴的非法财物;

前款第(六)项所列的工具,除非有证据表明属于他人合法所有,可以直接认定为违法行为人本人所有。

违法所得的财物应当依法予以追缴或者没收。

多名违法行为人共同实施违法行为,违法所得或者非法财物无法分清所有人的,作为共同违法所得或者非法财物予以处理。

第一百六十一条 收缴由县级以上公安机关决定。但是,违禁品,吸食、注射毒品的器具以及非法财物价值在五百元以下且当事人对财物价值无异议的,公安派出所可以收缴。

追缴由县级以上公安机关决定。但是,追缴违法所得的财物应当退还被侵害人的，公安派出所可以追缴。

第一百六十二条 公安机关对收缴和追缴的财物，经原决定机关负责人批准，按照下列规定分别处理：

（一）属于被侵害人或者善意第三人的合法财物，应当及时返还；

（二）没有被侵害人的，登记造册，按照规定上缴国库或者依法变卖或者拍卖后，将所得款项上缴国库；

（三）违禁品、没有价值的物品，或者价值轻微，无法变卖或者拍卖的物品，统一登记造册后予以销毁；

（四）对无法变卖或者拍卖的危险物品，由县级以上公安机关主管部门组织销毁或者交有关厂家回收。

《中华人民共和国行政处罚法》（节录）（中华人民共和国第八届全国人民代表大会第四次会议于1996年3月17日通过 中华人民共和国主席令第63号公布 自1996年10月1日起施行）

第二十四条 对当事人的同一个违法行为，不得给予两次以上罚款的行政处罚。

《长江河道采砂管理条例》（节录）（2001年10月10日国务院第45次常务会议通过 国务院令第320号公布 自2002年1月1日起施行）

第三条 第三款 沿江县级以上地方人民政府水行政主管部门依照本条例的规定，具体负责本行政区域内长江采砂的管理和监督检查工作。

《长江河道采砂管理条例实施办法》（节录）（2003年5月13日水利部部务会议审议通过，水利部令第19号公布 自2003年7月15日起施行）

第二条 第二款 沿江县级以上地方人民政府水行政主管部门具体负责本行政区域内长江采砂的管理和监督检查工作。

第二十一条 县级以上地方人民政府水行政主管部门和长江水利委员会应当加强对长江采砂活动的监督检查。监督检查的主要内容包括：

（一）是否持有合法有效的河道采砂许可证或者有关批准文件；

（二）是否按照河道采砂许可证或者有关批准文件的规定进行采砂；

（三）是否按照规定缴纳了长江河道砂石资源费；

（四）是否按照规定堆放砂石和清理砂石弃料；

（五）采砂船舶是否按照规定停放；

（六）应当监督检查的其他情况。

第二十二条 长江水利委员会组织采砂执法检查或者专项执法活动时，在省际边界重点河段以外的长江河道发现非法采砂行为的，可以先行采取扣押采砂船舶、进行必要的调查取证等临时处置措施，再移交有管辖权的水行政主管部门查处。

县级以上地方人民政府水行政主管部门在本行政区域内的省际边界重点河段发现非法采砂行为的,可以先行采取扣押采砂船舶等临时处置措施,再移交长江水利委员会查处。

第二十五条 运砂船舶在长江采砂地点装运非法采砂船舶偷采的河砂的,属于与非法采砂船舶共同实施非法采砂行为,依照《长江河道采砂管理条例》第十八条的规定给予处罚。

《江苏省水上治安管理办法》(节录)(1996年7月19日江苏省人民政府令第76号发布施行,根据2003年4月22日《江苏省人民政府关于修改〈江苏省水上治安管理办法〉的决定》第一次修订;根据2008年3月20日《江苏省人民政府关于修改〈江苏省水上治安管理办法〉的决定》第二次修订)

第十一条 公安机关应当依法配合有关部门制止和查处水域非法采砂和电力捕鱼、炸鱼、毒鱼等。

第二十九条 禁止下列危害水上治安秩序的行为:

(一)非法拦截、攀登、搭靠在航船舶的;

(二)利用船舶在水上从事流动收购生产性废旧金属的;

(三)违反规定在港口、码头、沿河仓库和工矿企业周围从事打捞的;

(四)在旅游船、客运船、渡船强行拉客的;

(五)待闸、过闸船舶不服从治安管理的;

(六)在水域航道、堤坝上放置障碍物、挖掘坑穴等,可能影响行水畅通和交通安全的;

(七)其他危害水上治安秩序的行为。

第三十条 有下列情形之一的,由公安机关责令有关经营单位或者责任人补办手续、限期整改,或者给予警告处罚,可以根据情节轻重并处以下罚款:

(一)违反本办法第十八、十九、二十条第一款、二十九条规定,处200元以下罚款;

(二)违反本办法第二十二条第一款规定,处50元以下罚款;违反第二款规定,处200元以下罚款;

(三)违反本办法第二十四条、第二十五条规定,经通知仍不加改正的,对责任人处200元以下罚款,对单位处1 000元以下罚款。

◇ 30 传播淫秽物品行为认定及处理

——黄某传播淫秽物品案

案情概要

2006年1月16日晚22时30分,某局民警在客运码头某休闲城治安检查时,在A2、A3、A5包厢的影碟机内发现疑似淫秽物品的三张光碟,当时在A3包厢内有三名男子正在观看含有性行为等淫秽内容的光碟,被当场制止。经该市公安局治安支队鉴定,上述三张光碟内容均属淫秽物品。违法嫌疑人黄某(该休闲城经营业主)交代该类光碟是其在文化宫地摊处购得,供来此消费的顾客观看。该休闲城服务员唐某(女,21岁,家住某市)亦证实观看过该光碟。

处理结果:违法嫌疑人黄某的行为违反了《中华人民共和国治安管理处罚条例》(以下简称《治安管理处罚条例》)第三十二条第(二)项规定,构成传播淫秽物品违法行为。鉴于违法嫌疑人黄某到案后能够积极交代问题,某局依法给予违法嫌疑人黄某治安罚款贰仟元的处罚,对查获的淫秽光碟予以收缴。

问题聚焦

本案的案件事实应当说是比较简单的,其基本事实在于某休闲城经营业主黄某从地摊购得淫秽光碟三张供前来休闲城的消费者观看,而被公安机关按照传播淫秽物品违法行为处罚。其焦点在于黄某的行为是否构成传播淫秽物品违法行为?或是构成其他违法行为?

本案述评

本案主要涉及的是休闲城经营业主黄某的行为定性的问题,也即其为休闲城顾客,甚至休闲城服务员提供淫秽光碟的行为是否构成传播淫秽物品的违法行为。首先,需要明确的是什么才是传播淫秽物品的违法行为。通常而言,传播淫秽物品是指明知是淫秽书刊、影片、音像、图片或其他淫秽物品而向不特定的人传播,情节为达到严重程度的行为。而传播淫秽物品罪,是指以牟利为目的,在社会上传播淫秽的书刊、影片、录像带、录音带、图片或者其他淫秽物品,情节严重的行为。传播淫秽物品罪侵犯的客体是国家对淫秽物品的管理秩序。在社会上传播淫秽物品对于人民特别是青少年的身心健康会造成危害,也极易诱发违法犯罪活动。依法打击在社会上传播淫秽物品的犯罪行为,对于维护社会治安,净化社会空气,保护人民的身心健康,促进精神文明,无疑具有重要意义。传播淫秽物品罪的对象包括各种淫秽物品,如各种淫秽的书刊、报纸、画片、影片、录像带(如本案中的三张淫秽光碟)、录音带、淫秽玩具、娱乐用品以及印刷、雕刻有淫秽文字、图案的生活用品等等。传播方式既可以是直接传播赤裸裸的淫秽物品,也可以改头换面,在艺术品中故意加入淫秽情节,或者在小说中故意加入淫秽描写等。传播淫秽物品罪在客观方面表现为:传播淫秽的书刊、影片、录像带、录音带、图片或者其他淫秽物品,情节严重的行为。

传播,即广泛散布。应该注意传播淫秽物品罪的"传播"与传播淫秽物品牟利罪的"传播"在具体方式上有所不同。如出租、有偿放映等以换取一定对价为目的的使用行为不是本罪的"传播"。考察本案,某休闲城经营业主黄某并不是以出租、有偿放映等以换取一定对价为目的播放淫秽光碟,主要目的是为了吸引和留住顾客,所以不构成传播淫秽物品牟利。而播放行为,《中华人民共和国刑法》(以下简称《刑法》)第三百六十四条第二款将组织播放淫秽音像制品的行为独立成罪,规定组织播放淫秽的电影、录像等音像制品的,处三年以下有期徒刑、拘役或者管制,并处罚金;情节严重的,处三年以上十年以下有期徒刑,并处罚金。并且本罪的传播方式包括播放、出借、运输、携带、展览、发表等。以上八种行为,都必须是不以牟利为目的,如果以牟利为目的,则构成传播淫秽物品牟利罪。此外,必须是"情节严重"才构成此罪。主要是指,多次地、经常地传播淫秽物品;所传播的淫秽物品数量较大;虽然传播淫秽物品数量不大、次数不多,但被传播的对象人数众多,造成的后果严重;在未成年人中传播,造成严重后果的等等。在区分本罪与非罪时要注意:第一,严格认定淫秽物品的范围。有关人体生理、医学知识的科学著作不是淫秽物品,包含有色情内容的有艺术价值的文学、艺术作品不视为淫秽物品。显然,本案中的三张淫秽光碟属于淫秽物品的范围;第二,严格掌握传播的概念。对于个人收藏或者在亲友间传播的,应予以批评教育并收缴其淫秽物品,但不构成本罪。第三,严格把握"情节严重"这一要件。根据最高人民法院上述司法解释的规定,向他人传播淫秽的书刊、影片、音像、图片等出版物达 300 ~ 600 人次以上或者造成恶劣社会影响的,属于"情节严重"。

综观本案,黄某明知自己从地摊所购的是淫秽光碟,仍向不特定的人传播——来休闲城的顾客肯定具有不特定性,因而显然具有传播淫秽物品的行为。但是因为只是传播三张光碟数量并不大,且传播的人群对象相对而言也比较少,因此情节并不严重,未达到犯罪的严重程度,根据当时的《治安管理处罚条例》第三十二条第(二)项的规定对其以传播淫秽物品违法行为论处是适当的。

关联理论

(一)传播淫秽物品违法行为

本案主要涉及的是传播淫秽物品违法行为的构成理论。就该违法行为的主体而言,须是年满14周岁的自然人或单位;就客体而言,是指危害社会的良好道德风尚和治安管理秩序;就行为对象而言,须是书刊、影片、音像、图片等淫秽物品;就客观方面而言,须向不特定的对象实施了传播淫秽物品的行为;就客观方面而言,须违法主体存在故意。具体到本案,黄某基于播放淫秽物品的故意,向不特定的对象实施了传播淫秽物品的行为,危害了社会的良好道德风尚和治安管理秩序,理当按传播淫秽物品违法行为论处。

(二)区分一般违法行为与犯罪行为

很多人认为违法就是犯罪,其实违法和犯罪是两个不同的概念,二者既有联系又有区别。违法是指一切违反国家的宪法、法律、法令、行政法规和行政规章的行为,其外延极为广泛。而犯罪则必须符合我国《刑法》关于犯罪的规定,必须具备以下特征:第一,犯罪是危害社会的行为。行为对社会的危害性,是犯罪最本质的特征。第二,犯罪是触犯刑律的行为。也就是说危害社会的行为必须同时是触犯《刑法》规定的行为,才构成犯罪。第三,犯罪必须是应受刑罚处罚的行为,只有应受刑罚处罚的危害社会的行为,才被认为是犯罪。上述特征是确定任何一种犯罪必须具备的缺一不可的条件。《刑法》同时还规定,情节显著轻微、危害不大的,不认为是犯罪。这就说明,行为的情节和对社会危害的程度是区分违法和犯罪的界限。如某乡镇企业一名职工深夜撬开仓库门盗走数千元物资,事发后被法院判了刑;而另一名职工在修仓库暖气时,乘人不备,盗走了近百元的同一物资,事发后却不认为是犯罪,仅以违法行为处理。这两名职工的行为虽然同属于盗窃,但由于前一职工的行为社会危害性大,且盗窃数额较大,已经构成了犯罪。而后一名职工的行为则属于社会危害性较小,盗窃数额不大,情节显著轻微,不构成犯罪。综上可见,违法并非犯罪,犯罪行为必然是违法,二者既有联系又有区别,而根本的区别就在于行为的社会危害性的情节和程度不同。

关联法条

《治安管理处罚条例》(节录)(中华人民共和国第六届全国人民代表大会常务委员会第十七次会议于1986年9月5日通过　自1987年1月1日起施行　于2006年3月1日废止)

第三十二条　严厉禁止下列行为:

(一)赌博或者为赌博提供条件的;

(二)制作、复制、出售、出租或者传播淫书、淫画、淫秽录像或者其他淫秽物品的。

有上述行为之一的,处十五日以下拘留,可以单处或者并处三千元以下罚款;或者依照规定实行劳动教养;构成犯罪的,依法追究刑事责任。

《中华人民共和国刑法》(节录)(中华人民共和国第五届全国人民代表大会第二次会议于1979年7月1日通过　中华人民共和国第八届全国人民代表大会第五次会议修订　1997年3月14日中华人民共和国主席令第八十三号公布　自1997年10月1日起施行)

第三百六十三条　以牟利为目的,制作、复制、出版、贩卖、传播淫秽物品的,处三年以下有期徒刑、拘役或者管制,并处罚金;情节严重的,处三年以上十年以下有期徒刑,并处罚金;情节特别严重的,处十年以上有期徒刑或者无期徒刑,并处罚金或者没收财产。

为他人提供书号,出版淫秽书刊的,处三年以下有期徒刑、拘役或者管制,并处或者单处罚金;明知他人用于出版淫秽书刊而提供书号的,依照前款的规定处罚。

第三百六十四条　传播淫秽的书刊、影片、音像、图片或者其他淫秽物品,情节严重的,处二年以下有期徒刑、拘役或者管制。

组织播放淫秽的电影、录像等音像制品的,处三年以下有期徒刑、拘役或者管制,并处罚金;情节严重的,处三年以上十年以下有期徒刑,并处罚金。

制作、复制淫秽的电影、录像等音像制品组织播放的,依照第二款的规定从重处罚。

向不满十八周岁的未成年人传播淫秽物品的,从重处罚。

《最高人民法院、最高人民检察院关于办理利用互联网、移动通信终端、声讯台制作、复制、出版、贩卖、传播淫秽电子信息刑事案件具体应用法律若干问题的解释》

为依法惩治利用互联网、移动通信终端制作、复制、出版、贩卖、传播淫秽电子信息、通过声讯台传播淫秽语音信息等犯罪活动,维护公共网络、通信的正常秩序,保障公众的合法权益,根据《中华人民共和国刑法》、《全国人民代表大会常务委员会关于维护互联网安全的决定》的规定,现对办理该类刑事案件具体应用法律的若干问题解释如下:

第一条 以牟利为目的,利用互联网、移动通信终端制作、复制、出版、贩卖、传播淫秽电子信息,具有下列情形之一的,依照刑法第三百六十三条第一款的规定,以制作、复制、出版、贩卖、传播淫秽物品牟利罪定罪处罚:

(一)制作、复制、出版、贩卖、传播淫秽电影、表演、动画等视频文件二十个以上的;

(二)制作、复制、出版、贩卖、传播淫秽音频文件一百个以上的;

(三)制作、复制、出版、贩卖、传播淫秽电子刊物、图片、文章、短信息等二百件以上的;

(四)制作、复制、出版、贩卖、传播的淫秽电子信息,实际被点击数达到一万次以上的;

(五)以会员制方式出版、贩卖、传播淫秽电子信息,注册会员达二百人以上的;

(六)利用淫秽电子信息收取广告费、会员注册费或者其他费用,违法所得一万元以上的;

(七)数量或者数额虽未达到第(一)项至第(六)项规定标准,但分别达到其中两项以上标准一半以上的;

(八)造成严重后果的。利用聊天室、论坛、即时通信软件、电子邮件等方式,实施第一款规定行为的,依照刑法第三百六十三条第一款的规定,以制作、复制、出版、贩卖、传播淫秽物品牟利罪定罪处罚。

第二条 实施第一条规定的行为,数量或者数额达到第一条第一款第(一)项至第(六)项规定标准五倍以上的,应当认定为刑法第三百六十三条第一款规定的"情节严重";达到规定标准二十五倍以上的,应当认定为"情节特别严重"。

第三条 不以牟利为目的,利用互联网或者移动通信终端传播淫秽电子信息,具有下列情形之一的,依照刑法第三百六十四条第一款的规定,以传播淫秽物品罪定罪处罚:

(一)数量达到第一条第一款第(一)项至第(五)项规定标准两倍以上的;

(二)数量分别达到第一条第一款第(一)项至第(五)项两项以上标准的;

（三）造成严重后果的。

利用聊天室、论坛、即时通信软件、电子邮件等方式，实施第一款规定行为的，依照刑法第三百六十四条第一款的规定，以传播淫秽物品罪定罪处罚。

第四条 明知是淫秽电子信息而在自己所有、管理或者使用的网站或者网页上提供直接链接的，其数量标准根据所链接的淫秽电子信息的种类计算。

第五条 以牟利为目的，通过声讯台传播淫秽语音信息，具有下列情形之一的，依照刑法第三百六十三条第一款的规定，对直接负责的主管人员和其他直接责任人员以传播淫秽物品牟利罪定罪处罚：

（一）向一百人次以上传播的；

（二）违法所得一万元以上的；

（三）造成严重后果的。

实施前款规定行为，数量或者数额达到前款第（一）项至第（二）项规定标准五倍以上的，应当认定为刑法第三百六十三条第一款规定的“情节严重”；达到规定标准二十五倍以上的，应当认定为“情节特别严重”。

第六条 实施本解释前五条规定的犯罪，具有下列情形之一的，依照刑法第三百六十三条第一款、第三百六十四条第一款的规定从重处罚：

（一）制作、复制、出版、贩卖、传播具体描绘不满十八周岁未成年人性行为的淫秽电子信息的；

（二）明知是具体描绘不满十八周岁的未成年人性行为的淫秽电子信息而在自己所有、管理或者使用的网站或者网页上提供直接链接的；

（三）向不满十八周岁的未成年人贩卖、传播淫秽电子信息和语音信息的；

（四）通过使用破坏性程序、恶意代码修改用户计算机设置等方法，强制用户访问、下载淫秽电子信息的。

第七条 明知他人实施制作、复制、出版、贩卖、传播淫秽电子信息犯罪，为其提供互联网接入、服务器托管、网络存储空间、通信传输通道、费用结算等帮助的，对直接负责的主管人员和其他直接责任人员，以共同犯罪论处。

第八条 利用互联网、移动通讯终端、声讯台贩卖、传播淫秽书刊、影片、录像带、录音带等以实物为载体的淫秽物品的，依照《最高人民法院关于审理非法出版物刑事案件具体应用法律若干问题的解释》的有关规定定罪处罚。

第九条 刑法第三百六十七条第一款规定的"其他淫秽物品",包括具体描绘性行为或者露骨宣扬色情的淫秽性的视频文件、音频文件、电子刊物、图片、文章、短信息等互联网、移动通讯终端电子信息和声讯台语音信息。

有关人体生理、医学知识的电子信息和声讯台语音信息不是淫秽物品。包含色情内容的有艺术价值的电子文学、艺术作品不视为淫秽物品。

◇ 31 阻碍职务行为构成分析(一)

——"2008.4.20"阻碍海事执行职务案

案情概要

2008年4月21日,某派出所受理一起阻碍执行职务案件:2008年4月20日9时许,海事执法人员依法对"××139号"船进行登轮检查,船方以没有证书为由,无法向检查人员出示相关证书。10时20分,海事执法人员告诉船方:船舶无证书是不能航行运输货物的,并口头责令该船在东流水道1号红浮下抛锚停航。13时,海事执法人员将两名保安送上了"××139号"船。要求保安加强对在该船进行监管,如果有事要及时汇报,并将海事执法人员联系电话告诉了保安。当晚8时许,"××139号"船辅机发电照明时,两名保安将各自手机交给船方充电。22时许,船员安排两名保安到房间睡觉,并叮嘱:外面天黑,风浪太大,不要出去,否则,不安全。于是将房门关上后离开。半夜,两名保安感觉该船主机在响,想开门看看,但房门怎么也打不开(无证据证明门被反锁),叫喊也没人理睬,手机又在船员那里充电。于是,两名保安只好继续睡觉。2008年4月21日上午,船员喊吃饭时,两名保安才发现船已经开到芜湖水域了。吃完饭,船员将手机交给两名保安,用小划子将他们送上岸,还给了200元钱路费。上岸后,两名保安这才打电话向海事部门报告。

问题聚焦

对于本案主要存在两种分歧意见。

一种观点认为该案不构成阻碍执行职务。理由如下:

(1)海事只告知该船无合法证件不能开船运货,口头责令其到指定水域抛锚,而且船方按照海事执法人员的要求执行了。夜间无证将船开走的行为只违反《中华人民共和国内河交通安全管理条例》的规定,并未阻碍海事执法人员依法执行职务。

(2)海事机构未对该船采取扣押等行政强制措施,只安排两名保安对该船监管(即监督管理)。

(3)两名保安虽然受了海事机构委托监管该船,其身份不具有执法主体资格,船方如不服从其管理,其只能向海事机构汇报,由海事执法人员来处理。

(4)两名保安未严格按照委托要求监管该船。未能认真履行监管职责,及时发现并报告该船动态。

(5)船方并未对两名保安采取暴力、威胁方法阻碍其执行海事机构委托监管该船职责。

另一种观点则认为该案构成阻碍执行职务:

(1)海事执法人员告诉船方:船舶无证书是不能航行运输货物的,并口头责令该船在东流水道1号红浮下抛锚停航。13时,海事执法人员将两名保安送上了"××139号"船,并要求保安代表海事机构加强对在该船进行监管。

(2)在监管期间,两名保安是受海事机构委托,履行海事机构监管职能。船方违反监管规定,就是阻碍保安依委托执行海事机构对其监管职能。

(3)两名保安受海事机构委托履行海事机构对该船的监管职责,视为海事执法人员对该船进行监管执法行为的持续。

虽然本案存在以上争议,但其实质问题可以归纳集中在两处:第一,两名保安受海事机构委托,其所履行的监管行为是否属于履行海事机构的监管职能,或者说,两名保安受托行使的行为是否属于行政行为;第二,船方夜间将无证船舶开走的行为是否属于阻碍海事机构监管执法行为。其中,第一个问题是第二个问题的前提,如果两名保安的行为本身就难以定性为执行职务的行为,船方的行为就根本不可能构成阻碍执行职务。

本案述评

本案中,海事执法人员依法对"××139号"船进行登轮检查,船方以没有证书为由,无法向检查人员出示相关证书。海事执法人员告诉船方:船舶无证书是不能航行运输货物的,并口头责令该船在东流水道1号红浮下抛锚停航。在此阶段海事执法人员的行为属于行政强制中的即时性强制,是对可能或正在发生的违法行为或危害状况予以预防或强制而采取的强制行为。此时海事执法机关的行为是正当的,符合即时性强制的基本要件:第一,主体只能是行政主体;第二,在紧急情况时直接依据法律、法规的规定而采取的强制措施。

其后,海事执法人员将两名保安送上了"××139号"船。要求保安加强对在该船进行监管,如果有事要及时汇报。实际上是海事执法人员将行政强制的实施权委托给了这两名保安。但是此种委托是否合法且是否具备行政行为效力是值得商榷的。

目前,我国法律有关行政委托的规定主要见于《行政处罚法》,其他行政行为可以参照执行。行政机关在进行委托时必须有法定依据且必须遵循法定的委托程序。笔者认为,行政委托应该在形式上具有书面委托书。该委托书事实上是一个授予受委托人得实施某种特定行政权的书面合同。在书面委托书中,要明确委托的对象、范围、权限、期限及相应的要求。在程序上,应该将该委托书公之于众。其公布的范围,应以受委托人行使公权力的范围确定。这是行政委托的形式要件。实质要件,是指行政委托的事务本身的性质所要求的本质性规定。行政委托的事务从性质上看,是具体行政行为。而具体行政行为"是指行政主体针对特定对象具体适用法律规范所作出的、只对特定对象产生约束力的行为。"具体行政行为具有设立、变更、消灭或确认特定行政法律关系的特点,因而,由受委托人行使的行政委托事务必然与特定行政相对人发生行政法律关系,并对特定行政相对人的权利和利益产生直接的影响。由于行政委托是通过行政机关的单方面决定,使本来不具有特定公权力的其他行政机关、企事业单位、社会组织和公民拥有行使该公权力的权限,因此不可避免地将会对行政相对人的权利和利益构成潜在的威胁。而受托人在行使公权力时,缺乏有效的组织制度和民主制度的法律约束,行政机关对其监督控制相对来说又较弱。为了切实保障行政相对人的合法权益,一些比较重要的行政事务以及依据法律法规应该专属于特定行政机关的公权力,不得委托其他组织或者个人行使。特别是有关限制公民人身自由和威胁财产安全的强制性措施,必须严格限制行政委托的适用。

在本案中,海事执法人员将监管权力委托给两名保安的行为属于现实执法实践中常见"临时委托",并不属于法律意义上的"行政委托"。两名保安虽然受了海事机构委托监管该船,其身份却不具有执法主体资格。因此,两名保安其后的监管行为是不能产生行政效力的,不属于行政行为的范畴。并且,参照《中华人民共和国治安管理处罚法》第五十条第二款,阻碍国家机关工作人员依法执行职务的。要注意的是阻碍"国家机关工作人员的"。国家机关工作人员,是指中央和地方各级权力机关、党政机关、司法机关和军事机关的工作人员。依法执行职务,是指国家机关工作人员根据有关规定和命令在其他时间和场所内的职务活动。另外,国家机关工作人员必须是依法执行职务,即所进行的职务活动在他的职责权限范围内,并且符合法律规定的条件。本行为的阻碍,是指采取非暴力的行为拒绝、阻碍国家工作人员的执行职务活动。行为人的动机多种多样,但并不影响本行为的成立。由于保安的行为并不具有行政行为的法定效力,因此船方夜间将无证船舶开走的行为当然也就不属于阻碍执行职务的行为。即使以海事执法人员最初的即时性强制而论,船方并未采取暴力、威胁等手段,而单纯的逃避行政机关监管的行为也很难谈得上是"阻碍"执行职务。

关联理论

本案涉及一些行政法的基本理论问题,其中最重要的就是行政委托和行政强制问题。

行政委托是指行政机关委托行政机关系统以外的社会公权力组织或私权利组织行使某种行政职能、办理某种行政事务。行政机关必须在法律规定可以委托的情况下,才能进行委托。被委任的行政与公权力的行使有关的情况下,法律的根据便成为必要。这里的"法律"是指广义的法律,应该包括宪法、法律(狭义的)、行政法规、地方性法规和规章,而不应将行政机关临时性的指示、命令包括在内。法律要件包括以下四方面的内容:

(1)委托必须有法定依据。行政机关必须在法律、法规及规章规定可以委托时,才能委托。没有法定依据的委托,叫做'自行委托',是不合法的,也是无效的。

(2)委托行政机关必须拥有法定权限。委托机关在进行行政委托时,其委托给受委托人的公权力必须是其自身合法拥有的职权。如果行政机关把一项本身不拥有的公权力委托给受委托人行使,这显然是滥用职权,超越权限的委托当然无效。

(3)行政委托必须符合法定程序。由于行政委托的事务是具体行政行为,而"制裁是强制行为,行政机关对个人所施加的制裁肯定是对公民的财产、自由以及生命的侵犯……行使司法职能的那种行政程序可以在使它符合'正当法律程序'的理想这样一种方式下加以组成。"

(4)行政委托对象应当是符合法定条件的有关企事业单位、社会组织或者个人。行政委托对象合法是指受委托人如果是企事业单位或社会组织,则其必须是依法成立,具有法人资格,以及具有实施行政事务的现实条件等;受委托人如果是个人,则应当具有完全的权利能力和行为能力,并且具备实施行政事务的专业知识和技能。行政机关通过其内设机构和所属公务员实施行政管理,虽然也是一种实质性委托,但由于其与行政机关存在正常的内部关系,因而不包含在这里的行政委托之中。但不同性质的行政机关之间以及由于权限约束同一行政体系内部上下级行政机关之间，由于处理行政事务的需要，也存在大量的行政委托。

同时涉及的还有行政强制理论。行政强制是指行政机关或法定授权的组织依照法定权限和程序对公民的人身和公民法人和其他组织的财产加以限制的具体行政行为；或者是指通过依法采取强制措施促使拒不履行行政法上义务的公民、法人或者其他组织履行义务或者达到与履行义务相同的状态的具体行政行为。行政强制的特征主要表现为：①行政强制的主体是行政主体，即行政机关或法律、法规授权的组织。②行政强制的对象是相对方的财物和人身自由。③行政强制的目的是为了实现一定的行政目的，保障行政管理的顺利进行。根据行为的直接目的不同，分为即时性强制和执行性强制两种基本类型。即时性强制，是指行政主体对可能或正在发生的违法行为或危害状况易于防止或制止而采取的强制行为。其直接目的在于预防或防止可能或正在发生的违法行为或危害状况。执行性强制，又称行政强制执行，是指行政主体依法强迫拒不履行行政法义务的相对人履行其义务的强制行为。它以相对人拒不履行行政法上的义务为前提。行政强制的主体只能是行政主体。

即时性强制的程序性规范相对而言不很严格。这是由即时强制的情况紧急性和强制措施额度即时性决定的。但是，这并不意味着即时性强制不需要程序规范。

关联法条

《中华人民共和国行政处罚法》（节录）（中华人民共和国第八届全国人民代表大会第四次会议于1996年3月17日通过　1996年3月17日中华人民共和国主席令第六十三号公布　自1996年10月1日起施行）

第十八条　行政机关依照法律、法规或者规章的规定，可以在其法定权限内委托符合本法第十九条规定条件的组织实施行政处罚。行政机关不得委托其他组织或者个人实施行政处罚。

委托行政机关对受委托的组织实施行政处罚的行为应当负责监督，并对该行为的后果承担法律责任。

受委托组织在委托范围内，以委托行政机关名义实施行政处罚；不得再委托其他任何组织或者个人实施行政处罚。

第十九条　受委托组织必须符合以下条件：

（一）依法成立的管理公共事务的事业组织；

（二）具有熟悉有关法律、法规、规章和业务的工作人员；

（三）对违法行为需要进行技术检查或者技术鉴定的，应当有条件组织进行相应的技术检查或者技术鉴定。

《中华人民共和国治安管理处罚法》（节录）（中华人民共和国第十届全国人民代表大会常务委员会第十七次会议于2005年8月28日通过　自2006年3月1日起施行）

第五十条　有下列行为之一的，处警告或者二百元以下罚款；情节严重的，处五日以上十日以下拘留，可以并处五百元以下罚款：

（一）拒不执行人民政府在紧急状态情况下依法发布的决定、命令的；

（二）阻碍国家机关工作人员依法执行职务的；

（三）阻碍执行紧急任务的消防车、救护车、工程抢险车、警车等车辆通行的；

（四）强行冲闯公安机关设置的警戒带、警戒区的。

阻碍人民警察依法执行职务的，从重处罚。

◇ 32 阻碍职务行为构成分析(二)

——陈某阻碍执行职务案

案情概要

2009年7月9日23时许,陈某在长江某水域用自家船舶"×8号"装运他人非法采砂船偷采的江砂时,被某市水政监察支队长江大队执法队员现场查获,与之共同作业的两条吸砂船逃离。水政执法队员当即责令运砂船主陈某将船开到某水政执法基地接受处理。陈某为阻止扣船,采取软磨硬泡的方式,以长江水流过大、油锚地不能停船等各种借口,将运砂船一直开至六十公里外的某水域后,用铁锤将自家船舱砸了一个洞,企图让江水流进后搁浅。在此期间,陈某提出只要不扣船,他本人可以随执法人员到指定地点接受处理,遭到水政执法队员的拒绝后,强行将载有两名水政执法队员的"×8号"船开至某水域,时间长达七个多小时,严重阻碍了国家机关工作人员依法执行职务。

问题聚焦

本案的基本事实清楚,陈某用自家船舶装运非法采砂船偷采的江沙时,被水政监察执法队员现场查获,陈某采取各种方式阻挠执法队员责令其开船到指定地点接受处理,时间长达七个多小时,严重阻碍了国家机关工作人员依法执行职务。但在案件的定性上存有争议,在办理过程中存在如下四种处理意见。

第一种意见认为此案不构成治安案件。认为水政执法队员为正式编制人员,不符合执法主体资格,其执法地位就像公安机关的巡逻联防队员一样,不能独立进行水政执法,其没有权力要求运砂船主将船开往水政执法基地接受处理。

第二种意见认为此案不构成阻碍执行职务案件。认为运砂船主随时愿意接受水政的执法处理,并没有阻碍执行职务的行为。因为法律法规没有规定水政执法队员有要求运砂船主将运砂船开往指定地点进行处理的权力。

第三种意见认为此案不构成阻碍执行职务案。认为运砂船不是采砂船,水政部门无权对其进行处罚。

第四种意见认为此案构成阻碍执行职务案。

从上述四种处理意见可看出,争议的焦点有二:一是水政执法队员的执法主体资格的认定。二是陈某的行为是否构成阻碍国家机关工作人员依法执行职务。

本案述评

(一)关于水政执法队员的执法主体资格的认定

在具体的行政法律关系中,以国家机关或社会组织形态出现的行政主体,其行政职权均由具体的内部工作人员来行使,所以,工作人员与行政主体有法律上的职务委托关系,他们是行政主体实施行政职权的具体实施者,但只能以其所属行政主体的名义行使行政职权,作出行政行为,其行为结果归属于所隶属的行政主体。任何行政主体和内部工作人员之间都存在着这样一种法定的职务委托关系。在本案中,水政监察执法部门与内部的水政监察执法人员即是这样一种具体的职务委托关系,水政监察执法人员以水政监察执法部门的名义行使职权,其法律后果归属于水政监察执法部门。让我们来看看具体的法律规定。

《水政监察工作章程》第九条规定,水政监察队伍的主要职责包括对水事活动进行监督检查,维护正常的水事秩序,对公民、法人或其他组织违反水政法规的行为实施行政处罚或者采取其他行政措施。第十三条规定,水政监察人员上岗前应按规定经过资格培训,并考核合格。第十五条规定,水政监察人员实行任期制,任期为3年。水政监察人员任期届满,经考核合格可以继续连任。考核不合格或因故调离工作,任期自动中止,由任免机关免除任命,收回执法证件和标志。第十六条规定,水政监察人员在执行公务时,可依法行使下列职权:①进行现场检查、勘测和取证等;②要求被调查的公民、法人或其他组织提供有关情况和材料;③询问当事人和有关证人,作出笔录、录音或录像等;④责令有违反水法规行为的单位或个人停止违反水法规的行为。必要时,可采取防止造成损害的紧急处理措施;⑤对违反水法规的行为依法实施行政处罚或者采取其他行政措施。

根据上述规定,水政执法人员得到了《水政监察工作章程》的授权,在执行公务时,可以进行现场检查、勘测和取证;要求被调查的公民、法人或其他组织提供有关情况和材料;询问当事人和有关证人,作出笔录、录音或录像等;责令有违反水法规行为的单位或个人停止违反水法规的行为。必要时,可采取防止造成损害的紧急处理措施;对违反水法规的行为依法实施行政处罚或者采取其他行政措施。具体结合本案来看,水政执法人员具有执法主体资格,发现陈某用自家船舶装运非法采砂船舶偷采的江沙时,有权责令陈某停止违法行为,并将其带至指定地点进行调查,这些都来自具有《水政监察工作章程》的授权,其执法行为是合法有效的。

(二)陈某的违法行为阻碍了水政执法人员依法执行职务

阻碍国家机关工作人员执法执行职务行为,是指阻碍国家机关工作人员依法执行职务,未使用暴力、威胁方法,尚不够刑事处罚的行为。本行为的构成要件如下:

第一,从客体来看,本行为侵害的客体是复杂客体,既包括国家机关的正常管理活动,又包括国家机关工作人员的人身权利。行为侵犯的对象是正在依法执行职务的国家机关工作人员。这里所说的国家机关工作人员,是指依照法律规定,在国家权力机关、行政机关、司法机关和军事机关中执行公共事务管理职务的人员。如从事治安管理的人民警察,依法征税的税务人员,进行工商、卫生、市容管理的人员等等。所谓依法执行职务,是指国家机关工作人员在国家规定的范围内,运用其合法职权从事公务活动,这种公务活动,不仅包括国家机关工作人员在工作时间或工作单位中所进行的公务活动,而且还包括国家工作人员根据有关规定或命令在其他时间或场所内的公务活动。

第二,从客体方面来看,表现为实施了阻碍国家机关工作人员依法执行职务的行为,但没有使用暴力、威胁方法,如果使用了暴力、威胁方法,即对国家机关工作人员的身体实施了暴力打击、人身强制,或对国家机关工作人员以杀害、伤害、毁坏财产、破坏名誉、扣押人质等进行威逼、胁迫,则构成妨害公务罪。

第三,从主体来看,违法主体是自然人,并且是一般主体。

第四,主观方面表现为故意。即明知是国家机关工作人员正在依法执行职务而有意拒绝、阻碍。

在本案中,运砂船主陈某虽然愿意到指定地点接受水政执法人员的执法处理,但不愿意扣押船只。在遭到水政执法人员的拒绝后,强行将载有两名水政执法队员的“×8号”船开至六十公里外的某某水域,时间长达七个多小时,严重阻碍了国家机关工作人员依法执行职务。从上述关于阻碍国家机关工作人员依法执行职务的行为的构成要件的分析,我们可以得知,具有完全责任能力的违法行为人陈某明知水政执法人员在对违法船只进行执法检查却故意进行逃逸和阻碍,并且这种阻碍行为不仅使执法活动受到影响,而且还耗费了执法资源,因此其构成阻碍执行职务的违法行为是十分明显的。

《长江河道采砂管理条例实施办法》(水利部令第19号)第二十二条规定,长江水利委员会组织采砂执法检查或者专项执法活动时,在省际边界重点河段以外的长江河道发现非法采砂行为的,可以先行采取扣押采砂船舶、进行必要的调查取证等临时处置措施,再移交有管辖权的水行政主管部门查处。可见,对与案件有关的运砂船,水政执法队员要求船主将运砂船开往指定地点进行扣押是有法律依据的。运砂船虽然不是采砂船,但水政部门依然有权对其进行处罚。《长江河道采砂管理条例实施办法》第二十五条规定,运砂船舶在长江采砂地点装运非法采砂船舶偷采的河砂的,属于与非法采砂船舶共同实施非法采砂行为,依照《长江河道采砂管理条例》第十八条的规定给予处罚。所以,水政执法人员对此运砂船进行调查处理是有法律依据的,对船主以阻碍执行职务的违法行为由公安机关进行治安处罚是合法的,符合行政合法性原则的要求。

所以,根据《中华人民共和国治安管理处罚法》第五十条第一款第二项之规定,依法给予船主陈某拘留五日的治安处罚,显然是适当的。

关联理论

行政合法性原则

在我国,行政合法性原则是指行政主体的设立,拥有行政职权和行使行政职权都必须依据法律,符合法律,不得与法律相抵触,任何违法行政行为都应当承担相应的法律责任。此原则主要包含以下几方面的内容:

1. 行政主体的设立必须合法

行政主体是能够以自己的名义拥有和行使行政职权,并能够以自己的名义为行使行政职权的行为产生的后果承担法律责任的机关或组织。行政主体是行政职权的拥有者和行使者,一切行政行为都必须由行政主体直接作出或者由其他行政行为主体以行政主体的名义作出;一切行政行为产生的法律后果也都必须由行政主体直接承担者或者由其他行政行为主体以行政主体的名义承担。因此,行政合法性原则要贯彻实施,首先必须保证行政主体的合法性。行政主体不合法,其任何“行政行为”都不会具有法律效力。

2. 行政职权的拥有应当合法

一切行政行为都以行政职权为基础,无职权便无行政。行政主体拥有行政职权,是它进行行政管理的先决条件。然而,行政职权的拥有必须有法律依据,行政主体若无任何法律依据就能拥有行政职权,只能导致行政专制。这是与现代行政法的民主法制精神相背离的。按照行政合法性原则的要求,行政主体必须基于法律而拥有行政职权,不合法拥有的行政职权不能构成合法行政的基础。在我国,行政主体合法拥有行政职权通常用两种途径:一是由宪法、法律和法规设定;二是由有权机关依照宪法、法律和法规的规定授予。

3. 行政职权的行使应当合法

行政主体行使行政职权,作出行政行为,是实现国家行政职能,实现对社会的管理的途径和手段。它既关系到国家权力的行使,又关系到行政相对人的权益保护,必须依法行政。依法行使行政职权,不仅是行政主体的一项权力,也是行政法对行政主体设定的一种义务或职责。对于法定的行政职权,行政主体必须依据法定的实体内容和程序要求,不折不扣地予以实施。无故不行使、拖延行使或不按照法定要求行使职权,都是有悖于行政合法性原则的行为,应当受到法律的追究。行政职权依法只能由行政主体直接行使或由其他行政行为主体以行政主体的名义行使。未依法取得行政行为主体资格的公民、法人和其他组织都不得行使行政职权。在我国,行政机构及公务员通常通过由行政主体分配行政职权的方式取得行政行为主体资格。而公民、法人和普通社会组织则通常通过由行政主体委托行政职权的方式取得行政行为主体资格。

4. 违法行使行政职权应当承担法律责任

行政主体必须合法行使行政职权,作出行政行为,这是行政合法性原则的最基本内涵。任何行政主体或依法以行政主体的名义行使行政职权的组织和个人,违法行使行政职权,作出行政行为,侵犯了公民、法人和其他组织的合法权益,都应当承担相应的法律责任,公民、法人或其他组织有权依法取得行政救济。违法必究,要求违法行使行政职权的行为受到法律追究,承担相应的法律责任,这是保证行政合法性原则全面贯彻必不可少的一个组成部分。

行政合法性原则是贯穿于整个行政过程,对具体行政行为和抽象行政行为都有约束力的原则。行政合法中"法",既包括宪法,也包括法律、法规和规章;既包括实体法,也包括程序法。

关联法条

《中华人民共和国治安管理处罚法》(节录)(中华人民共和国第十届全国人民代表大会常务委员会第十七次会议于2005年8月28日通过　中华人民共和国主席令第38号公布　自2006年3月1日起施行)

第五十条　有下列行为之一的,处警告或者二百元以下罚款;情节严重的,处五日以上十日以下拘留,可以并处五百元以下罚款:

(一)拒不执行人民政府在紧急状态情况下依法发布的决定、命令的;

(二)阻碍国家机关工作人员依法执行职务的;

(三)阻碍执行紧急任务的消防车、救护车、工程抢险车、警车等车辆通行的;

(四)强行冲闯公安机关设置的警戒带、警戒区的。

阻碍人民警察依法执行职务的,从重处罚。

《水政监察工作章程》(节录)(2000 年 5 月 25 日水利部令第 13 号发布 根据 2004 年 10 月 21 日水利部令第 20 号修改)

第九条 水政监察队伍的主要职责是:

1. 宣传贯彻《中华人民共和国水法》、《中华人民共和国水土保持法》、《中华人民共和国防洪法》等水法规;

2. 保护水资源、水域、水工程、水土保持生态环境、防汛抗旱和水文监测等有关设施;

3. 对水事活动进行监督检查,维护正常的水事秩序。对公民、法人或其他组织违反水法规的行为实施行政处罚或者采取其他行政措施;

4. 配合和协助公安和司法部门查处水事治安和刑事案件;

5. 对下级水政监察队伍进行指导和监督;

6. 受水行政执法机关委托,办理行政许可和征收行政事业性规费等有关事宜。

第十三条 水政监察人员上岗前应按规定经过资格培训,并考核合格。

水政监察人员上岗前的资格培训和考核工作由流域机构或者省、自治区、直辖市水行政主管部门统一负责。

第十五条 水政监察人员实行任期制,任期为 3 年。

水政监察人员任期届满,经考核合格可以继续连任。考核不合格或因故调离工作,任期自动中止,由任免机关免除任命,收回执法证件和标志。

第十六条 水政监察人员在执行公务时,可依法行使下列职权:

(一)进行现场检查、勘测和取证等;

(二)要求被调查的公民、法人或其他组织提供有关情况和材料;

(三)询问当事人和有关证人,作出笔录、录音或录像等;

(四)责令有违反水法规行为的单位或个人停止违反水法规的行为。必要时,可采取防止造成损害的紧急处理措施;

(五)对违反水法规的行为依法实施行政处罚或者采取其他行政措施。

《长江河道采砂管理条例》(节录)(2001 年 10 月 10 日国务院第 45 次常务会议通过 国务院令第 320 号公布 自 2002 年 1 月 1 日起施行)

第三条 沿江县级以上地方人民政府水行政主管部门依照本条例的规定,具体负责本行政区域内长江采砂的管理和监督检查工作。

第十八条 违反本条例规定,未办理河道采砂许可证,擅自在长江采砂的,由县级以上地方人民政府水行政主管部门或者长江水利委员会依据职权,责令停止违法行为,没收违法所得和非法采砂机具,并处10万元以上30万元以下的罚款;情节严重的,扣押或者没收非法采砂船舶,并对没收的非法采砂船舶予以拍卖,拍卖款项全部上缴财政。拒绝、阻碍水行政主管部门或者长江水利委员会依法执行职务,构成违反治安管理行为的,由公安机关依法给予治安管理处罚;触犯刑律的,依法追究刑事责任。

违反本条例规定,虽持有河道采砂许可证,但在禁采区、禁采期采砂的,由县级以上地方人民政府水行政主管部门或者长江水利委员会依据职权,依照前款规定处罚,并吊销河道采砂许可证。

《长江河道采砂管理条例实施办法》(节录)(2003年5月13日水利部部务会议审议通过 水利部令第19号公布 自2003年7月15日起施行)

第二条 第二款 沿江县级以上地方人民政府水行政主管部门具体负责本行政区域内长江采砂的管理和监督检查工作。

第二十一条 县级以上地方人民政府水行政主管部门和长江水利委员会应当加强对长江采砂活动的监督检查。监督检查的主要内容包括:

(一)是否持有合法有效的河道采砂许可证或者有关批准文件;

(二)是否按照河道采砂许可证或者有关批准文件的规定进行采砂;

(三)是否按照规定缴纳了长江河道砂石资源费;

(四)是否按照规定堆放砂石和清理砂石弃料;

(五)采砂船舶是否按照规定停放;

(六)应当监督检查的其他情况。

第二十二条 长江水利委员会组织采砂执法检查或者专项执法活动时,在省际边界重点河段以外的长江河道发现非法采砂行为的,可以先行采取扣押采砂船舶、进行必要的调查取证等临时处置措施,再移交有管辖权的水行政主管部门查处。

县级以上地方人民政府水行政主管部门在本行政区域内的省际边界重点河段发现非法采砂行为的,可以先行采取扣押采砂船舶等临时处置措施,再移交长江水利委员会查处。

第二十五条 运砂船舶在长江采砂地点装运非法采砂船舶偷采的河砂的,属于与非法采砂船舶共同实施非法采砂行为,依照《长江河道采砂管理条例》第十八条的规定给予处罚。

◇ 33 阻碍执行职务行为的定性及取证

——“12.21”阻碍海事执行职务案

案情概要

2005年12月21日9时许，巫山海事处在巫山乱泥湖水域巡逻时发现某轮尾部悬挂的国旗破损，海事人员多次通过甚高频责令其停船接受检查，该轮船主任某授意船长郭某继续前行，拒绝配合检查。海事巡逻艇追了十七公里直到巫山红石梁水域，船主任某在轮驾驶舱内安排船长及其他船员准备灭火器及摄像机，海事人员上船后，船上人员用灭火器喷射海事人员，把他们撵下去，随后，该轮才松车减速，海巡艇强行停靠该轮外档，海事执法人员身着制服强行登轮并进入驾驶舱，任某拒绝接受检查，并指使船员刘某、阙某用灭火器对海事人员李某等3人头部喷射，并对海事执法人员实施抓扯、殴打，造成李某等二人轻微伤害。海事工作人员被迫退出该轮后向长航公安局报警，巫山派出所接警后，立即出动巡逻艇赶赴现场进行处置，任某等不配合民警调查处理，继续将船行驶至奉节。奉节派出所接到分局指令，速派员增援，将该货船截获在长江奉节水域梅溪河口处。违法嫌疑人任某等人拒绝、阻碍海事和公安执法人员执行公务长达5个小时。

通过调查取证，长航公安局某分局认定任某等人已构成拒绝、阻碍国家工作人员依法执行职务，并于2005年12月24日根据《中华人民共和国治安管理处罚条例》第十九条第（七）项之规定，给予任某治安拘留十五日的处罚；对刘某、阙某分别给予治安拘留七日的处罚；给予船长郭某治安罚款二佰元人民币的处罚。

任某对处罚决定不服，在执行拘留的第三天提起了行政复议，同时缴纳2 400元保证金后被分局暂缓执行。长航公安局于2006年1月19日决定维持分局作出的处罚决定。

任某对复议决定仍然不服，向其户籍所在地的人民法院提起行政诉讼。在庭审过程中，双方辩论的焦点在于海事在执法过程中是否出示了证件，原告代理人认为公安机关收集的证据不足以认定海事执法出示了证件，那么海事程序违法，公安机关也就不能认定海事是依法执行职务。我方认为在是否出示证件方面，海事人员的笔录中都能证明出示了证件，但在违法人员任某等人的笔录中所有人均否认海事出示了证件。在双方各执一词并且却无其他证据的情况下，公安机关是通过全案的调查取证，海事人员身着制服，乘坐海巡艇通过甚高频多次责令其停船接受检查，因此公安机关定性是准确的。另一方面，双方辩论的焦点在于公安机关在作出行政处罚决定前，是否履行告知程序，原告代理人认为在公安行政告知笔录上没有被处罚人任某签字确认，对此不具有法律效力，认为公安机关未履行告知程序，程序违法，处罚决定无效。我方认为公安机关已履行告知，在涉及被处罚人任某的所有法律文书上均未签字，办案民警在告知笔录上已注明“被告知人任某拒绝签名”，邀请了两名见证人在告知笔录上签了名，并就公安机关的告知情况以见证人的身份写了证人证言，收集固定了两见证人的身份材料。经过质证，法院对公安机关履行告知程序予以采信。但一审法院以公安机关认定事实不清、证据不足(主要是海事执法是否出事证件)撤销长航公安局某分局作出的处罚决定。

一审败诉后，长航公安局某分局法制科立即与法制处取得了联系，共同研究，迅速调整了诉讼思路，找准案件的切入点后向任某户籍所在地人民法院提出上诉。庭审中我方认为巫山海事处在乱泥湖水域巡逻时发现该轮尾部悬挂的国旗破损，身着海事制服的海事人员多次通过甚高频责令其停船接受检查，该轮船主任某授意船长郭某继续前行，拒绝配合检查。海事巡逻艇追了十七公里直到巫山红石梁水域才登上该轮。此时任某已经构成了拒绝、阻碍国家工作依法执行公务，至于海事登船后，海事执法人员是否出示证件，在双方各执一词的情况下，公安机关没有作为认定的依据，海事人员遭到殴打的情节只是作为处罚情节考虑。如此一来，回避了是否出示证件的问题。最终任某户籍所在地人民法院作出终审判决：一、撤销一审判决；二、维持长航公安局某分局的行政处罚决定；三、一审、二审案件受理费及其他实际费用由任某承担。

问题聚焦

看似一个普通的阻碍执行职务案件，却经历了行政复议、一审、二审程序，虽然法院最终认定当地公安机关作出的处罚正确，但毕竟几经周折，加大了执法成本。经过思索，我们不禁要问，公安机关在办理阻碍执行职务案件过程中如何避免出现如一审中出现的败诉情形，也就是说公安机关在办理阻碍职务案件中，应当如何认定案件事实，并有效调查取证？

本案述评

(一)对阻碍执行职务行为准确定性

对如何进行阻碍执行职务案件的取证问题的回答,必须先明确什么是阻碍执行职务行为。阻碍执行职务行为,是指阻碍国家机关工作人员依法执行职务,未使用暴力、威胁方法,没有造成严重后果,尚不够刑事处罚的行为。本行为的构成要件如下:

第一,从客体方面来看,阻碍执行职务行为侵犯的客体是国家机关的正常管理活动。国家机关工作人员正常执行公务,实施社会管理保证国家长治久安和社会正常秩序的需要,任何人都不得对国家机关的正常管理活动进行侵犯。正常的管理活动包括很多,如人民警察的社会治安管理、税务人员的依法征税、海事人员对特定水域或船舶的管理等等,这些管理活动,都是执法主体代表国家的意志实施社会管理的具体体现,任何人不得侵犯。

第二,从客体方面来看,表现为实施了阻碍国家机关工作人员依法执行职务的行为。这里的阻碍行为是指采取非暴力的行为方式,阻碍执行职务活动,如采取吵闹、纠缠、无力谩骂、推搡、阻断通道等积极作为的方法,如果采用了暴力、威胁等方法或虽未采用暴力、威胁等方法,阻碍行为造成严重后果的,则构成了刑法中的妨碍公务、故意伤害、故意杀人等行为。"国家工作人员"在《治安管理处罚法》中尚无明确解释,可以参照《中华人民共和国刑法》解释,即在国家机关中从事公务的人员,国有公司、企业、事业单位、人民团体中从事公务的人员和国家机关、国有公司、企业、事业单位委派到非国有公司、企业、事业单位、社会团体从事公务的人员,以国家机关工作人员论。实际工作中的联防协勤、保安等辅助人员不属于国家机关工作人员,辅助人员的行为不属于委托执法行为,而是执法辅助行为,其独立行为不够构成执行职务。依法执行职务是指国家工作人员依照法律规定权限和程序进行执行职务活动,越权、滥用权利或未按程序执法而引起的阻碍行为,不能认定为阻碍执行职务行为。

第三,从主体来看,违法主体是自然人,并且是一般主体。关于单位能否构成阻碍执行职务主体尚存争议,参照刑法的规定,单位不够成妨碍公务罪的行为主体,因此,本人认为单位不宜作为阻碍执行职务的主体。

第四,从主观方面来看,表现为故意,即明知是国家机关工作人员正在依法执行职务而有意拒绝、阻碍。这里需注意,简单的消极的拒绝执行职务行为不构成违法,例如,执法检查过程中房门一直是锁的,行为人找种种借口不打开门,此时不宜追究行为人阻碍执行职务责任;但行为人如采取积极的拒绝方法阻碍执行职务则构成违法,例如行为人看到执法人员来检查后主动将门锁上,拒绝检查,则构成阻碍执行职务。

通过以上的分析,我们明确了阻碍执行职务行为的构成条件。也给我们对阻碍执行职务案件的调查取证指明了方向。

(二)阻碍执行职务案件取证过程中应注意的问题

1. 调查取证基本要求

负责办理阻碍执行职务案件的民警,应当迅速到现场及有关场所了解情况,寻找目击证人和现场群众,全面、及时、合法地收集、固定、调取证据,并且严格按照《中华人民共和国行政诉讼法》及相关解释中关于证据规则的要求进行。围绕阻碍执行职务行为构成要件,对执行公务人员、证人、嫌疑人进行详细询问,查清违法行为人的基本情况、违法行为是否存在、实施违法行为的基本情况、其他与案件相关的事实等,必要时,进行现场勘察。具体来说,应查清以下基本情况:

(1)查清执法人员的身份,是否是国家工作人员或其他依法执行公务的人员。

(2)查清执法人员受到阻碍时是否正在依法执行职务,执法是否有法律依据,是否是越权、滥用职权行为。

(3)查清执法人员是否按照程序执法,如是否按照执法程序要求进行着装、表明身份、出示工作证件、说明理由、处罚告知等。

(4)查清执法人员执法的详细过程。

(5)查清行为人阻碍执行职务的具体表现。要查清违法行为人当时的具体行为和语言表现,是否使用暴力、威胁等手段、是否造有造成严重后果等。

(6)查清是否有影响行为定性或影响处罚的其他情节。如是否有人受伤,是否有物品损坏、是否有法定或酌定减轻、加重情节等情况。

2. 其他应注意的问题

(1)民警在办理阻碍执行职务的行为过程中,要严格按照程序依法办事。如民警在公开执法时,应当首先口头表明警察身份,未着制服的要及时出示工作证件,让被执法者和现场群众知道是警察在依法执行公务。需要传唤违法嫌疑人的,应严格按照程序规定进行。调查取证时应严格按照法律规定进行,不能滥用职权或者执法行为违反规定的程序,或者工作方法简单、粗暴,执法不规范等。

(2)关于办理阻碍执行职务案件中回避的问题。如果是公安机关在依法执行职务时被阻碍执行职务，则要考虑被阻碍执行职务的民警在办案中是否需要回避的问题。首先，公安机关的办案单位在被阻碍执行职务时，因法律法规只规定人的回避，未规定单位回避，因此公安机关的办案单位无需回避。办案民警如是案件的当事人需回避，但按照行政法学一般理论，治安案件中的当事人是指案件的被侵害人和违反治安管理行为人，被阻碍执行职务的民警既不是被侵害人也不是违反治安管理行为人，不在当事人回避之列，但考虑到执行职务的民警与本案当事人违法行为的特殊关系，可能影响案件公正处理，因此被阻碍执行职务的民警应当回避，不能作为调查人员参与案件调查，而同单位其他民警可以进行调查。

(3)阻碍执行职务时，嫌疑人有时会实施殴打他人、故意毁坏财物、侮辱等行为，按照牵连行为理论，择一重处罚。如果殴打他人、故意毁坏财物行为、侮辱行为较重，则可以按照殴打他人、故意损毁财物、侮辱来处理，阻碍执行职务作为情节来考虑；如果阻碍执行职务行为较重，则以阻碍执行职务来处理，殴打他人、故意损毁财物、侮辱作为阻碍执行职务情节来考虑。这里需要明确的是一般的殴打行为，造成轻微伤以下后果的，不宜认定为暴力手段，此时不构成妨碍公务罪。

(三)关于本案的定性和证据收集

我们回到本案，海事执法人员发现该货轮尾部悬挂的国旗破损时，根据《中华人民共和国内河海事行政处罚规定》第三十五条、《船舶升挂国旗管理办法》第九条的有关规定，海事对船舶国旗破损行为有法定管理职责，在身穿制服的海事工作人员对该货轮用高频向其表明身份并要求其接受检查时，该货轮非但不停船接受检查，反而继续开船，并对登船检查的海事人员进行灭火器喷射、抓扯、殴打，海事人员执法有依据、程序得当，属于执行职务行为，因此该货轮相关人员已构成了阻碍执行职务行为。接到报警前来执法的公安机关，欲登船开展案件调查时，该货船上等人不配合民警调查处理，继续将船行驶至奉节，此行为亦构成了阻碍公安机关执行职务。

公安机关对上诉案件事实进行调查时，应查明海事人员的执法依据、海事人员的执法程序是否合法、海事人员执法详细过程、违法行为人阻碍执行职务的具体行为表现及过程、有无人员受伤、物品损坏等情况、公安民警执法详细过程、公安机关执法程序是否合法、其他影响案件定性及处理的事实。公安机关还应查明灭火器喷射、抓扯行为、殴打行动的轻重，以作为案件定性或处罚情节考虑。通过以上事实的查实和证据的固定，方可对此案违法行为人进行定性处罚。除此之外，公安机关在办理上诉案件中，还应考虑民警的回避问题，将案件交由被阻碍执行职务民警以外的民警办理。

关联理论

行政诉讼证据规则

《最高人民法院关于行政诉讼证据若干问题的规定》(以下简称《规定》)中体现了行政诉讼证据的一般要求。

(1)被告承担举证责任,原告仅承担提供证据的责任。被告对作出的具体行政行为负有举证责任,这是行政诉讼法早已确定的举证规则。《规定》强调了举证不能的后果,即被告不提供或无正当理由逾期提供的,视为被诉具体行政行为没有相应证据。《规定》对举证责任的规定最大的变数在于不再强调原告的举证责任,而仅规定提供证据的责任。将原告提供证据证明被诉具体行政行为违法视为举证权利。对原告提供证据的责任的规定充分保护原告的诉权,同时也给公安机关执法办案提出了更高的要求。

(2)原告、第三人提供证据或被告举证受时限限制。按照《规定》,原告或者第三人应当在开庭审理前或者人民法院指定的交换证据之日提供证据,被告应当在收到起诉状副本之日起 10 日内提供全部证据和所依据的规范性文件。在行政诉讼法中规定举证时限主要基于以下几个理由:一是如果不作规定,不利于提高行政审判的效率;二是根据庭审制度改革经验,对于有些案件,在开庭前合议庭要组织交换证据清单,如果行政机关迟迟不提交,不利于当事人各方在诉讼中进行平等的攻击和防卫。因此行政机关应对自己作出的行政处罚证据及时提供。

(3)被告及其诉讼代理人取证受限制。按照《规定》,在诉讼过程中,被告及其诉讼代理人不得自行向原告、第三人和证人收集证据。这是因为根据实施行政行为的程序,行政机关应当先取证、后裁决。在诉讼中,被告应当已经具备了作出裁决的证据和依据,否则其在程序上已经违法。如果允许被告在诉讼中可以自由取证,则不利于督促行政机关遵循先取证、后裁决的规则。行政诉讼法没有规定在诉讼过程中,被告的诉讼代理人也不得自行向原告收集证据,易使被告钻空子。这要求行政机关在作出行政处罚前应充分搜集证据,并保证证据的合法有效,而不允许作出处罚后,再进行补证。

关联法条

《中华人民共和国刑法》(节录)(中华人民共和国第五届全国人民代表大会第二次会议于 1979 年 7 月 1 日通过　中华人民共和国第八届全国人民代表大会第五次会议修订　1997 年 3 月 14 中华人民共和国主席令第八十

三号公布　自 1997 年 10 月 1 日起施行）

第二百七十七条　以暴力、威胁方法阻碍国家机关工作人员依法执行职务的，处三年以下有期徒刑、拘役、管制或者罚金。

以暴力、威胁方法阻碍全国人民代表大会和地方各级人民代表大会代表依法执行代表职务的，依照前款的规定处罚。

在自然灾害和突发事件中，以暴力、威胁方法阻碍红十字会工作人员依法履行职责的，依照第一款的规定处罚。

故意阻碍国家安全机关、公安机关依法执行国家安全工作任务，未使用暴力、威胁方法，造成严重后果的，依照第一款的规定处罚。

《中华人民共和国治安管理处罚法》（节录）（2005 年 8 月 28 日第十届全国人民代表大会常务委员会第十七次会议通过　2005 年 8 月 28 日中华人民共和国主席令第三十八号公布　自 2006 年 3 月 1 日起施行）

第五十条　有下列行为之一的，处警告或者二百元以下罚款；情节严重的，处五日以上十日以下拘留，可以并处五百元以下罚款：

（一）拒不执行人民政府在紧急状态情况下依法发布的决定、命令的；

（二）阻碍国家机关工作人员依法执行职务的；

（三）阻碍执行紧急任务的消防车、救护车、工程抢险车、警车等车辆通行的；

（四）强行冲闯公安机关设置的警戒带、警戒区的。

阻碍人民警察依法执行职务的，从重处罚。

《关于行政诉讼证据若干问题的规定》（节录）（2000 年 3 月 8 日最高人民法院颁布　自 2000 年 3 月 10 日起施行）

第二十六条　在行政诉讼中，被告对其作出的具体行政行为承担举证责任。

被告应当在收到起诉状副本之日起 10 日内提交答辩状，并提供作出具体行政行为时的证据、依据；被告不提供或者无正当理由逾期提供的，应当认定该具体行政行为没有证据、依据。

第二十七条　原告对下列事项承担举证责任：

（一）证明起诉符合法定条件，但被告认为原告起诉超过起诉期限的除外；

（二）在起诉被告不作为的案件中，证明其提出申请的事实；

（三）在一并提起的行政赔偿诉讼中，证明因受被诉行为侵害而造成损失的事实；

（四）其他应当由原告承担举证责任的事项。

第三十条 下列证据不能作为认定被诉具体行政行为合法的根据：

（一）被告及其诉讼代理人在作出具体行政行为后自行收集的证据；

（二）被告严重违反法定程序收集的其他证据。

第三十一条 未经法庭质证的证据不能作为人民法院裁判的根据。

复议机关在复议过程中收集和补充的证据，不能作为人民法院维持原具体行政行为的根据。

被告在二审过程中向法庭提交在一审过程中没有提交的证据，不能作为二审法院撤销或者变更一审裁判的根据。

《船舶升挂国旗管理办法》（节录）（交通部令第 32 号 1991 年 10 月 10 日）

第九条 船舶悬挂的中国国旗应当整洁，不得破损、污损、褪色或不合规定，不得倒挂。

◇ 34 擅自进入国家管制水域认定及处理

——朱某无证驾驶机动船舶擅自进入国家管制水域案

案情概要

2009年3月14日16时40分，违反治安管理行为人朱某无证驾驶小型机动船舶擅自进入长江某过江架空电缆施工水域（该施工水域已经由海事部门进行了封航管制并发布了船舶禁航通告），被民警当场查获。以上事实有对朱某的询问笔录、证人证言、证据照片、现场笔录、现场图、民警查获经过、海事航行通告等证据证明。

根据《中华人民共和国治安管理处罚法》（以下简称《治安管理处罚法》）第五十三条之规定给予朱某罚款五百元的处罚；根据《治安管理处罚法》第六十四条第（二）项之规定给予朱某罚款五百元的处罚。根据《治安管理处罚法》第十六条之规定给予朱某合并执行罚款一千元的处罚。

问题聚焦

本案的案情并不复杂，行为人朱某无证驾驶小型机动船舶擅自进入国家管制水域，争议焦点主要体现为两方面：第一，实践中，许多小型船舶没有高频，也不会看海事部门的通告，主观上难以查明其是否明知。对驾驶船舶擅自进入国家管制水域行为的当事人，是否要查明其主观上是明知的。第二，公安机关对朱某分别作出的处罚决定，如何执行？

本案述评

（一）对驾驶船舶擅自进入国家管制水域行为的当事人是否要查明其主观状态

在本案中，当事人朱某的行为构成违法事实是无可争议的，他一共实施了两个违法行为：无证驾驶小型机动船舶、违反船舶行使区域规定，擅自进入国家管制水域。让我们先来看看几个概念的界定。

无证驾驶机动船舶的行为，是指行为人在没有取得驾驶证的情况下，驾驶机动船舶的行为。这里所说的机动船舶，是指以动力装置驱动或者牵引，供人员乘用或者用于运送物品以及进行工程专款作业的船舶。无证驾驶机动船舶的构成要件如下：

第一，从客体上看，本行为所侵害的客体是国家对机动船舶的管理。机动船舶作为交通运输工具，主要用于物资和旅客的运输。如果机动船舶在行驶中失去控制，不仅可能造成其自身的毁损，还可能给公众的生命、财产安全造成不可估量的损失。

第二，从客观方面分析，本行为表现为行为人实施了无证驾驶机动船舶的行为。这里所说的无证驾驶，是指行为人未取得合法有效的驾驶证。行为人虽有驾驶证但不是合法取得的，也应视为未取得驾驶证。

第三，从主体来看，本行为的违法主体是一般主体，即自然人。

第四，就主观方面而言，既可以表现为故意，也可以是过失。

本案中，具有完全责任能力的行为人朱某是在明知自己没有机动船舶驾驶证的情况下实施了无证驾驶机动船舶的行为，符合上述构成要件，违反了《治安管理处罚法》第六十四条第（二）项的规定。以上事实有诸多证据可证：包括朱某的询问笔录、证人证言、证据照片、现场笔录、现场图、民警查获经过等。而且公安机关严格依照法律对当事人的违法行为进行处罚：根据《治安管理处罚法》第六十四条第（二）项的规定给予朱某罚款五百元的处罚。在对于当事人无证驾驶小型机动船舶行为的处理上，公安机关做到了“以事实为依据，以法律为准绳”，该部分的案情较为明确，在法理上也没有什么争议。

案件的疑难之处在于对当事人擅自驶入国家管制水域行为的处理之上。根据《治安管理处罚法》第五十三条的规定：“船舶擅自进入、停靠国家禁止、限制进入的水域或者岛屿的，对船舶负责人及有关责任人员处五百元以上一千元以下罚款；情节严重的，处五日以下拘留，并处五百元以上一千元以下罚款。”该法条对违法人员是否具有主观故意没有明确规定，由此造成了处理上的疑难。加之在实践中，许多小型船舶没有高频，也不会看海事部门的通告，主观是否明知难以查明，因此在处理上造成诸多争议。

实际上，虽然法条规定并不明晰，但这并不是造成争议的根源。在交通管制领域也有类似情况，但却并没有造成所谓“疑难”，主观上是否明知并未成为争议之处。让我们先来看看学理规定。

违反船舶行使区域规定的行为，是指船舶擅自进入、停靠国家禁止、限制进入的水域或者岛屿的行为。这里的船舶应是在我国所管辖水域内停泊、航行或从事生产作业的各类船舶，军用船舶、公务执法船舶及国家另有规定的船舶应当除外。而国家禁止或者限制进入的水域或岛屿一般是指国家的海军军事基地或者用于其他专门用途的水域和岛屿，船舶擅自进入禁止或者限制进入的水域或岛屿将会导致泄露国家的军事秘密，妨害国家对专门用途水域、岛屿的管理。对此类行为的管理，除《治安管理处罚法》第五十三条做了规定外，公安部2000年2月15日发布的《沿海船舶边防治安管理规定》也作了相应规定，如第十七条："出海船舶和人员不得擅自进入国家禁止或者限制进入的海域或岛屿，不得擅自搭靠外国籍或者香港、澳门特别行政区以及台湾地区的船舶。因避险及其他不可抗力的原因发生前款情形的，应当在原因消除后立即离开，抵港后及时向公安边防部门报告。"第二十八规定："违反本规定，有下列情形之一的，对船舶负责人及其有关责任人员处一千元以下罚款：非法进入国家禁止或者限制进入的海域或者岛屿的。"下面让我们对此类行为的构成要件作具体分析。

从客体上看，本行为所侵犯的客体是国家对特定水域或岛屿内的治安、渔业生产等秩序的管理。从客观方面来看，本行为表现为实施了擅自进入、停靠国家禁止、限制进入的水域或岛屿的行为。所谓擅自进入、停靠，是指未经有权管理部门的批准而自行进入、停靠。就主体而言，违法主体是特殊主体，即必须是船舶的负责人及有关责任人员。从主观方面来讲，既可以表现为故意，也可以表现为过失。

从以上分析可以得知，认定当事人的行为是否构成擅自进入国家管制水域的违法行为，不论主观方面是故意还是过失，均不影响其行为的成立，所以主观上的"明知"并不是本案的疑难所在，本案真正的疑难在于，较之陆上交通而言，一方面，水域管制的信息发布渠道较为单一，造成信息沟通不畅成为常态；另一方面，船舶驾驶人员相对于水域管制的敏感性远不如车辆驾驶人员对于陆上交通管制的敏感性，主动了解信息的积极性较低。而作为驾驶人员，了解所经过道路或水域的管制信息是其应尽的注意义务，不过在水域管制情况下，这种义务常常被忽视了。本案中，海事部门进行了封航管制并发布了船舶禁航通告，朱某没有尽到驾驶员应尽的注意义务，是存在过失的。从法理上分析，第五十三条既然没有对驾驶人员的主观明知进行规定，就意味着所有"擅自进入、停靠"的行为都属于违法行为。该条的立法目的最主要是维持秩序，因此破坏其所保护秩序的行为都属于违法行为，而不论此种破坏属于"故意"亦或"过失"。所以，朱某的行为属于擅自进入国家管制水域的违法行为，公安机关依法对其作出处罚决定是合法有效的。

（二）公安机关对朱某分别作出两项处罚决定，如何执行

在解答这个问题之前，我们需要先了解决定和执行的概念。所谓决定，是指公安机关依法就违反治安管理行为人违反治安管理的实体性问题，作出是否给予治安管理处罚及给予何种治安管理处罚的决定。执行，是指公安机关依照法定程序，依照已经发生法律效力的决定的内容和要求予以具体实施的行为。二者有着先后顺序的承接关系，即公安机关先作出决定，才能就决定的具体内容予以执行。对一个人有两种以上违反治安管理行为的，实行“分别决定、合并执行”的原则。分别决定，是指对于一个违反治安管理行为人有两种或者两种以上违反治安管理行为的，就其每一个违反治安管理行为分别依法决定，确定对每一个违反治安管理行为应当给予的治安管理处罚。合并执行，是指将分别决定的治安管理处罚合并起来，并将同一种处罚的数额和期限相加在一起，最后决定给予哪些处罚及给予多重的处罚。

具体到本案而言，朱某共实施了两个违法行为：无证驾驶小型机动船舶和擅自进入国家管制水域，分别违反了《治安管理处罚法》第五十三条和第六十条第(二)项的规定，公安机关首先就其上述每一个违反治安管理行为分别依据《治安管理处罚法》作出处罚决定，确定对每一个违反治安管理行为应当给予的治安管理处罚，即分别给予朱某罚款五百元的决定；然后根据《治安管理处罚法》第十六条的规定，将分别决定的五百元罚款合并起来，执行罚款一千元的处罚。公安机关依法作出的处罚决定和合并执行符合数过并罚原则，是合法有效的。

关联理论

(一)关于违法行为构成理论的理解

本案中所谓“疑难”实际关涉对违法行为构成理论的理解。一切不符合法律要求的，超出法律所允许范围的危害社会的行为都是违法行为。一般地说，违法行为由以下四个要素构成，缺少任何一个就不能称之为违法行为：

第一，从客观方面而言，必须是违反法律规定的行为。违法行为必然在客观上违反了法律规定，单纯的思想活动不构成违法，如果法律要求为而不为或法律禁止为而为，或不按法律规定的方式、程序而为，则符合违法行为的客观要件，确认违法必须坚持以行为作为客观依据。

第二，从客体上讲，违法必须是在不同程度上侵犯了法律上所保护的社会关系的行为。认为任何违法行为都有其作用的客体，行为如果没有或根本不可能侵害法律所保护的社会关系和社会秩序，就不具有社会危害性，当然不会被法律所禁止，也不构成违法行为。

第三，从主观方面来讲，违反一般必须有行为人的故意或过失。原则上，由于存在过错，才构成违法行为。但没有过错，法律规定应当承担责任的,仍然应当承担责任。

第四,从主体上来讲,违法行为的实施者必须是具有法定责任能力的自然人、法人或其他组织。对自然人来讲,只有达到法定年龄,具有理解、辨认和控制自己行为的能力的人,才能成为违法主体;就法人或其他组织而言,在成立时就具有相应的责任能力,一般情况下,如果实施了违法行为,就成为违法主体。

以上四个要素,是相互联系、相互制约、不可分割、缺一不可的统一体。

一般违法行为包括民事违法行为和行政违法行为,它们违法情节比较轻微,对社会危害性不大。刑事违法行为属于犯罪行为。一般违法行为要承担法律责任,民事违法行为承担民事责任,行政违法行为应受到行政制裁。

(二)对数过并罚原则的理解

数过并罚是治安管理处罚的裁量制度,指公安机关对同一行为人所实施的数个违反治安管理行为分别决定后,按照法定的并罚原则,决定其执行的治安管理处罚的制度。此原则具有以下两个特点:

其一,必须是一个行为人实施了数个违反治安管理的行为。这是适用数过并罚的前提条件。数个违反治安管理行为,既可以是行为人单独实施的,也可以是行为人伙同他人共同实施的。其二,公安机关必须在对数个违反治安管理行为分别决定的基础上,依照法定的并罚原则,决定执行的治安管理处罚。这是数过并罚的程序规则和实际操作规则。实行数过并罚的结果,是对数个违反治安管理行为产生一个决定结果、制作一份治安管理处罚决定书,而不是几个相互独立的决定结果、制作几份治安管理处罚决定书。

一般来讲,数过并罚原则,是对一人所实施的数个违反治安管理行为合并处罚时应当依据的规则,也就是以并科原则为主,以限制加重原则为补充的折中原则。并科原则,又称之为相加原则、累加原则或者合并原则等,是指将一人所实施的数个违反治安管理行为分别决定的处罚绝对相加、合并执行的合并处罚原则。该原则主要适用于罚款处罚。限制加重原则,又称为限制并科原则,是指以一人所实施的数个违反治安管理行为中应当决定的最重的处罚为基础,再在一定限度之内对其予以加重作为执行处罚的合并处罚原则。该原则只适用于行政拘留处罚。合并处罚原则的具体适用范围和基本适用规则如下:①决定的数个处罚为罚款的,采用并科原则,将罚款数额累加,决定执行的罚款数额。②决定的数个处罚为行政拘留的,采用限制加重原则,将拘留期限累加,决定执行的拘留期限,但最长不超过20日。③按照并科原则,对个人可以作出一个警告、罚款、行政拘留、限期出境或者驱逐出境，对单位可以作出一个警告、罚款、吊销许可证。但是，对个人决定两个或者两个以上警告、限期出境或者驱逐出境，对单位作出两个或者两个以上警告或吊销许可证的，不适用“合并执行”的原则，而只能各执行一个处罚，如不能将两次警告处罚合并为一次严重警告或者合并改为罚款、行政拘留。

关联法条

《中华人民共和国治安管理处罚法》（节录）（中华人民共和国第十届全国人民代表大会常务委员会第十七次会议于2005年8月28日通过　中华人民共和国主席令第38号公布　自2006年3月1日起施行）

第十六条　有两种以上违反治安管理的，根据违反治安管理行为人在违反治安管理行为中所起的作用，分别处罚。

第五十三条　船舶擅自进入、停靠国家禁止、限制进入的水域或者岛屿的，对船舶负责人及有关责任人员处五百元以上一千元以下罚款；情节严重的，处五日以下拘留，并处五百元以上一千元以下罚款。

第六十四条　有下列行为之一的，处五百元以上一千元以下罚款；情节严重的，处十日以上十五日以下拘留，并处五百元以上一千元以下罚款：

（一）偷开他人机动车的；

（二）未取得驾驶证驾驶或者偷开他人航空器、机动船舶的。

《沿海船舶边防治安管理规定》（节录）（1999年8月20日公安部部长办公会议通过　2000年2月15日公安部令第47号公布　自2000年5月1日起施行）

第十七条　出海船舶和人员不得擅自进入国家禁止或者限制进入的海域或岛屿，不得擅自搭靠外国籍或者香港、澳门特别行政区以及台湾地区的船舶。因避险及其他不可抗力的原因发生前款情形的，应当在原因消除后立即离开，抵港后及时向公安边防部门报告。

第二十八条　违反本规定，有下列情形之一的，对船舶负责人及其有关责任人员处一千元以下罚款：

（一）非法进入国家禁止或者限制进入的海域或者岛屿的；

（二）未经许可，将外国籍或者香港、澳门特别行政区、台湾地区的船舶引航到未对上述船舶开放的港口、锚地的；

（三）擅自搭靠外国籍或者香港、澳门特别行政区以及台湾地区船舶的，或者因避险及其他不可抗力的原因被迫搭靠，事后未及时向公安边防部门报告的；

（四）航行于内地与香港、澳门特别行政区之间的小型船舶擅自在非指定的港口停泊、上下人员或者装卸货物的。

《中华人民共和国内河交通安全管理条例》（节录）（2002 年 6 月 19 日国务院第 60 次常务会议通过　2002 年 6 月 28 日国务院令第 355 号公布自 2002 年 8 月 1 日起施行）

第二十条　船舶进出港口和通过交通管制区、通航密集区或者航行条件受限制的区域，应当遵守海事管理机构发布的有关通航规定。

任何船舶不得擅自进入或者穿越海事管理机构公布的禁航区。

◇ 35 无引航资质上船引航是否构成无证驾驶机动船舶

——陆某某无引航资质上船引航案

案情概要

某年8月24日11时许，石某明知陆某某没有海船船员适任证书和长江引航员适任证书，指派陆某某到长江上海宝山水域驾驶“××轮8号”海船进入长江水域，8月25日凌晨1时许，陆某某在长江65号浮上海宝山水域，明知自己没有海船船员适任证书和长江引航员适任证书，却驾驶“××轮8号”海船进入长江，同时为该轮进行引航，当日凌晨4时许，在陆某某驾驶该轮经长江南通狼山锚地附近水域时被海事执法人员查获。

问题聚焦

(1)无引航资质上船引航是否构成无证驾驶机动船舶？

(2)对本案中石某如何处理？

(3)公安机关是否对无引航资质上船引航有处罚权？

(4)无引航资质冒充引航员，指挥船员开船(明知、不明知)，服从指挥员是否构成无证驾驶机动船舶？

本案述评

以上案例中陆某某没有海船船员适任证书和长江引航员适任证书，驾驶“华海轮8”航行，根据《中华人民共和国治安管理处罚法》(以下简称《治安管理处罚法》)第六十四条第(二)项之规定，构成无证驾驶机动船舶，海事部门应将陆某某交由公安机关处理，案件中石某教唆陆某某违法治安管理行为，应按照无证驾驶机动船舶中陆某某所起的作用，从重处罚。

《治安管理处罚法》规定的无证驾驶机动船舶的行为，是指未取得机动船舶驾驶证而驾驶机动船舶的行为。“未取得驾驶证驾驶”是指没有经过专门训练，未取得合法的机动船舶的专业驾驶证书而从事驾驶的行为。这里规定的“机动船舶”是指在水上行驶并以电力或者燃料作为动力的船舶。由于无证驾驶机动船舶给人的生命、财产都带来可能的危险，为此《治安管理处罚法》新增法条予以禁止。《治安管理处罚法》所规定的无证驾驶机动船舶中的“无证”应包含“无引航资格证”。按我国《船舶引航管理规定》引航员是指持有有效引航员适任证书，在某一引航机构（长江引航员所处机构为长江引航中心）从事引航工作的人员。引航员的基本职责是引领船舶安全进出港和靠离泊，他首先是作为驾驶员给出航行指令，其次作为船长的顾问，应提供专业知识。引航员必须对所在水域的地理特点、航道、水深、水流、航标设置和当地规章制度了如指掌，并具有熟练的船舶驾驶操纵技术，港口引航员还必须掌握靠离码头难度较高的操纵技术。由此看来，引航员登船以后是要指挥并操纵驾驶船舶的，驾驶或指令发出稍有不慎，就会造成难以预料的后果。因此，引航资格证包含了船舶驾驶许可内容，上船引航就需上船操纵驾驶船舶，由此，无引航资格证实施引航行为，实际上就是一种无证驾驶行为，就构成了无证驾驶机动船舶。

通过以上分析，解决了陆某某无证引航的定性问题，公安机关可以根据《治安管理处罚法》对其予以处罚。那么其他引航员主管机关可否进行处理？《船舶引航管理规定》中并未明确无证引航的处理措施，其中的第四十六条规定：“违反本规定有关水上交通安全监督管理规定的行为，由海事管理机构按照国家的有关规定实施行政处罚”。而在《中华人民共和国内河交通安全管理条例》（以下简称《内河交通安全管理条例》）第六十六条规定：“违反本条例的规定，未经考试合格并取得适任证书或者其他适任证件的人员擅自从事船舶航行的，由海事管理机构责令其立即离岗，对直接责任人员处2 000元以上2万元以下的罚款，并对聘用单位处1万元以上10万元以下的罚款。”是否意味着无证引航要由海事部门处罚？《内河交通安全管理条例》中强调的驾驶的资格问题，《治安管理处罚法》强调的是无证驾驶正常的社会管理秩序带来的危害。两者法律（法规）保护的原意并不完全形同，因此只要不违反一事不再罚的基本原则，公安、海事两机关都有处罚权。另外，《内河交通安全管理条例》属于行政法规，《治安管理处罚法》（其实施贯彻机关为公安机关）属于国家法律，后者的效力高于前者，无证引航本身属于无证驾驶行为，依据《治安管理处罚法》处理更为恰当。

石某明知陆某某没有海船船员适任证书和长江引航员适任证书，指派陆某某实施引航行为，是教唆他人违反治安管理的行为，且主观上存在明知的故意，应当根据《治安管理处罚法》第十七条和第二十条的规定，按照教唆人在共同违反治安管理中所起的作用，依法从重给予治安管理处罚。

本案中，还有一个问题值得探讨：无引航资质冒充引航员，指挥船员开船，服从指挥员指挥的船员是否构成无证驾驶机动船舶？这要看听从指挥的船员是否明知。如果不知道引航员无引航资格而继续驾驶，不存在无证驾驶的故意，船员不构成无证驾驶机动船舶。如果船员明知引航员无证引航，而继续驾驶，其主观已经具备了“故意”，客观上也实施了“无证驾驶的行为”。理由如下：首先，按照无证驾驶机动船舶立法的目的来看，其为了杜绝因无证驾驶机动船舶而带来的对生命、财产的威胁，船员虽然本身具备船舶驾驶的资格，但是在其特定水域已经不熟悉的情况下驾驶，已经给生命、财产带来了威胁；其次，从引航员设立来看，之所以需要引航员，是因为船员对当地水域状况不熟悉，其原有的船舶驾驶技术在此水域处于“失效”状态，而依赖于引航员的指令，此刻如果明知别人无资格发出驾驶指令，而继续操作，实际就是无证驾驶行为。综上，船员明知对方无引航资格，而听从指令驾驶，已经具备共同违法行为特征，应该按照无证驾驶机动船舶对船员进行处罚。

关联理论

（一）教唆他人违反治安管理的行为

教唆他人违反治安管理的行为，在实践中比胁迫、诱骗他人违反治安管理的行为常见，也比较难以认定。一般来说，教唆他人违反治安管理的行为的成立，应当同时具备以下两个条件：

（1）在客观上，行为人必须实施了教唆他人违反治安管理的行为。具体需要把握以下四点：一是教唆内容的特定性。即行为人教唆他人实施的是违反治安管理行为，而不是教唆他人实施犯罪行为、其他行政违法行为或者不道德行为；同时，行为人对其所教唆的违反治安管理行为的内容也必须明确、具体；二是教唆对象的限定性。即行为人教唆的对象必须是未曾产生违反治安管理意图的人。如果是对已经决定实施违反治安管理行为的人，再用言词鼓励，撑腰打气，坚定其违反治安管理信念的，则该种行为不再属于教唆行为，而只能视为帮助他人违反治安管理的行为；三是教唆行为的独立性。即行为人只要实施了教唆行为，不论被教唆人是否接受教唆，都不影响教唆行为本身的成立；四是教唆方式的多样性。教唆所用的方法和手段，可以采用明示的方式，也可以采用暗示的方式；可以采用口头的方式，也可以采用书面的方式；可以通过语言进行教唆，也可以通过行为进行教唆。

（2）在主观上，行为人必须具有教唆他人违反治安管理的故意。即行为人明知自己的教唆行为会引起他人产生违反治安管理的决意，进而实施违反治安管理行为，并且希望或者放任他人去违反治安管理。具体构成因素包括：一是就认识因素来讲，教唆人一般必须认识到自己在教唆什么人违反治安管理,并且知道教唆他人在实施何种违反治安管理行为,认识到自己的教唆行为会引起对方产生违反治安管理的决意,而导致违反治安管理行为的发生;二是就意志因素而言,教唆人对自己的教唆行为会引起他人去实施违反治安管理行为的决意持有希望或者放任的心理态度。

公安机关对教唆他人违反治安管理的行为进行处罚,应当把握以下两点:

(1)对教唆他人违反治安管理的,应当根据本法的规定,按照其所教唆的违反治安管理行为,依法给予治安管理处罚。这是对教唆行为如何定性处罚的规定。也就是说,教唆他人实施无证驾驶机动船舶行为,且被教唆人实施了该行为的,对教唆人就应当按照"无证驾驶机动船舶行为"定性处罚。

(2)对教唆他人违反治安管理的,根据《治安管理处罚法》第十七条第一款的规定,按照教唆人在共同违反治安管理中所起的作用,依法给予治安管理处罚,这是对教唆行为进行处罚的一般原则。根据《治安管理处罚法》第二十条的规定,按照其教唆人所教唆的违反治安管理行为,从重处罚。在多数情况下,教唆人在共同违反治安管理中是起主要作用或者与被教唆人所起作用相当的,应当比照被教唆人从重处罚;在少数情况下,教唆人在共同违反治安管理行为中是起次要或者辅助作用,应当比照被教唆人选择次要或辅助作用的处罚结果,再按照《治安管理处罚法》第二十条的规定,从重处罚。

(二)共同违法行为

共同违法行为是指二人以上共同故意实施的违反行政管理秩序的行为。其构成要件有:①共同违法行为的主体必须是二人以上。可以是两个以上自然人、两个以上的单位、也可以是自然人与单位;②共同违法主体客观上必须具有共同的行政违法行为。即各行为人为追求同一违法结果,完成同一违法事实而实施的相互联系、相互配合的违法行为,这一违法行为与违法结果之间存在因果关系。因此,从本质上看,共同违法行为属于实质意义上的"一事"或"一个行为",而非"多事"或"多个行为";③共同违法主体主观上必须具有共同的违法故意,即通过意思联络,多个行为人认识到他们的共同行为会发生某一事实结果,并决定参加共同实施该违法行为,希望这种结果发生的心理状态。

《行政处罚法》第三条规定:"公民、法人或者其他组织违反行政管理秩序的行为,应当给予行政处罚的,依照本法由法律、法规或者规章规定,并由行政机关依照本法规定的程序实施。没有法定依据或者不遵守法定程序的,行政处罚无效。"因此,我们不难发现,行政处罚的对象是违反行政管理秩序行为的行政相对人,违反行政管理秩序的行为简称"违法行为",其包含了"共同违法"行为。由于《行政处罚法》和《行政诉讼法》对"共同违法"如何处罚都没有明确规定,因此,在处理共同违法行为时应注意:一是不能对共同违法行为人各自立案,而应合并立案,因为共同违法行为本质上属于一个违法行为,对一个违法行为各自立案,明显是违反法律不得重复评价的精神。二是实体法明确规定对共同违法行为人需要分别处罚时,要依据行为人在共同违法行为中的具体分工、参与的程度、所起的作用等进行处罚。三是实体法没有明确规定对共同违法行为人应分别处罚时,要坚持"法无明确规定不处罚"的原则,不能对共同违法行为人分别进行处罚,而应合并处罚。

关联法条

《中华人民共和国治安管理处罚法》(节录)(中华人民共和国第十届全国人民代表大会常务委员会第十七次会议于2005年8月28日通过　自2006年3月1日起施行)

第十七条　共同违反治安管理的,根据违反治安管理行为人在违反治安管理行为中所起的作用,分别处罚。

教唆、胁迫、诱骗他人违反治安管理的,按照其教唆、胁迫、诱骗的行为处罚。

第二十条　违反治安管理有下列情形之一的,从重处罚:

(一)有较严重后果的;

(二)教唆、胁迫、诱骗他人违反治安管理的;

(三)对报案人、控告人、举报人、证人打击报复的;

(四)六个月内曾受过治安管理处罚的。

第六十四条　有下列行为之一的,处五百元以上一千元以下罚款;情节严重的,处十日以上十五日以下拘留,并处五百元以上一千元以下罚款:

(一)偷开他人机动车的;

(二)未取得驾驶证驾驶或者偷开他人航空器、机动船舶的。

《船舶引航管理规定》(节录)(交通部令[2001]年第10号)

第十五条　从事引航的人员必须持有有效的引航员适任证书。

引航员应按照有关规定提供引航服务,服从引航机构的安排和管理。

第十六条　符合下列条件的人员,可申领引航员适任证书:

(一)具有中华人民共和国国籍;

(二)年满20周岁、未满60周岁;

(三)身体健康;

（四）具备大专以上航海或者船舶驾驶专业学历并完成规定的专业培训；

（五）无重大船舶交通责任事故记录和严重违反船舶及船员管理的违章记录。

第二十九条 引航员登船后，应当向被引船舶的船长介绍引航方案；被引船舶的船长应当向引航员介绍本船的操纵性能以及其他与引航业务有关的情况。

第三十二条 引航员应当谨慎引航，按规定向海事管理机构及时报告被引船舶动态。

引航员发现海损事故、污染事故或违章行为时，应当及时向海事管理机构报告。

第四十六条 违反本规定有关水上交通安全监督管理规定的行为，由海事管理机构按照国家的有关规定实施行政处罚。

《中华人民共和国内河交通安全管理条例》（节录）（中华人民共和国国务院第60次常务会议于2002年6月19日通过 自2002年8月1日起施行）

第六十六条 违反本条例的规定，未经考试合格并取得适任证书或者其他适任证件的人员擅自从事船舶航行的，由海事管理机构责令其立即离岗，对直接责任人员处2 000元以上2万元以下的罚款，并对聘用单位处1万元以上10万元以下的罚款。

五、其他违反行政管理的行为和处罚

◇ 36 违反居民身份证管理行为的认定及处理

——张某使用伪造的居民身份证案

案情概要

2008年4月20日14时30分,长航公安局某分局民警在协助长江某海事局对"2008年13期航行长江干线内河船舶船员适任证书理论统考"航道与引航科目的监考中,发现一名使用有伪造嫌疑的王某的身份证参加考试的嫌疑人,经传唤,嫌疑人张某(女,1980年10月25日生,安徽省人,安徽某师范大学在读研究生)陈述了如下事实:张某与王某商定,在2008年4月19日至20日期间,张某使用伪造的王某的身份证,以王某的身份参加三门科目的考试,王某以每门100元价格给张某支付报酬。在4月19日至20日期间,张某为王某参加了避碰与信号科目、船舶操纵科目两场考试,在第三场航道与引航科目的考试中,被现场查获。

2008年4月21日,根据《中华人民共和国居民身份证法》(以下简称《居民身份证法》)第十七条第一款第(二)项和第二款规定,以使用伪造的居民身份证,给予违法行为人张某行政罚款四百元的处罚,并对张某持有的伪造的王某的居民身份证予以收缴。

问题聚焦

本案的案情比较清楚,张某使用伪造的王某的身份证在考试现场被民警查获,在对张某的处理过程中产生了如下值得讨论的问题:

(1)针对张某使用伪造的王某身份证的行为,公安机关在进行处罚时为何适用《居民身份证法》而不适用《中华人民共和国治安管理处罚法》(以下简称《治安管理处罚法》)?

(2)公安机关民警在考试现场查获了张某使用伪造的身份证参加考试的行为,对其进行了传唤,是使用传唤证还是口头传唤?

(3)在取证环节,如何确认伪造的王某的居民身份证?

本案述评

(一)关于处罚的法律依据的适用

在本案中,张某使用伪造的王某的身份证的行为是一种违反治安管理的行为,应当受到治安管理处罚,对于这一点无争议之处。引发争议的问题是对于使用伪造的身份证的行为的处罚依据,是适用《治安管理处罚法》,还是适用《居民身份证法》?要解答这个问题,我们先要了解什么是违反居民身份证管理规定的行为,对于此类行为,法律作了怎样的规定?下面将分两个问题进行分析。

1.违反居民身份证管理规定的行为的界定

居民身份证是公民依法取得和用来证明自己身份的法定证件。违反居民身份证管理规定的行为,是指行为人违反居民身份证管理法规,侵犯国家户政管理秩序,依法应受治安管理处罚的行为。本行为具有如下特征:

第一,从客体上看,本行为侵犯的客体是居民身份证管理制度。居民身份证管理是实现社会安定的一项基础工作,违反居民身份证管理的行为将妨碍公安机关的户政管理活动,并直接影响到社会秩序的维护。

第二,从客观方面来看,表现为实施了违反居民身份证管理规定的行为。执法实践中,违反居民身份证管理行为的表现形式主要有:使用虚假证明材料骗取居民身份证;出租、出借、转让居民身份证;非法扣押他人居民身份证;冒用他人居民身份证或者使用骗领的居民身份证;购买、出售、使用伪造、变造的居民身份证;旅馆经营者不按规定登记住宿旅客的身份证和房屋出租者不按规定登记承租人的身份证等等。

第三,就主体而言,违法主体通常是自然人。只有少数几类违反居民身份证管理规定行为的主体可以是单位,如非法扣押他人居民身份证等。

第四,从主观方面来讲,必须表现为是出于故意,即明知自己的行为违反居民身份证管理法规而故意实施这样的行为。

使用伪造、变造的居民身份证,是指行为人违反国家关于居民身份证的管理规定,明知是伪造、变造的居民身份证而使用。所谓"伪造",是指无权制造者制作假的居民身份证。所谓"变造",是指用涂改、擦消、拼接等方法,对真实的身份证进行改制,改变其真实内容。

在本案中,具有完全责任能力的行为人张某使用伪造的王某的身份证参加考试,违反了国家对居民身份证管理的制度,主观表现为明知,所以认定其行为属于违反治安管理的行为,应该受到处罚是完全符合上述构成要件的。

2. 处罚的法律依据

我国1986年出台的《治安管理处罚条例》第二十九条专门就违反户口或居民身份证管理的行为作了规定，其中第(二)项规定"假报户口或冒用他人户口证件、居民身份证的"处五十元以下罚款或者警告。2003年颁布的《居民身份证法》对于各类违反居民身份证管理规定的行为，根据行为危害性的大小，规定了不同的治安处罚措施，其中包括使用伪造、变造的居民身份证等违法行为，由公安机关处200元以上1 000元以下罚款。由于有了专门的法律规定，2006年生效的《治安管理处罚法》就没有将违反居民身份证管理的行为纳入其中，实践中针对各类违反居民身份证管理规定的行为，直接依照《身份证法》作出相应的处理决定即可。所以在本案中，针对张某使用伪造的居民身份证的行为，公安机关根据《居民身份证法》第十七条第一款第(二)项和第二款之规定，给予违法行为人张某行政罚款四百元的处罚，并对张某持有的伪造的王某的居民身份证予以收缴。并且在本案中，张某以每门100元的价格从王某处获取的报酬属于违法所得，根据《居民身份证法》第十七条的规定，应该由公安机关予以没收。这样的做法是完全符合法律的规定。

(二)对于现场发现的违法行为人，如何适用传唤程序

公安机关办理行政案件中的传唤，是公安机关在办埋治安案件过程中，通知违反公安行政管理行为人到公安机关或者其他指定地点接受调查的一种调查手段，在执法实践中经常被使用。传唤的目的是为了询问违反公安行政管理行为人，查明案情，取得证据。传唤分为传唤证传唤、口头传唤、强制传唤三种。

(1)传唤证传唤，是公安机关常用的传唤方式，即由执行人员将公安机关签发的《传唤证》送达被传唤人。根据《公安机关办理行政案件程序规定》第四十四条第一款的规定，需要传唤违法嫌疑人接受调查的，经公安派出所或者县级以上公安机关办案部门负责人批准，使用传唤证传唤。但并不是对所有违法行为人都要传唤，只有对需要传唤的违法行为人才适用传唤。需要，是指公安机关根据案件情况和调查工作需要，决定是否有必要使用传唤证传唤违反治安管理行为人。对于不需要传唤的，公安机关可以到其住处或所在单位进行询问。公安机关在执行传唤时，应当注意以下问题：首先，执行人员要向被传唤人表明人民警察身份；其次，要出示传唤证，并向被传唤人宣读传唤证。同时，应当告知被传唤人传唤的原因和依据；再次，送达传唤证时应要求被传唤人在传唤证回执上签名并注明收到时间。被传唤人有义务在传唤限定的时间内，自行到指定地点接受公安机关的调查。

(2)口头传唤，是指人民警察对现场发现的违法行为人，口头责令违反治安管理行为人到指定地点接受调查的行为。根据《公安机关办理行政案件程序规定》第四十四条第一款的规定，对现场发现的违法嫌疑人，人民警察经出示工作证件，可以口头传唤，并在询问笔录中注明违法嫌疑人到案经过、到案时间和离开时间。这里的"现场发现"，既包括人民警察在违法行为的实施现场发现或者抓获行为人的情况，也包括人民警察在违法行为实施现场以外的地点发现或者抓获已经受理的治安案件的违法行为人的情况。在实施口头传唤时，人民警察应当向被传唤人出示工作证件，表明人民警察身份，并向被传唤人口头说明其被传唤的原因、法律依据、接受调查的地点等。口头传唤与传唤证传唤只是方式不同，但具有同等的法律效力，被传唤人不得拒绝。

(3)强制传唤，是指人民警察对无正当理由不接受传唤或者逃避传唤的违法行为人，采取强制的方法将其带到公安机关或者其他地点进行调查的行为。根据《公安机关办理行政案件程序规定》第四十四条第二款的规定，对无正当理由不接受传唤或者逃避传唤的违反治安管理行为人以及法律规定可以强制传唤的其他违法行为人，可以强制传唤。强制传唤时，可以依法使用手铐、警绳等约束性警械。当被传唤人有下列情形之一的，即可采取强制措施予以传唤，迫使其到案接受调查：一是无正当理由不接受传唤，即违反治安管理行为人没有特殊原因，在被传唤后未能按照公安机关限定的时间到指定地点接受调查。对被传唤人有正当理由不接受传唤的，在不妨碍及时有效查处治安案件的情况下，人民警察可以另行决定传唤时间或者依法采取其他手段进行调查、询问，如可以到违反治安管理行为人的住所或者单位进行询问查证。二是逃避传唤，即违反治安管理行为人采用躲避、逃跑等方法有意拒绝接受调查的行为。强制传唤，其强制的方法应当以将被传唤人传唤到案接受调查为限度，必要时可以根据人民警察使用警械和武器条例的规定使用警械。当然，强制手段只是为了让被传唤人到案接受调查，一旦被传唤人已经到案，且服从调查的，不能继续使用警械。

在本案中，民警在协助某海事局对"2008 年 13 期航行长江干线内河船舶船员适任证书理论统考"航道与引航科目的监考中，发现张某使用有伪造嫌疑的王某的身份证参加考试，显然属于在违法行为的实施现场发现或者抓获行为人的情况，在这种情况下，可以根据《公安机关办理行政案件程序规定》第四十四条第一款的规定，经民警出示工作证件，对张某实行口头传唤。

(三)在取证环节,对于伪造的王某居民身份证的确认

公安机关为了查明案件事实真相,依照法定方式和程序发现、取得一切与案件有关的情况和材料的活动,称之为对治安案件的调查。对治安案件进行调查,收集相关证据是办理治安案件的基础环节,在办理治安案件中起着重要作用。通过治安案件的调查取证,确定案件事实后,方可追究违法行为人的相应行政法律责任。

治安案件与刑事案件相比,具有发案多、情节轻、容易被忽视等特点。根据治安案件的特点和执法办案的实践,在治安案件的调查过程中,收集证据除了应当严格依法律、按程序进行之外,还必须注意以下两个问题:

第一,收集证据必须主动及时。事实上,证据的稳定性是相对的。违反治安管理行为人为了掩盖违法行为,可能会破坏现场,毁灭证据;各种自然因素也可能破坏甚至毁灭现场痕迹;保留在人们意识中的有关案件真实情况的记忆,可能会逐渐模糊、失真甚至消失。因此,为了收集到真实可靠、全面客观的证据,就必须不失时机地开展调查,主动及时地收集证据。

第二,证据必须及时固定,妥善保全。收集证据的任务是发现、取得和保全为查明案件事实真相所必需的各类证据。对于收集到的各类证据,应根据其各自不同的特点,采用科学合理的方法,及时加以固定,妥善保全,以保证证据的证明效力。有些无法长期保存或者不能原物附卷保存的证据,可以拍照或复制模型,并作详细记录。同时,为了有效证明证据收集的合法性,相关的法律手续必须完备,且要妥善保管。

具体到本案,公安机关办案人员首先对嫌疑人张某本人的身份信息进行查询,获取了张某真实的身份信息资料,对张某的相貌拍照固定;其次对王某的身份信息进行查询,获取了王某的真实照片;最后用现场查获的身份证上的照片与两者的照片对比,确定照片是张某的,身份信息是王某的,该身份证系伪造的。从上述情况来看,公安机关收集到的上述证据是能够证明张某使用伪造身份证这个事实的证据,同时公安机关在收集上述证据的手段、方法和程序是符合法律规定。在依照法定程序,收集到合法有效、确凿的证据的基础上,公安机关才进一步认定张某的行为构成使用伪造的身份证的行为,对其作出相应的处罚决定。由此看出,公安机关对此案的办理是完全符合办理行政案件的相关法律规定的,应该予以肯定。

关联理论

调查治安案件、收集证据的基本原则

对治安案件的调查,是指公安机关为了查明案件事实真相,依照法定方式和程序发现、取得一切与案件有关的情况和材料的活动。对治安案件进行调查,收集相关证据是办理治安案件的基础环节,在办理治安案件中起着重要作用。具体而言,调查治安案件、收集证据需要遵循以下原则:

第一,公安机关调查治安案件,应当依法进行。公安机关调查行政案件的方式主要有:询问违法行为人,询问被侵害人及证人,扣押、登记,对于违反治安管理行为有关的场所、物品、人身进行检查,鉴定等。不同的调查方式,有不同的法定程序。只有严格依照法定方法和法定程序调查治安案件、收集相关证据,才能保证"严格、公正、文明"执法,才能切实保障公民的合法权益,才能为认定案件事实提供可靠的依据,防止诬告、陷害和冤假错案的发生。

依法原则一方面要求公安机关在调查行政案件时,要严格执行《公安机关办理行政案件程序规定》的各项规定。如对违法行为人询问查证的时间一般不得超过8小时,情况复杂,可能适用行政拘留处罚的,询问查证的时间不得超过24小时;询问不满16周岁的违法治安管理的行为人,应当通知其父母或者其他监护人到场;对与案件无关的物品,不得扣押等。另一方面,依法原则还要求公安机关必须严格按照与《公安机关办理行政案件程序规定》及没有冲突的有关法律、法规,规章有关调查治安案件、收集证据的要求去做。例如,《公安机关办理行政案件程序规定》中规定,公安机关对行政案件进行调查时,应当全面、及时、合法地收集、调取证据材料,并予以审查、核实;调查或者检查时,执法人员不得少于两人,并应当向当事人或者有关人员出示证件。这就要求在调查行政案件时,既不能主观臆断、先入为主,也不能偏听偏信、片面取舍、为我所用,更不能弄虚作假、歪曲甚至捏造事实。

第二,严禁以非法手段收集证据。非法手段,是指采用刑讯逼供或者采用威胁、引诱、欺骗等不符合法律规定的手段收集证据。刑讯逼供,是指在办案过程中,对违反治安管理行为人施以肉刑或者变相肉刑,逼取违反治安管理行为人陈述的行为。《中华人民共和国人民警察法》第二十二条明确规定人民警察不得有刑讯逼供的行为。该法第四十八条规定,人民警察刑讯逼供构成犯罪的,应当依照刑法的规定追究刑事责任;尚不构成犯罪的,应当给予行政处分。威胁,是指以使被询问人或者证人的个人利益受到某种

损害相恫吓,迫使其按照办案人员的要求进行陈述。实践中,要注意分清用威胁方法收集证据同询问时依法教育被询问人如实回答问题、有意作伪证或者隐匿证据要承担相应的法律责任之间的本质区别。引诱,是指以满足被询问人或者证人的某种个人利益为诱饵,使其按照办案人员的愿望进行陈述。通过提问方式来诱导被询问人或者证人,使其了解办案人员希望他讲什么,怎样讲,或者不希望他讲什么和不希望他怎样讲的做法,也属于引诱。实践中,为了唤起证人、被害人的记忆,使其实事求是地进行陈述,办案人员有时会对证人、被害人进行必要的启示,这是合理合法的,与引诱有着原则的区别。欺骗,是指用编造虚假情况对被询问人或者证人进行诱惑或者施加压力,以迫使其按照办案人员的愿望进行陈述。实践中,欺骗往往同威胁、引诱密切相关。从一个角度看是引诱或威胁,换个角度则是欺骗。在收集证据活动中,除上述刑讯逼供、威胁、引诱、欺骗手段之外,使用其他任何违反法律和政策的手段,都是法律所不允许的。

第三,以非法手段收集的证据无效。迫于非法手段给被询问人肉体或者精神上造成的压力,违法行为人、被侵害人、证人极易作出不真实的供述,从而误导办案人员,使案件调查得出错误结论,导致冤假错案的发生,为了从根本上杜绝办案人员采用刑讯逼供等非法手段收集证据,确保公安机关依法公正查处治安案件,《公安机关办理行政案件程序规定》明确规定,以非法手段收集的证据不得作为处罚的根据。因此,合法的证据,即能够作为定案根据的证据,必须符合以下两个条件:其一,必须是能够证明案件事实的证据;其二,公安机关收集证据的手段、方法、程序必须是合法的。也就是说,即使公安机关收集到的证据是真实的,但如果其调查的手段和程序不合法,其收集的证据也不得作为认定案件、实施处罚的依据。

第四,证据必须经过查证属实,才能作为定案的根据。由于各种原因,在收集证据过程中,被害人或者证人由于认识上的差错,或者由于生理上的缺陷,从而导致证据的内容出现差错,因此,对于已经收集到的证据必须经过公安机关办案人员的进一步查证核实,防止出现冤假错案。

第五,公安机关必须依照法定程序,收集能够证实违法嫌疑人是否违法、违法情节轻重的证据。公安机关收集证据必须坚持全面的收集,不仅要收集证明违法嫌疑人实施违法行为的证据,也要收集违法嫌疑人没有实施违法行为的证据;不仅要收集证明违法嫌疑人有法定从重情节的证据,也要注意收集违法嫌疑人具有从轻或者不予处罚情节的证据;做到客观全面细致地收集证据,确保证据的合法、真实、可靠。

关联法条

《公安机关办理行政案件程序规定》(节录)(2006年8月24日颁布 自2006年8月24日起实施)

第二十四条 公安机关必须依照法定程序,收集能够证实违法嫌疑人是否违法、违法情节轻重的证据。

严禁刑讯逼供和以威胁、引诱、欺骗等非法手段收集证据。以非法手段取得的证据不能作为定案的根据。

第三十三条 公安机关对行政案件进行调查时,应当全面、及时、合法地收集、调取证据材料,并予以审查、核实。

第三十四条 需要调查的案件事实包括:

(一)违法嫌疑人的基本情况;

(二)违法行为是否存在;

(三)违法行为是否为违法嫌疑人实施;

(四)实施违法行为的时间、地点、手段、后果以及其他情节;

(五)违法嫌疑人有无法定从重、从轻、减轻以及不予处罚的情形;

(六)与案件有关的其他事实。

第三十五条 公安机关在调查取证时,人民警察不得少于两人,并应当向被调查取证人员表明执法身份。

第四十四条 需要传唤违法嫌疑人接受调查的,经公安派出所或者县级以上公安机关办案部门负责人批准,使用传唤证传唤。对现场发现的违法嫌疑人,人民警察经出示工作证件,可以口头传唤,并在询问笔录中注明违法嫌疑人到案经过、到案时间和离开时间。

公安机关应当将传唤的原因和依据告知被传唤人。对无正当理由不接受传唤或者逃避传唤的违反治安管理行为人以及法律规定可以强制传唤的其他违法行为人,可以强制传唤。强制传唤时,可以依法使用手铐、警绳等约束性警械。

第四十五条 公安机关应当及时将传唤原因和处所通过电话、手机短信、传真等方式通知被传唤人家属。

公安机关传唤违法嫌疑人时,其家属在场的,应当当场将传唤原因和处所口头告知其家属,并在询问笔录中注明。

被传唤人拒不提供家属联系方式或者有其他无法通知的情形的,可以不予通知,但应当在询问笔录中注明。

第四十六条 使用传唤证传唤的,违法嫌疑人被传唤到案后和询问查证结束后,应当由其在传唤证上填写到案时间和询问查证结束时间并签名。拒绝填写或者签名的,办案人民警察应当在传唤证上注明。

第四十七条 对被传唤的违法嫌疑人,公安机关应当及时询问查证,询问查证的时间不得超过八小时;案情复杂,违法行为依法可能适用行政拘留处罚的,询问查证的时间不得超过二十四小时。

不得以连续传唤的形式变相拘禁违法嫌疑人。

《中华人民共和国居民身份证法》(节录)(2003 年 6 月 28 日中华人民共和国第十届全国人民代表大会常务委员会第三次会议通过　中华人民共和国主席令第 4 号公布　自 2004 年 1 月 1 日起施行)

第十七条 有下列行为之一的,由公安机关处二百元以上一千元以下罚款,或者处十日以下拘留,有违法所得的,没收违法所得:

(一)冒用他人居民身份证或者使用骗领的居民身份证的;

(二)购买、出售、使用伪造、变造的居民身份证的。

伪造、变造的居民身份证和骗领的居民身份证,由公安机关予以收缴。

综 合 篇

ZONGHEPIAN

◇ 37 水上公安机关参与联合执法的问题

——私渡船舶非法载客案

案情概要

长江某水域船舶私渡载客情况突出，对人民生命财产构成严重威胁。2008年1月11日，一条私渡船舶载客从某水域驶往某码头时，在某锚泊区碰撞泊船锚链，私渡船当即侧翻，12人获救，10人死亡。此后某市政府多次组织海事、公安、港口、渔政、水务、救助等单位进行私渡船整治，长江航运公安局某派出所对私渡船舶载客情况也进行了处理。但是工作中遇到不少难题：一是私渡船整治不做不行，做了也不行。主要是没有法律法规的支撑。二是依照《中华人民共和国治安管理处罚法》（以下简称《治安管理处罚法》）第六十四条以未取得驾驶机动船资格对开船人进行处理，但处理的是开船行为而非载客行为。如果行为人有驾驶资质，就不能处理。

问题聚焦

在公安机关对私渡船舶的处理过程中有几个问题必须要加以明确。

(1)公安机关对于私渡船舶载客现象的管辖问题。即按照现行的法律、法规，公安机关对于私渡现象有无管辖权，应当从哪方面着手？

(2)由于船舶私渡现象侵害了不同种类的社会管理秩序，公安机关该如何依照职权对此现象进行有效地扼制。

本案述评

(一)公安机关对私渡船载客现象是否具有管辖权

在实际工作中，公安机关处理私渡船舶的做法通常有两种，一是以扰乱码头秩序当场处罚。二是由于私渡船驾驶者往往存在无证驾驶的情况，因此可以依照《治安管理处罚法》第六十四条对驾船者以未取得驾驶证驾驶机动船进行处理。

对于第一种做法，公安机关内部也存在质疑，认为处理太轻，定性也不准确。笔者认为，这种质疑是合理的。按照《治安管理处罚法》第二十三条之规定，扰乱车站、港口、码头、机场、商场、公园、展览馆或者其他公共场所秩序的,处警告或者二百元以下罚款;情节较重的,处五日以上十日以下拘留,可以并处五百元以下罚款。从立法的目的来看,此条文保护的是公共场所秩序,是一种保证公众安全顺利的出入、使用公共场所的行为准则。从该行为的客观方面来看,扰乱行为一般有以下几种:在公共场所故意违反公共行为规则,聚众起哄闹事;进行非法游行或者静坐示威,造成交通堵塞,秩序混乱;阻止、抗拒有关工作人员维护公共场所秩序等。从本案的具体情况来看,私渡船的载客行为没有制造事端、破坏公共秩序,也不存在乘机闹事给有关部门施加压力、以达到其无理或者过分要求的情况。尽管私渡船可能会侵害社会公共秩序的稳定,但这种侵害不具有必然性,因此,不宜将私渡行为作为一种普遍行为以扰乱码头秩序予以处罚。

对于第二种做法,以《治安管理处罚法》第六十四条对驾船者以未取得驾驶证驾驶机动船进行处理,公安机关内部也存在争议,认为此种处理方式针对的是开船行为而非载客行为,如果行为人有驾驶资质,就不能处理,笔者同意此种观点。《治安管理处罚法》之所以将无证驾驶船舶列入到该法的调整范围,是因为该行为不仅妨碍了对机动船舶的正常使用,而且对公共交通安全有潜在的威胁,其立法的出发点在于对公共治安秩序的一种维护和稳定,与公安机关的基本职能也是相一致的。而非法私渡乘客侵犯的客体并不是公共交通安全,侵犯的是由国家所保障的水运经营管理秩序,是对社会主义经济秩序的一种侵害,在现行的法律、法规中,并未规定公安机关对此有处罚权。当然,如果既存在无证驾驶,又存在私渡载客的行为,则因其不同行为侵犯了不同的法益,由有权机关分别处理。

按照《中华人民共和国水路运输管理条例》(以下简称《水路运输管理条例》)的规定,设立水路运输企业必须具备下列条件:①具有与经营范围相适应的运输船舶;②有较稳定的客源或货源;③经营旅客运输的,应当落实客船沿线停靠港(站)点,并具备相应的服务设施;④有经营管理的组织机构和负责人;⑤有与运输业务相适应的自有流动资金。同时,取得运输许可证和运输服务许可证的单位和个人,凭证向当地工商行政管理机关申请营业登记,经核准领取营业执照后,方可开业。《水路运输管理条例》第二十六条还规定,未经批准,擅自设立水路运输企业、水路运输服务企业,或者水路运输企业以外的单位和个人擅自从事营业性运输的,由县级以上人民政府交通主管部门没收违法所得,并处违法所得一倍以上三倍以下的罚款;没有违法所得的,处 3 万元以上 25 万元以下的罚款。按照《水路运输管理条例》的规定,对于私渡船舶的行政处罚权是属于交通主管部门的,按照《中华人民共和国内河交通安全管理条例》和《中华人民共和国海事行政处罚规定》的相关内容，具体由各级海事行政部门来行使行政处罚权。

（二）公安机关如何依职权遏制私渡船载客现象

由于公安机关对私渡船舶载客行为没有法定处罚权，因此由公安部门单独对私渡船舶的载客行为予以处罚缺乏法律支撑。在实践中，公安机关对私载现象一般是通知有关机关处理，或者由于公安机关具备治安管理执法权，被要求参与联合执法行动。因此，公安机关如何正确对待联合执法以及应在联合执法中扮演何种角色显得非常关键。

联合执法，是指行政机关之间或行政机关与其他主体采取联合行动，对某些行政事务进行综合性整治的执法活动。可分为两种：一种是行政机关之间的联合执法，主要是职能部门的联合执法，同一政府下的职能部门、同一系统内的职能部门、不同地域的职能部门都可以进行联合；另一种是行政机关与非行政机关之间的联合执法，可以与立法机关、司法机关进行联合，甚至可以与社会团体、企事业单位进行联合[1]。但是对于公安机关联合执法问题需要冷静分析。我国行政机关体系作为一个大系统，其中纵向关系基本得到了行政法的规定和调整，但是行政体系内的横向联系模式还没有依法确定下来，至今没有一部完整的法律、法规或规章对行政联合执法作必要的调整，公安机关参与行政联合执法所导致的警民关系、干群关系紧张更是行政联合执法领域缺乏法律规制可能造成的严重后果。对于规范公安机关协助制度，根本性的解决路径在于建立起系统的警察行政协助制度，从而既尊重行政机关之间需要彼此协调和帮助的现实，又理性地将公安机关定位于协助地位以防止警察权过度介入，同时为公安机关提供协助设定了条件和范围。

但是这种制度的最终确立，需要漫长的法律制度建构。在现阶段公安机关参与联合执法，多是基于上级机关的统一安排或者是相关机关的请求。本案所涉及的当地政府多次组织海事、公安、港口、渔政、水务、救助等单位进行私渡船整治活动就具有典型的意义。在目前，更加紧迫的问题是规范公安机关在联合执法过程中所应当把握的基本原则和做法。

（1）从参与联合执法的目的来看，应将提供协助的前提设定为以其他行政机关出现职务障碍，并且该职务障碍必须非警力不能排除。如拆迁、拆违中警察的强制执行协助，固然强制力的动用权为一般行政机关所没有，但一般行政机关能够采用与行政相对人沟通、交流、说服、奖励合作等方式同样

[1] 参见吴鹏、范学臣著：《“联合执法”的问题及完善路径》，《行政与法制》2006 年第 5 期。

达到拆迁、拆违的行政目的，而并非必须要求公安的执行协助。故而，只有在职权障碍严重到使行政工作无法开展，而行政机关已经穷尽了一切努力，非公安机关不能排除该障碍时，方才可以提请公安部门提供行政协助。公安机关行政协助以排除障碍为限，一旦障碍排除即告终结，不可过分限制行政相对人的权利。

(2)从参与联合执法的时间来看，将公安行政协助控制于有实际的暴力对抗产生之后。公安机关参与到行政联合执法活动中的时间点是一个敏感问题，我国目前警察权的滥用其实主要体现在执行前，即执行还没有开始就要求公安机关到场，既维护秩序又威慑行政相对人，这也是造成群众反感的原因。因此，只要将公安行政协助控制于有实际的暴力对抗产生之后，就可以既避免警察权的滥用，又避免行政权过于软弱的情况发生。

(3)从参与主体来看，长航公安机关应当只参与行政机关之间的联合执法，对于行政机关与非行政机关的联合执法活动应当坚决抵制。比如不得参与人大组织的联合执法，不得参与有法院参加的联合执法，从而避免行政权与监督权、司法权的混用。

再回归到本案的具体案情中来，长航公安机关对于私渡船舶载客的行为不能直接施以行政处罚，但是可以在发现私渡现象后，及时通知海事部门处理并可以给予必要的协助。或者应上级主管部门的组织和相关行政部门的请求，参与到打击私渡船舶载客的联合执法行动中。但是在执法过程中，应当严格按照治安管理处罚法所赋予的执法权限，遵循上述执法的基本原则，以免陷入过度执法或者是不合程序执法的困境中。

关联理论

(一)联合执法的含义

联合执法，是指行政机关之间或行政机关与其他主体采取联合行动，对某些行政事务进行综合性整治的执法活动。现实生活中的联合执法种类繁多，五花八门，常见的方式，以主体为划分标准，可分为两种：一种是行政机关之间的联合执法，主要是职能部门的联合执法，同一政府下的职能部门、同一系统内的职能部门、不同地域的职能部门都可以进行联合；另一种是行政机关与非行政机关之间的联合执法，可以与立法机关、司法机关进行联合，甚至可以与社会团体、企事业单位进行联合。有的联合执法非常紧密，有固定组织，有法律规范的依据，主要是为解决长期性的问题而形成的。大多数联合执法比较松散，根据上级命令或者同级之间的协调而组织，主要是为了解决突发性、重点性、临时性的问题。

（二）联合执法的必要性

（1）法律规范对某一方面的问题没有作出明确的规定，导致行政机关的职权交叉和职权冲突，大家都可以管，又都管不了，只有联合执法才有可能对某一问题进行全面处理。如由于反不正当竞争方面的法律没有明确界定工商管理机关与技术监督、公安等机关之间的职能分工关系，而在执法过程中工商管理机关及技术监督机关和公安机关必须进行协助，所以就只能联合执法。

（2）法律规范不科学，操作性差，不利于执法，联合执法可以在一定程度上弥补这一缺陷。如《中华人民共和国行政处罚法》第二十条规定，行政处罚由违法行为发生地的县级以上人民政府具有行政处罚权的行政机关管辖。

（3）独立执法力量不足，需要整合以求规模。联合执法将不同区域、不同职能的执法人员集中到一个案件的办理中来，扩大了行政执法队伍，克服了执法力量不足的问题，可以有效解决当前行政执法中存在的人员配备不足与执法任务繁重的矛盾。

（4）执法权力不够，需要联合以扩大权力，保证执法效果。由于法律规范方面存在的问题，有的行政机关对某些行政事务没有执法权，容易出现执法疲软的现象。如，某些非法歌厅里面治安问题严重，但公安机关没有直接查封或取缔文娱场所的权力，如果文化、工商等部门不采取行动进行协助，公安机关无法独立执法以解决非法歌厅的治安问题。

（5）联合执法可以防止有关部门推诿责任。由于部门利益的驱动，各职能部门往往有利大家都管、无利互相推诿，使得违法行为得不到及时有效的处理和纠正。

（三）联合执法的主要不足

1. 大多数“联合”缺乏法律依据

联合执法多为行政机关与其他主体之间的习惯性或临时性的做法，主要通过联合发文的形式来统一行动，“联合”的合法性值得商榷。

2. 有些联合执法加剧了权力交叉和权力冲突

有些没有行政执法权的组织，通过联合执法的形式“借用”了权力。联合执法到了一定阶段，就会反客为主，用法律规范的形式“固化”权力，长期侵占执法权，造成权力的交叉和冲突。

3. 有些联合执法不利于相对人寻求法律救济

联合执法涉及的事项主要包括质量监督、食品卫生、工商管理、环境保护、城市改造等方面的“老大难”问题，这些事项涉及很多人的切身利益。但现实生活中的情形却经常是“有原告无被告”,被处理者很少提起复议或诉讼。究其原因,在于难以找到救济的途径,即难以找到承担责任的机关。

关联法条

《中华人民共和国治安管理处罚法》(节录)(中华人民共和国第十届全国人民代表大会常务委员会第十七次会议于 2005 年 8 月 28 日通过　自 2006 年 3 月 1 日起施行)

第二十三条　有下列行为之一的,处警告或者二百元以下罚款;情节较重的,处五日以上十日以下拘留,可以并处五百元以下罚款:

(一)扰乱机关、团体、企业、事业单位秩序,致使工作、生产、营业、医疗、教学、科研不能正常进行,尚未造成严重损失的;

(二)扰乱车站、港口、码头、机场、商场、公园、展览馆或者其他公共场所秩序的;

(三)扰乱公共汽车、电车、火车、船舶、航空器或者其他公共交通工具上的秩序的;

(四)非法拦截或者强登、扒乘机动车、船舶、航空器以及其他交通工具,影响交通工具正常行驶的;

(五)破坏依法进行的选举秩序的。

第六十四条　有下列行为之一的,处五百元以上一千元以下罚款;情节严重的,处十日以上十五日以下拘留,并处五百元以上一千元以下罚款:

(一)偷开他人机动车的;

(二)未取得驾驶证驾驶或者偷开他人航空器、机动船舶的。

《中华人民共和国内河交通管理条例》(节录)(2002 年 6 月 19 日国务院第 60 次常务会议通过　自 2002 年 8 月 1 日起施行)

第六条　船舶具备下列条件,方可航行:

(一)经海事管理机构认可的船舶检验机构依法检验并持有合格的船舶检验证书;

(二)经海事管理机构依法登记并持有船舶登记证书;

(三)配备符合国务院交通主管部门规定的船员;

(四)配备必要的航行资料。

第九条　船员经水上交通安全专业培训,其中客船和载运危险货物船舶的船员还应当经相应的特殊培训,并经海事管理机构考试合格,取得相应的适任证书或者其他适任证件,方可担任船员职务。严禁未取得适任证书或者其他适任证件的船员上岗。

船员应当遵守职业道德，提高业务素质，严格依法履行职责。

第十条 船舶、浮动设施的所有人或者经营人，应当加强对船舶、浮动设施的安全管理，建立、健全相应的交通安全管理制度，并对船舶、浮动设施的交通安全负责；不得聘用无适任证书或者其他适任证件的人员担任船员；不得指使、强令船员违章操作。

第三十七条 渡口经营者应当在渡口设置明显的标志，维护渡运秩序，保障渡运安全。

渡口所在地县级人民政府应当建立、健全渡口安全管理责任制，指定有关部门负责对渡口和渡运安全实施监督检查。

第三十八条 渡口工作人员应当经培训、考试合格，并取得渡口所在地县级人民政府指定的部门颁发的合格证书。

渡口船舶应当持有合格的船舶检验证书和船舶登记证书。

第三十九条 渡口载客船舶应当有符合国家规定的识别标志，并在明显位置标明载客定额、安全注意事项。

渡口船舶应当按照渡口所在地的县级人民政府核定的路线渡运，并不得超载；渡运时，应当注意避让过往船舶，不得抢航或者强行横越。

《中华人民共和国水路运输管理条例》（节录）（1987 年 5 月 12 日国务院发布　根据 1997 年 12 月 3 日《国务院关于修改〈中华人民共和国水路运输管理条例〉的决定》修正）

第六条 从事水路运输和水路运输服务业务的单位和个人，必须遵守国家有关法律、法规及交通部发布的水路运输规章。

第九条 设立水路运输企业必须具备下列条件：

（一）具有与经营范围相适应的运输船舶；

（二）有较稳定的客源或货源；

（三）经营旅客运输的，应当落实客船沿线停靠港（站）点，并具备相应的服务设施；

（四）有经营管理的组织机构和负责人；

（五）有与运输业务相适应的自有流动资金。

◇ 38 公安消防机构作出的火灾事故责任认定书性质界定及职务行为对认定火灾事故责任的影响

——"5.20"火灾事故调查案

案情概要

2007年5月20日16时43分，夏某所有的豫周口货××轮停靠在中石化长燃某水上加油站加油。该水上加油站工作人员喻某将加油枪交给豫周口货××轮轮机长张某、轮机工武某。张某、武某未将加油枪放入加油孔而放入油舱口。喻某未上船进行安全检查。加油过程中，豫周口货××轮油舱爆炸起火，经水上加油站专职消防队、武汉消防支队青山中队、武汉石化拖消两用船1903轮共同扑救，防止了火势蔓延，于17时20分将明火扑灭。该轮主甲板上层生活区及驾驶区烧毁，长燃26003油趸二楼监控室外侧及监控设备烧损，因火灾造成重伤2人，轻伤2人。过火面积319平方米，直接经济损失24.872万元(其中豫周口货××轮24.4592万元、长燃26003油趸0.4128万元)。2007年6月4日，长航公安局某分局消防支队作出火灾原因认定书认定："豫周口货××轮舱内余留有不合格燃油(抽样闪点为26℃)，在气温条件下蒸发和空气混合形成爆炸性可燃气体积聚，加油时直接从油舱口灌装，从而产生静电积聚导致放电，引起舱内可燃气体爆炸而引发火灾。"同年6月7日该消防支队作出火灾事故责任书，认定：张某、武某对火灾事故负直接责任；喻某负间接责任；夏某负直接领导责任。夏某不服，申请重新认定。2007年7月18日长江航运公安局水上消防总队作出火灾原因重新认定决定和火灾事故责任重新认定决定，维持原火灾原因认定和夏某对火灾事故负直接领导责任的火灾事故责任重新认定决定。夏某不服，向法院起诉。

问题聚焦

本案的法律关系清楚，争议的焦点主要在以下两个方面：

(1)法院是否应该受理此案。关于法院是否应该受理此案的关键在于对公安消防机构作出的火灾事故责任认定性质的界定。我国现行的行政诉讼法对此没有作出明确地规定,在司法实践中也存在两种不同认识。一种认识为,消防机构的火灾事故认定一旦作出,即成为责任人承担民事责任甚至刑事责任的重要依据,可以说对当事人的权利义务影响重大,因此属于行政诉讼的受案范围。第二种认识为,火灾事故责任认定只是公安消防机构借助一定的科学方法和手段、经过勘验调查得出的客观结论,其本身不直接对当事人的权利义务作出安排,不具有可诉性。

(2)喻某职务行为对认定火灾事故责任的影响。由于白浒山水上加油站制定了安全管理规章制度,而加油工喻某在加油过程中未遵守规章制度,应否由单位承担消防责任?法院认为是职务行为,故单位应承担消防责任。消防支队认为单位不能作为加油的实际操作者,其消防责任体现在制定消防安全制度方面,承担因职务行为产生的消防责任应有明确的法律依据,故不应认定加油站的消防责任。

本案述评

本案争议的焦点在于公安消防机构所作出的火灾责任书的性质界定以及喻某失职行为的责任认定,主要体现在以下两个方面:

(一)公安消防机构作出的火灾事故责任认定不具有可诉性,人民法院不应受理

1.行政诉讼的审查对象是具体行政行为

《行政诉讼法》第十一条、第十二条和最高人民法院《关于执行〈中华人民共和国行政诉讼法〉若干问题的解释》(以下简称《若干解释》)第一条对行政诉讼的受案范围作出了正反两方面的规定。但值得注意的是,《行政诉讼法》第十一条规定人民法院受理公民、法人和其他组织对行政机关具体行政行为不服提起的诉讼,明确提出了"具体行政行为"这一核心标准,而《若干解释》则规定"公民、法人或者其他组织对具有国家行政职权的机关和组织及其工作人员的行政行为不服,依法提起诉讼的,属于人民法院行政诉讼的受案范围"。据此有观点认为我国行政诉讼的受案范围实际不限于具体行政行为。具体行政行为是指国家行政机关和行政机关工作人员、法律法规授权的组织、行政机关委托的组织或者个人在行政管理活动中行使行政职权,针对特定的公民、法人或者其他组织,就特定的具体事项,作出的直接产生外部法律效果的单方行为,行政诉讼是公民、法人或者其他组织认为行政机关和行政机关工作人员的具体行政行为侵犯其合法权益,依法诉请人民法院解决行政争议的活动,在立法作出明确的修改之前,不应当对行政诉讼的受案范围进行扩大解释,目前我国司法实践中也仍是以“具体行政行为”作为行政诉讼的审查对象。

具体判断某一行政行为是否属于具体行政行为,应当考察是否具备以下三个特征:第一,主体的特定性。具体行政行为的主体必须是具有国家行政管理职权的机关、组织或者个人的行为。第二,内容的公共性。具体行政行为是以行政权力为基础的,是为了实现行政目的或基于公共行政的需要而实施的行为。第三,结果的现实性。具体行政行为是对行政管理相对人的权益产生直接法律效果的行为,具体行政行为的作出,意味着行政相对人权利义务的直接变动,即要么获得或丧失某项权利,要么承受或免除某项义务。

2. 火灾事故责任认定是一种准行政行为(不属于具体行政行为)

准行政行为是国家行政机关单方面以观念表示的方式作出的、自身不直接产生特定的法律效果的行为。准行政行为的实施主体是行政机关和法律、法规授权的组织,其具体的实施也是以行政机关所具有的职权、职责为依据,从外观上来说与具体行政行为同样具有主体的特定性和内容的公共性。但是,准行政行为仅是行政主体就具体事实作出判断后表明观念的行为,这种表态本身并不为相对人设定任何权利义务,要对相对人的权利义务发生法律效果,必须依赖有关法律的规定或新的事实。因而准行政行为不具有结果的现实性,原则上不可诉。

1998 年 9 月 1 日起施行的《中华人民共和国消防法》(后简称《消防法》)第三十九条明确规定了公安消防机构负责调查、认定火灾原因,核定火灾损失,查明火灾事故责任;第四十七条规定了对于过失引起火灾,尚未造成严重损失的,处警告、罚款或者十日以下拘留。2008 年 10 月 28 日通过的新《消防法》(自 2009 年 5 月 1 日起施行)第五十一条规定了公安机关消防机构应当根据火灾现场勘验、调查情况和有关的检验、鉴定意见,及时制作火灾事故认定书,作为处理火灾事故的证据;第六十四条规定了对过失引起火灾的行为处警告或者五百元以下罚款,情节严重的,处五日以下拘留。无论是新法还是旧法,都明确区分了火灾事故责任认定与公安消防机构的其他职权,尤其是区分了火灾事故责任认定与公安消防机构依据责任认定对责任人作出的行政处罚。事实上,火灾事故责任认定仅对事故原因进行分析、判断,就各当事人行为与火灾事故之间的事实因果关系作出结论,是一种事实性认定,其本身并未直接确定当事人的权利义务。虽然火灾事故认定书是处理火灾事故的证据,公安消防机构有可能依据火灾事故责任认定对责任人施以行政处罚,其他机关或个人也有可能依据火灾事故责任认定追究责任人的民事责任甚至刑事责任，但即使火灾事故责任认定对当事人的权利义务产生了影响，也只是间接的而非直接的，当事人可以对公安消防机构依据责任认定书作出的行政处罚提起行政复议或行政诉讼，却不能直接起诉要求撤销火灾事故责任认定。因此，火灾事故责任认定作为一种准行政行为，本身不具有可诉性。公安部在1994年2月5日作出的《关于对火灾原因鉴定或认定和火灾事故责任认定不服不属于申请复议范围的通知》和2000年3月20日作出的《关于对火灾事故责任认定不服是否属行政诉讼受案范围的批复》中也明确规定了对于火灾事故责任认定只能申请重新认定而不能提起行政复议或行政诉讼。

此外，新修订的《消防法》第五十一条规定了公安机关消防机构应当根据火灾现场勘验、调查情况和有关的检验、鉴定意见，及时制作火灾事故认定书，作为处理火灾事故的证据。从立法上明确了火灾事故认定书属于证据。众所周知，证据是不具可诉性的。

（二）在认定火灾事故责任方面，喻某不因职务行为而免责，加油站也不因喻某的职务行为而担责

本案喻某是职务行为没有疑问，只是对火灾事故责任的承担主体能否因职务行为而发生转化存在争议。法律责任分为刑事责任、行政责任、民事责任等。职务行为的归责规则是法律的特别规定，必须有法律依据。火灾事故责任的定责依据是事实和科学，而不是法律规则。消防法的配套规章是《火灾事故调查规定》。无论是消防法还是火灾事故调查规定均未规定火灾事故责任中适用因职务行为而产生的替代责任。在民事法律关系中虽有因职务行为而产生的替代责任，那是因为有明确的法律依据。在《刑法》中规定："法律规定为单位犯罪的，应负刑事责任"。要求单位承担刑事责任须有法律明确规定。在《治安管理处罚法》中规定："单位违反治安管理的，对其直接负责的主管人员和其他直接责任人员依照本法的规定处罚。其他法律、行政法规对同一行为规定给予单位处罚的，依照其规定处罚。"同样要求单位承担行政责任也须有法律、行政法规的明确规定。而作为国家行政机关，在没有明确法律依据的情况下，无权将民事法律关系中因职务行为而产生的替代责任适用到本案的行政法律关系中，也无权将本应由自然人承担的消防责任划分给单位承担。此外，划分火灾事故责任要将当事人在火灾事故中的原因力大小作为重要依据。原因力是指在造成火灾事故结果的共同原因中，每一个原因对于火灾结果发生或扩大所发挥的作用力。原因力的大小取决于各个原因的性质、原因事实与火灾结果的距离以及原因事实的强度。本案原告及第三人喻某均是直接操作加油的当事人，其违反消防安全的行为比案外人某水上加油站对造成本次火灾事故的违法性更大、离造成火灾事故结果的距离更近，对造成火灾事故的影响力更强。此外，经查本案案外人某水上加油站制定了安全管理制度，已尽到了应尽的消防安全义务，只是第三人喻某未认真遵守执行，理应由喻某个人承担消防责任。在本案中如以民法中的职务行为产生替代民事责任来认定消防行政责任，则属适用法律不当。

关联理论

（一）职务行为与个人行为的认定

所谓职务行为，是指根据法律等的规定，经选举、委任或聘用而担任一定的职务的人，按照一定权限所从事的经营管理活动的总称。

法人是具有民事权利能力和民事行为能力，依法独立享有民事权利和承担民事义务的组织。企业法人对它的法定代表人和其他工作人员的经营活动，承担民事责任。法人是具有独立的名义、独立的财产以及独立承担责任的组织。基于法律的规定，法人应对其工作人员的职务行为负责，因为法人只是一个集合体，其生命力的体现在于它的正常运作最终都必须通过其工作人员的职务行为来实现，而个人则只应对自己在工作以外的个人行为负责。法人的工作人员在以法人名义从事职务行为，且行为在外观上取得了法人的授权，行为的内容是执行法人交办的有关业务并且未超出法人的授权范围时，法人工作人员的行为就转化为法人行为。在这里，法人与其工作人员之间实际上是一种代理关系，法人为委托人，其成员为代理人，委托内容就是其工作人员的职务行为。根据代理制度的一般原理，代理的一切后果及责任，均应归于委托人即法人。代理人如果获得利益，由法人全部获得，代理人并不能直接从其中获得报酬（除非他们之间另有约定），而应全部上交给法人。那么，受益者负担风险，代理所产生的一切责任也应归于作为委托人的法人。

综上所述，认定法人成员的行为是职务行为必须从以下三个方面进行综合认定：①以法人的名义实施行为。②行为人的行为有法人的授权。这种授权可以基于法律获得，也可以基于法人的章程获得，还可以基于法人机关的合法任命等事项获得。③行为人的行为应与授权的内容或者章程、合法任命等书面文件的规定有关，即行为人是在执行其所在法人或组织授予的职务，并且与该职务在客观存上具有密不可分关系的事务行为。如果不符合上述三个要件，那么在一般情况下即可以认定行为人的行为属于个人行为。

（二）替代责任的理论

执行职务的替代责任赔偿归责属于民事赔偿理论中的法律责任，是一种民事责任。包括：

（1）单位承担赔偿责任。其特点为：侵权行为的行为人是国家机关或其工作人员；侵权行为系国家机关或其工作人员在执行职务中所为；侵权行为违背了国家机关或其工作人员执行职务所应当承担的注意义务。国家机关或其工作人员执行职务致人损害的侵权责任，适用无过错原则归责，受害人只须举证证明存在侵害行为和损害事实及二者之间有因果关系，而国家机关不能证明其有免责事由的即构成侵权责任。

（2）企业法人或者其他组织承担赔偿责任。其特点为：侵权行为的行为人是法人的工作人员；侵权行为系法人工作人员执行职务所为；侵权行为须为不法行为。法人工作人员致人损害的侵权行为，由法人承担民事责任，通常称之为"法人侵权责任"。就责任承担而言，这种侵权责任也是一种为他人行为负责的替代责任。在归责原则上，应适用无过错原则，即只要法人工作人员职务行为致人损害，无论法人主观上有无过错，均应由法人承担赔偿责任。

（3）雇主转承替代责任。根据《最高人民法院关于贯彻执行〈中华人民共和国民事诉讼法〉若干问题的意见》第四十五条的规定，个体工商户、农村承包经营户、合伙组织雇用的人员在进行雇佣合同规定的生产经营活动中造成他人损害的，其雇主是当事人。《最高人民法院关于审理人身损害赔偿案件若干问题的解释》第九条规定："雇员在从事雇用活动中致人损害的，雇主应当承担赔偿责任；雇员因故意或者重大过失致人损害的，应当与雇主承担连带赔偿责任。雇主承担连带赔偿责任的，可以向雇员追偿。"

关联法条

《中华人民共和国行政诉讼法》（节录）（1989 年 4 月 4 日第七届全国人民代表大会第二次会议通过　1989 年 4 月 4 日中华人民共和国主席令第 16 号公布）

第十一条　人民法院受理公民、法人和其他组织对下列具体行政行为不服提起的诉讼：

（一）对拘留、罚款、吊销许可证和执照、责令停产停业、没收财物等行政处罚不服的；

（二）对限制人身自由或者对财产的查封、扣押、冻结等行政强制措施不服的；

（三）认为行政机关侵犯法律规定的经营自主权的；

（四）认为符合法定条件申请行政机关颁发许可证和执照，行政机关拒绝颁发或者不予答复的；

（五）申请行政机关履行保护人身权、财产权的法定职责，行政机关拒绝履行或者不予答复的；

（六）认为行政机关没有依法发给抚恤金的；

（七）认为行政机关违法要求履行义务的；

（八）认为行政机关侵犯其他人身权、财产权的。

除前款规定外，人民法院受理法律、法规规定可以提起诉讼的其他行政案件。

第十二条 人民法院不受理公民、法人或者其他组织对下列事项提起的诉讼：

（一）国防、外交等国家行为；

（二）行政法规、规章或者行政机关制定、发布的具有普遍约束力的决定、命令；

（三）行政机关对行政机关工作人员的奖惩、任免等决定；

（四）法律规定由行政机关最终裁决的具体行政行为。

《中华人民共和国消防法》（节录）（1998 年 4 月 29 日第九届全国人民代表大会常务委员会第二次会议通过 1998 年 4 月 29 日中华人民共和国主席令第四号公布 自 1998 年 9 月 1 日起施行）

第三十九条 火灾扑灭后，公安消防机构有权根据需要封闭火灾现场，负责调查、认定火灾原因，核定火灾损失，查明火灾事故责任。

对于特大火灾事故，国务院或者省级人民政府认为必要时，可以组织调查。

火灾扑灭后，起火单位应当按照公安消防机构的要求保护现场，接受事故调查，如实提供火灾事实的情况。

《中华人民共和国消防法（修订）》（节录）（1998 年 4 月 29 日第九届全国人民代表大会常务委员会第二次会议通过 2008 年 10 月 28 日第十一届全国人民代表大会常务委员会第五次会议修订 2008 年 10 月 28 日中华人民共和国主席令第六号公布 自 2009 年 5 月 1 日起施行）

第五十一条 公安机关消防机构有权根据需要封闭火灾现场，负责调查火灾原因，统计火灾损失。

火灾扑灭后，发生火灾的单位和相关人员应当按照公安机关消防机构的要求保护现场,接受事故调查,如实提供与火灾有关的情况。

公安机关消防机构根据火灾现场勘验、调查情况和有关的检验、鉴定意见,及时制作火灾事故认定书,作为处理火灾事故的证据。

第六十四条 违反本法规定,有下列行为之一,尚不构成犯罪的,处十日以上十五日以下拘留,可以并处五百元以下罚款;情节较轻的,处警告或者五百元以下罚款:

(一)指使或者强令他人违反消防安全规定,冒险作业的;

(二)过失引起火灾的;

(三)在火灾发生后阻拦报警,或者负有报告职责的人员不及时报警的;

(四)扰乱火灾现场秩序,或者拒不执行火灾现场指挥员指挥,影响灭火救援的;

(五)故意破坏或者伪造火灾现场的;

(六)擅自拆封或者使用被公安机关消防机构查封的场所、部位的。

《公安部关于对火灾原因鉴定或认定和火灾事故责任认定不服不属于申请复议范围的通知》公通安[1994]7号

各省、自治区、直辖市公安厅、局:

根据《中华人民共和国行政复议条例》规定的申请复议范围,火灾原因鉴定或认定和火灾事故责任认定不属于申请复议范围。当事人对火灾原因鉴定或认定和火灾事故责任认定不服的,可向当地主管公安机关或上一级公安消防监督机构申请重新鉴定或者认定,当地主管公安机关或上一级公安消防监督机构的重新鉴定或者认定为最终鉴定或者认定。

1994年2月5日

《公安部关于对火灾事故责任认定不服是否属行政诉讼受案范围的批复》公复字[2000]3号

福建省公安厅:

你厅《关于对火灾事故责任认定不服是否属行政诉讼受案范围的请示》(闽公厅[2000]2号)收悉。现批复如下:

火灾事故责任认定是公安消防机构在查明火灾事故事实后,根据当事人的行为与火灾事故之间的因果关系,以及其行为在火灾事故中所起的作用而作出的结论,其本身并不确定当事人的权利义务,不是一种独立的具体行政行为,不属于《行政诉讼法》第十一条规定的受案范围。当事人对火灾事故责任认定不服的,依据公安部《火灾事故调查规定》第三十一条的规定,可以申请重新认定。

《火灾事故调查规定》(节录)公安部令第37号

第二条 火灾事故调查的主要任务是调查、认定火灾原因，核定火灾损失，查明火灾事故责任。

第三条 火灾事故调查工作，应当坚持实事求是、尊重科学的原则。

第三十条 公安消防机构查明火灾事故责任后，对引发火灾事故的单位和个人作出下列处理：

（一）应当给予行政处分的，由公安消防机构提出处理意见，交有关部门处理；

（二）违反消防法律、法规有关规定的，由公安消防机构依法予以处罚；

（三）构成犯罪的，依法追究刑事责任。

第三十一条 当事人对火灾原因、火灾事故责任认定不服的，自收到《火灾原因认定书》《火灾事故责任书》之日起十五日内，可以向火灾事故发生地主管公安机关或者上一级公安消防机构申请重新认定；对省级公安消防机构作出的火灾原因、火灾事故责任认定不服的，向省级公安机关申请重新认定。

火灾事故发生地主管公安机关或者上一级公安消防机构在收到重新认定申请书后，应当在两个月内作出维持、变更或者撤销的决定。

重新认定的决定作出后，应当制作《火灾原因重新认定决定书》《火灾事故责任重新认定决定书》，分别送交申请人和原认定机构。

火灾原因、火灾事故责任的重新认定决定为最终决定。

《最高人民法院关于执行〈中华人民共和国行政诉讼法〉若干问题的解释》（节录）（于1999年11月24日由最高人民法院审判委员会第1088次会议通过　自2000年3月10日起施行）

第一条 公民、法人或者其他组织对具有国家行政职权的机关和组织及其工作人员的行政行为不服，依法提起诉讼的，属于人民法院行政诉讼的受案范围。

公民、法人或者其他组织对下列行为不服提起诉讼的，不属于人民法院行政诉讼的受案范围：

（一）行政诉讼法第十二条规定的行为；

（二）公安、国家安全等机关依照刑事诉讼法的明确授权实施的行为；

（三）调解行为以及法律规定的仲裁行为；

（四）不具有强制力的行政指导行为；

（五）驳回当事人对行政行为提起申诉的重复处理行为；

（六）对公民、法人或者其他组织权利义务不产生实际影响的行为。